012183

D1444342

LES QUÉBÉCOIS VIOLENTS

Marc Laurendeau

Les Québécois violents

Boréal

Conception graphique de la couverture : Gianni Caccia

© **Les Éditions du Boréal**
Dépôt légal: 4ᵉ trimestre 1990
Bibliothèque nationale du Québec

Diffusion au Canada : Dimedia

Données de catalogage avant publication (Canada)
Laurendeau, Marc
Les Québécois violents : la violence politique, 1962-1972
Comprend des références bibliographiques.
ISBN 2-89052-354-3
I. Terrorisme — Québec (Province) 2. Violence — Québec (Province)
I. Titre
FC2925.9.T4L38 1990
F1053.2.L38 1990   322.4'2'09714   C90-096530-4

Avertissement

Les Québécois violents, comme thèse et comme livre, a vu le jour dans la foulée des Événements d'octobre. Par la suite, l'auteur a suivi le dossier avec passion comme journaliste, rencontrant les autorités politiques, les felquistes, les commissaires et les avocats enquêteurs, les policiers et même, à l'occasion, les délateurs.

Le corps du livre reste fidèle, quant au fond, au texte de 1975, où seules des retouches formelles ont été apportées. Dans la partie « Après coup », qui ne figurait pas dans les versions précédentes des *Québécois violents,* se trouvent un récit factuel mais passionné de la Crise d'octobre, recueilli auprès de deux felquistes qui l'ont vécue au cœur de la cellule Libération, ainsi que la première entrevue de Paul Rose (cellule Chénier), dix ans après les événements. Le lecteur est ardemment invité à mettre en parallèle ces deux visions révélatrices de la dynamique au sein du FLQ.

Enfin, le texte « Vingt ans après », qui clôt l'ouvrage, réexamine une décennie de violence et ses contrecoups avec tout le recul qu'il est possible d'avoir en 1990.

Les notes marquées d'un ● appartenaient déjà à la première édition (1974), celles marquées d'un ▲ ont été ajoutées à l'occasion de la deuxième édition (1975), tandis que celles indiquées par un ■ sont propres à cette dernière édition.

Remanié, mis à jour, cet ouvrage sur les Québécois violents reste un outil théorique qui permet, je le souhaite, de mieux comprendre la violence au Québec. Vingt ans après, on devrait y voir plus clair.

M.L.

PRÉSENTATION

Dans les moments les plus aigus de la contestation terroriste des années soixante et du début des années soixante-dix, notamment au cours de la Crise d'octobre, on a assisté, au Québec, à de nombreux revirements d'attitude et à des changements subits d'opinion politique ; le désarroi en a même conduit plus d'un à prendre position dans un sens diamétralement opposé à celui de la veille, comme si, tout à coup, personne ne savait plus où donner de la tête ■. Devant le phénomène, relativement nouveau et extrêmement complexe, de la violence politique, les avenues habituelles de la pensée semblaient soudainement ne mener nulle part.

Le présent ouvrage vise précisément à jeter une plus grande lumière sur cette question, qui inquiète tous les citoyens d'ici, afin de situer dans leur contexte réel certains événements qui se sont produits — et pourraient encore survenir — au Québec. Si d'aucuns ont toujours affirmé, en toute gratuité, que la violence ne peut être efficace dans un pays civilisé comme le nôtre et l'ont toujours entrevue uniquement comme un spectre hideux, d'autres, croyant son avenir inéluctable, se sont pris déjà à rêver du jour où elle renverserait un système politique qu'ils jugeaient oppressif. Se situant entre ces deux attitudes, certains analystes préfèrent adopter, quant à eux,

■ Un désarroi de même type devait accompagner, à l'été 1990, l'épisode au cours duquel ce sont les guerriers mohawks qui ont eu recours au terrorisme pour promouvoir la cause amérindienne et qui ont même forcé les représentants gouvernementaux à signer une entente avec des individus masqués.

une position plus nuancée. Personne, cependant, ne peut rester indifférent à cette grave question.

S'interroger sur le sens et la portée des actes terroristes, c'est, en fait, soulever le grand problème de la transformation, à plus ou moins longue échéance, de tout régime politique. Pour peu qu'on y réfléchisse, qu'on se penche sur le passé, qu'on observe ce qui se déroule dans les autres pays, on se rend compte que les systèmes politiques se font et se défont par la violence ou la menace de violence : partout à travers le monde, des monuments perpétuent d'ailleurs le souvenir d'individus qui, par cette voie, auront réussi à faire valoir la cause qu'ils défendaient.

Chez nos voisins du Sud, la violence politique est devenue une source d'inquiétude permanente après le quatrième assassinat d'un de leurs présidents (John F. Kennedy) et ceux de Martin Luther King, Robert Kennedy, Lincoln Rockwell, Malcolm X puis l'attentat contre George Wallace, sans compter les activités des Panthères noires et des *Minute Men*. Combien de commissions d'enquête n'y auront-elles pas canalisé leurs énergies ! La violence est aussi américaine que la tarte aux cerises, disait Rap Brown.

De grands spécialistes se sont donc penchés sur ce phénomène, produisant une masse d'informations et de statistiques très intéressantes (qui facilitent le travail des chercheurs, particulièrement ceux d'ici) et ont élaboré diverses théories, à prédominance politique, qui enrichissent les notions que nous avons héritées de la sociologie, de la psychologie, de l'histoire, de la criminologie et du droit. Il reste que — à notre connaissance, du moins — aucune synthèse systématique du sujet, en ce qui a trait plus particulièrement au Québec, n'avait encore été réalisée avant la parution de l'édition originale de notre essai.

Grâce aux éléments que nous fournissent les politicologues américains spécialisés dans ce champ d'analyse, lesquels ont déjà eux-mêmes approfondi les ouvrages d'auteurs européens et rassemblé sur la question du terrorisme certaines données universelles, nous espérons parvenir, avec le temps, à articuler une vision d'ensemble plus particulièrement applicable à notre territoire ; cette méthode comparative devrait mieux orienter l'interprétation des faits en cause et nous donner le recul qui a manqué à ceux qui ont dû commenter les événements au rythme tyrannique de l'actualité.

Nous nous sommes limités cependant, dans le cadre de la présente étude, à la décennie 1962-1972, pour des raisons qui paraissent évidentes : les documents sur les éruptions de violence chez nous, au cours de cette période, étaient nombreux et facilement accessibles ; en outre, nous étions à même d'interroger des révolutionnaires de différentes « vagues » terroristes.

Après avoir présenté les considérations théoriques qui nous paraissent essentielles à la constitution d'un outillage conceptuel adéquat et à l'efficacité de notre démonstration, nous effectuerons une analyse plus concrète des faits qui ont marqué l'évolution de la violence politique au cours de ces années, depuis les premiers cocktails Molotov jusqu'aux actes de violence extrême — tant celle du pouvoir et des forces de l'ordre que celle des felquistes — qui ont entouré la mémorable Crise.

La situation sociale et politique de cette période serait-elle à l'origine de la montée du terrorisme au Québec ? Cette violence a-t-elle été efficace ? De quelle manière ? Quelle a été sa portée réelle, à court terme ? Nous tenterons de répondre à ces questions le plus rigoureusement possible.

Nous ne prétendons cependant pas détenir ici le fin mot de l'histoire ; nous avons tenté simplement de placer sous différents éclairages les événements d'une décennie des plus mouvementées et d'examiner comment ils auront marqué l'histoire de la violence politique au Québec. D'autres viendront sans doute après nous compléter et enrichir cet essai. S'il suscite des discussions mieux étayées et jette un pont qui favorise la découverte de nouvelles connaissances et de nouvelles perspectives ainsi que la communication entre les universitaires, les professionnels et le grand public, nous aurons atteint le but que nous poursuivions.

Qu'il nous soit permis, enfin, d'exprimer ici notre reconnaissance à l'égard des personnes qui ont grandement contribué, au départ, à la réalisation de cette étude.

Nous remercions vivement le politicologue Edmond Orban, qui, grâce à sa connaissance approfondie de la société et des institutions américaines et par sa vision lucide de la vie politique québécoise, a su orienter nos recherches sur les minorités violentes en Amérique du Nord. Nous exprimons également toute notre gratitude au politicologue Daniel Latouche, qui s'intéresse depuis longtemps au problème de la violence politique, pour les conseils qu'il nous a prodigués et la documentation qu'il a mise à notre disposition. Nous sommes gré aussi au criminologue André Normandeau de nous avoir permis, grâce à sa compétence, de compléter cet ouvrage. Nous sommes reconnaissant de même au journaliste Jean-Pierre Charbonneau, du journal *Le Devoir*, de nous avoir facilité l'accès à des textes d'une grande utilité, ainsi qu'au dramaturge Marcel Dubé et à l'écrivain Jacques Godbout de nous avoir communiqué le fruit de leur précieuse expérience. Nous remercions enfin tous les membres du Front de libération du Québec qui ont bien voulu, au lendemain de la crise d'octobre 1970 et plusieurs années plus tard, s'entretenir avec nous.

PREMIÈRE PARTIE

La violence à mobile politique

PRÉLIMINAIRES

CHAPITRE I

Qu'est-ce que la violence politique ?

Violence et droits fondamentaux

Il importe de bien circonscrire, au départ, ce que nous entendons par la « violence politique », afin d'éviter tout malentendu. (De graves difficultés ont failli survenir au cours de nos conversations avec les activistes précisément à cause d'ambiguïtés terminologiques...)

Dans l'esprit de beaucoup de personnes, la violence implique le recours à la force physique, ce qui se vérifie souvent en pratique ; dans certains contextes, cette relation est même si étroite que les termes deviennent synonymes. On fera allusion, par exemple, à la violence particulière d'un tremblement de terre. Mais, dès que nous touchons le domaine des relations humaines, violence et force physique ne sont plus des vocables équivalents. On peut concevoir des situations où l'on exercera une force dépouillée de toute violence sur le corps d'une personne, comme dans le cas d'un acte de sauvetage brutal pour éviter une noyade ou d'une intervention chirurgicale sur un patient en danger. Il serait excessif de parler de violence dans ces situations particulières.

La violence qui secoue les rapports humains est liée davantage à l'idée de « violation » ou d'« atteinte ». L'élément essentiel qui la définit est alors le fait qu'on porte atteinte aux droits fondamentaux d'une personne[1],

dont celui de disposer de son corps, d'en déterminer
librement les mouvements et d'en conserver, selon son
vouloir, l'intégrité. Toute contrainte physique est donc
une négation de l'un des principaux attributs de l'être
humain en tant que personne. Il faut aussi concevoir
comme un prolongement important de ces droits celui
qu'a l'individu d'user du produit de son travail (droit qui
joue un rôle aussi important dans la doctrine marxiste
que dans la doctrine capitaliste). Dans cette perspective,
on peut considérer la propriété et les biens comme une
extension de la personne. S'ajoute à ces droits celui du
libre exercice du pouvoir de prendre des décisions, qui
fonde la dignité de la personne humaine. Il n'est donc
pas nécessaire qu'il y ait effusion de sang ou destruction
de la propriété pour parler de violence ; priver un être
humain de son droit de décider, c'est déjà un geste
d'agression. La menace de violence équivaut, par ailleurs,
techniquement à la violence elle-même.

En somme, si l'on ne se limite pas à une définition
étroite[2] qui ne retient que les attaques physiques et les
atteintes à la propriété, on peut caractériser la violence
comme une force qui, d'une certaine manière, blesse,
abuse de l'autre ou menace de le faire.

Violence et révolution

Le processus de transformation le plus radical des
sociétés politiques, la révolution, s'accompagne très fréquemment de violence. Pour Chalmers Johnson, la révolution est « l'acceptation de la violence dans le but
d'amener un changement social[3] » ; Cyril E. Black la
définit, pour sa part, comme « le large éventail de circonstances (qui vont des simples menaces d'utiliser la
force aux importantes guerres civiles) dans lesquelles la
violence illégitime est employée dans un pays pour effectuer un changement politique[4] ».

Dans le même sens, et plus simplement, R. A.
Humphreys la comprend comme « une façon extra-légale
de remplacer un gouvernement par un autre[5] ». Les

chercheurs du Centre des études internationales de l'Université de Princeton, qui ont analysé de façon approfondie les révolutions, préfèrent, quant à eux, utiliser l'expression « guerre interne », qu'ils définissent comme « une tentative de changer par la violence, ou la menace de violence, les politiques d'un gouvernement, ses chefs ou son organisation[6] ».

L'on doit cependant admettre que la signification du mot « révolution » a été élargie par les journalistes et les politicologues, qui ne l'utilisent pas nécessairement — certains, du moins[7] — dans le sens de tiraillements violents au sein d'une société ou d'un État. De fait, le terme désigne aujourd'hui de façon courante certains changements industriels, bureaucratiques, coloniaux, culturels, scientifiques, technologiques ou encore certaines transformations qui ne constituent pas nécessairement des soulèvements subits et violents, mais plutôt des mutations à long terme dont les résultats sont indéniables. Il peut aussi signifier un processus de changement graduel et profond à l'intérieur d'un système politique. Dans une acception plus précise, la révolution, c'est tout bouleversement politique causé par la manifestation d'une violence ou d'une sourde menace de violence.

Aux fins de cet ouvrage, nous nous rallierons à la définition qu'en donnent les experts Carl Leiden et Karl M. Schmitt[8] : au lieu de concevoir superficiellement la révolution comme l'ensemble des activités qui provoquent des changements illégaux de gouvernement, nous l'entendrons comme une transformation sociale en profondeur, qui se reflète au niveau des couches sociales. Souvent consommée dans la violence, la révolution se révèle, en dernière analyse, comme le germe d'une idéologie nouvelle. C'est à l'intérieur de cette conception de la révolution qu'il nous semble devoir situer la violence politique.

Un phénomène de groupe

Au cours du Troisième Symposium international de

● « Protestation en groupe, violence et système de justice criminelle » : communications présentées par André Normandeau, Philippe Robert et Alfred Sauvy au Troisième Symposium international de criminologie comparée. Thème général : la crise de l'administration de la justice dans les zones métropolitaines. (Versailles, France, du 28 avril au 1er mai 1971.) Publication subventionnée par le Solliciteur général du Canada.

criminologie comparée, tenu à Versailles en mai 1971, les spécialistes de la violence politique l'ont d'ailleurs définie comme un phénomène de groupe ●.

Ce point de vue nous apparaît d'autant plus juste que l'individu qui utilise la violence politique s'identifie habituellement à une cause et à des personnes, qui appuient son objectif. On peut imaginer qu'un individu violent agisse seul, mais, dans la plupart des cas, nous verrons qu'en pratique l'appui du groupe est capital. Reprenant la définition assez souple que proposait en 1969 la commission Eisenhower, les criminologues appellent violence de groupe *toute utilisation de menaces illégales ou de la force par un groupe d'individus qui avaient l'intention ou ont tenté effectivement de blesser, de séquestrer de force ou d'intimider certaines personnes, ou encore de détruire ou de saisir des biens* [9].

Délit politique et délit de droit commun

La violence politique conçue comme un moyen extra-légal de modifier un gouvernement, d'en changer le chef ou la structure, soulève immédiatement un problème de droit. L'esprit juridique envisageant la violence politique comme un crime ou un délit, il stigmatise tout geste de révolte et le conçoit comme un acte à réprimer et à punir. Certaines législations (celle de la France contemporaine, par exemple, qui contient des dispositions particulières au sujet de l'atteinte à la sécurité intérieure de l'État)[10] distinguent le délit de droit commun du délit politique, alors que d'autres (la nôtre notamment) considèrent le crime politique comme un crime de droit commun.

Assimiler le délit politique au délit de droit commun, et faire en sorte que les tribunaux le jugent comme tel, c'est déjà, en soi, une stratégie : il est indéniable que les tribunaux jouent un rôle au niveau de la définition sociale des individus et que le fait de juger le révolté politique comme un criminel de droit commun contribue à flétrir l'idéologie qu'il défend. De plus, cette prise de position permet aux détenteurs du pouvoir de ne pas reconnaître des oppositions qu'ils souhaitent justement marginaliser. Les crises de violence sont donc circonscrites par la police et liquidées par les tribunaux sans que les gouvernements n'aient à s'en mêler ou à se salir les mains. La suprême habileté, dans ce domaine, consiste à inscrire dans une même loi, très répressive, comme cela s'est fait chez nous ●, deux types de violence qui ne semblent très bien s'accoler qu'en apparence : le crime organisé et le terrorisme (ou la subversion). Par cette ruse, on réussit à associer les deux réalités aussi bien dans l'esprit du public qu'au sein des organismes de répression.

Il faut bien nous garder de cette attitude légaliste qui nous amènerait, à notre tour, à confondre deux formes de délit, de violence, tout à fait différentes. La violence de droit commun n'entre pas dans notre étude, en fait ; quelques précisions nous paraissent cependant nécessaires ici.

La violence de droit commun se caractérise par une attitude résolument antisociale et individualiste ; le violent, dans ce cas précis, cherche essentiellement à satisfaire, de façon extra-légale, sa cupidité, sa colère ou sa sensualité ; sans tenir compte des autres, il porte atteinte à leurs biens, à leur vie ou à la libre disposition de leur corps (crimes sexuels). Il ne conteste cependant pas l'ordre social. À l'opposé, si l'on s'arrête aux mobiles ou aux buts poursuivis par le délinquant politique, on constate qu'il est mû, en général, par des motifs qui dépassent son intérêt personnel[11] ; dans une large mesure, il est désintéressé. Beaucoup de gens, particulièrement ceux qui endossent les visées du violent politique, estiment que son action n'est pas cause de déshonneur ; ils évaluent alors le délit en tenant compte du caractère altruiste des fins de l'acte posé, lesquelles, d'ailleurs, peuvent être aussi bien sociales que politiques. Lévy-Bruhl suggère même à cet égard, d'utiliser le terme « délit idéologique[12] ».

Pour énoncer une distinction capitale entre les deux types de violence que nous tentons de définir ici, disons

● Assemblée nationale du Québec, projet de loi numéro 51, « Loi modifiant la Loi de la police ». Cette loi augmentait les pouvoirs de la Commission de police, notamment pour les perquisitions, les saisies et l'audition plus commode des délateurs, « dans la lutte contre le crime organisé ou la subversion ». Elle fut sanctionnée le 8 juillet 1972.

● Il faut préciser que dans les régimes communistes, les cas de crime organisé constituent aussi un rejet des structures sociales, mais pour des raisons de profit personnel, lequel entre en conflit avec l'idéal socialiste.

que le violent de droit commun refuse les moyens légaux qu'offre la structure politique de la société à laquelle il appartient, mais accepte les fins qu'elle lui propose. Il convoite les biens qu'elle lui offre mais veut se les assurer égoïstement en prenant un raccourci extra-légal. Il se trouve donc à jouer le jeu de la société, mais en trichant. Le meilleur exemple de cette attitude est celui du membre de la pègre : bien qu'il appartienne à une société secrète violente (qui liquide ses différends par règlements de compte), c'est par le biais d'entreprises légales, qui lui assurent une façade respectable, qu'il poursuit à fond ses buts, ceux même de la société capitaliste, soit la réussite et la richesse●. Seul son moyen est extra-légal. On pourrait même dire que le violent de droit commun est souvent « sursocialisé ».

Le violent politique, au contraire, n'est pas un tricheur. Il refuse tout autant les desseins que les moyens légaux que la société lui propose : son refus est global.

Dimensions subjective et objective de la violence politique

Les éléments précédents se réfèrent avant tout à l'aspect subjectif du crime politique ; cette perspective met en lumière le sens de l'exclusion du crime politique qui n'est accompli que pour des motifs personnels (tels que la rancune ou la cupidité), par exemple la trahison de celui qui vend des secrets d'État pour des raisons vénales. Mais il est essentiel de considérer aussi objectivement la nature de l'acte, sa portée véritable, son degré de gravité. Du point de vue légal, un crime peut être plus ou moins grave, comme, du point de vue politique, un geste peut être plus ou moins violent.

Prenons le cas de la simple sédition, qui est définie dans notre Code criminel[13] comme le fait de prononcer des paroles, publier des écrits ou participer à une conspiration susceptibles d'amener un changement de gouvernement par la force. Voilà un type de geste dont la visée est strictement politique et qui n'est violent qu'en puissance : c'est le délit d'opinion. Quand on considère des comportements plus radicaux, comme le meurtre, la mutilation et l'attentat à la propriété par incendie ou explosion, on se trouve en présence d'actes objectivement violents, qui, de par leur nature même, entrent dans les schémas de répression de toute société. Comme ces gestes sont souvent l'objet d'une réprobation générale, il est compréhensible que l'État, au moyen de son appareil répressif, les stigmatise et les punisse très sévèrement, sans le moindre égard aux intentions de ceux qui les ont posés.

● Lettre de George Jackson écrite le 11 juin 1971 et transmise par un des avocats de ce dernier au journaliste Tad Szulc, qui la publia dans le *New York Times* du du 1er août 1971.

Que penser alors des vols et des pillages — surtout lorsqu'ils sont perpétrés à main armée — dont le but est de réunir des fonds pour un mouvement révolutionnaire ? On se trouve alors devant un problème fort délicat, car le geste « objectivement » criminel, au sens du droit commun, ne trouve pas sa motivation altruiste immédiatement mais ultimement, de façon plus éloignée. Nous nous devons de tenir compte à la fois de la thèse « objectiviste » (seul l'acte compte) et de la thèse « subjectiviste » (seul le mobile compte) pour bien juger de la nature de l'acte. Voilà pourquoi nous emprunterons, dans cet ouvrage, la perspective que Garry Marx, lors du symposium de Versailles, formulait en ces termes : «*illegal acts which are politically inspired* [14] », soit la violence à mobile politique.

Citons, au passage, la position de l'Américain George Jackson, qui politisait les prisonniers noirs à Soledad et à San Quentin. Selon lui●, tout crime est politique. Au début de l'histoire américaine, les esclaves fugitifs étant considérés comme des criminels, quiconque leur avait offert le gîte se voyait accusé d'avoir participé à un acte criminel. Or, selon Jackson, la résistance à des liens injustes, à l'injustice organisée, n'est pas vraiment un crime ; de plus, 85 pour 100 de la criminalité est essentiellement économique. Vus sous cet angle, les actes jugés répréhensibles seraient, en réalité, le fait d'un petit groupe d'hommes qui, pour protéger leur droit de posséder et de contrôler les moyens de subsistance de la population, définiraient dans leur intérêt la criminalité ; il en arrive à la conclusion que les criminels seraient victimes d'une tentative du pouvoir en place de maintenir la hiérarchie.

La violence que nous essaierons d'analyser, pour notre part, sur le territoire québécois, se situe dans des limites beaucoup plus restreintes et part de motivations plus directement altruistes.

NOTES

1. Newton Garver, « What Violence Is », dans *Violence in America* (ouvrage collectif), New York, Éditions Thomas Rose, Vintage Books, 1970, p. 6.

2. Hugh Davis Graham et Ted Robert Gurr, *The History of Violence in America* (Rapport soumis à la Commission nationale sur les causes et la prévention de la violence), New York, Bantam Books, 2ᵉ édition, 1970, p. 30.

3. Chalmers Johnson, « Revolution and the Social System », *Hoover Institution Studies*, n° 3, 1964, p. 10.

4. Cyril E. Black, « Revolution Modernization and Communism », dans *Communism and Revolution : The Strategic Uses of Political Violence*, de Cyril E. Black et Thomas Thornton, Princeton, Princeton University Press, 1964, p. 4.

5. R. A. Humphreys, « Latin America : The Caudillo Tradition », dans *Soldiers and Governments : Nine Studies in Civil-Military Relations*, Michael Hornard Bloomington, Indiana University Press, 1959, p. 153.

6. Harry Eckstein, *Internal War*, New York, The Free Press, 1964, p. 1.

7. Carl Leiden et Karl M. Schmitt, *The Politics of Violence : Revolution in The Modern World*, Englewood Cliff., N.J., Prentice-Hall Inc., Spectrum Books, 1968, p. 5.

8. *Ibid.*, p. 3.

9. Rapport Eisenhower (1969) : *National Commission on the Causes and Prevention of Violence*, Washington, D. C., U. S. Government Printing Office, vol. 1, p. 57. Traduction réalisée pour le Troisième Symposium international de criminologie comparée, Versailles, du 28 avril au 1ᵉʳ mai 1971, p. 51.

10. Jean-Louis Beaudouin, Jacques Fortin et Denis Szabo, *Terrorisme et justice*, Montréal, Éditions du Jour, 1970, p. 44.

11. *Ibid.*, p. 20.

12. *Ibid.*, p. 23.

13. *Code criminel*, art. 60 à 63 incl., et les interprétations jurisprudentielles.

14. *Op. cit.*, p. 46.

CHAPITRE II

Essai de classification

Les divers types de violence selon l'évidence de l'acte et sa légalité

Le type de violence que nous visons plus directement, dans le cadre de ce livre, est la *violence manifeste et illégale*. L'atteinte directe et ouverte à l'intégrité corporelle de personnes ou à leurs biens, sans leur consentement, constitue, à quelque degré que ce soit, une attaque contre la personne humaine ; à ce titre, elle est reconnue par la majorité des gens comme l'archétype de la violence.

Mais il existe aussi une *violence manifeste et légale,* c'est-à-dire *ouverte et institutionnalisée.* Cette catégorie vise surtout les interventions des armées en temps de guerre. L'institutionnalisation de cette violence rend difficile l'appréciation de la responsabilité morale et pénale de ceux qui l'exercent. D'un côté, on sait que le soldat n'agit pas de sa propre initiative ; il obéit à des ordres. De l'autre, l'armée, en elle-même, n'a pas d'individualité propre ; elle ne peut imposer sa force que grâce à l'appui des soldats. L'objet de cette violence est également imprécis car c'est en tant qu'entité politique organisée que l'« ennemi » est visé ; pourtant ce sont les corps des individus — hommes, femmes et enfants — qui reçoivent les coups. On saisit, dès lors, toutes les difficultés que peuvent rencontrer les tribunaux lorsqu'il leur faut, après coup, statuer sur des crimes de guerre.

Nous considérerons en partie cette forme de violence, plus particulièrement lorsque nous aborderons le problème de la répression, qui est manifeste et légale. La répression à l'intérieur d'un pays peut même revêtir un caractère militaire, très proche de la guerre ; on pense à l'intervention de l'armée lors de la crise d'octobre 1970 ou aux émeutes de 1967[1], à Newark et à Détroit, lors desquelles les autorités municipales employèrent non seulement des mitraillettes et des carabines automatiques, mais aussi des chars d'assaut et des véhicules blindés pour le transport du personnel, ce que la commission Kerner considéra ensuite comme un « usage excessif de force[2] ». Nous aurons l'occasion de revenir sur le sujet.

On peut assister aussi à l'expression d'une *violence sourde et non institutionnalisée*, surtout psychologique, comme celle dont userait un patron envers son employée pour lui arracher des faveurs sexuelles. La violence prend alors la forme d'un discret chantage, de menaces sous-entendues et d'une subtile extorsion de consentement. Elle pourra aussi revêtir, suivant les motifs de celui qui l'utilisera, un caractère politique : c'est le cas, par exemple, de l'interrogatoire agressif et illégal d'un jeune terroriste que peut mener, de sa propre initiative, un policier.

Vient ensuite le problème, plus complexe, de la *violence sourde et légale,* c'est-à-dire *cachée et institutionnalisée*. On l'appellera communément la « violence du système ». Mais qualifier un système de violent, n'est-ce pas, finalement, abuser quelque peu du langage ? Là, justement, se situe la querelle sémantique : le pouvoir politique accusera toujours ses adversaires les plus extrémistes d'être violents et, s'il reconnaît que le système est oppressif, il n'acceptera jamais, par contre, de dire qu'il est *violent* ; à l'inverse, qu'ils admettent ou non la brutalité de leurs gestes, ceux qui auront usé de violence politique affirmeront, à chaque fois, pour légitimer leur action, que c'est *le système* qui est violent — pas eux. Que de fois n'avons-nous pas été confrontés à ce dialogue de sourds !

Même si l'on croit que le terme de « violence » s'applique mal aux nombreuses injustices engendrées par un système — l'on ne peut cependant pas nier qu'il y ait une part d'inconscience dans la mise en place de la structure politique qui suscite ces injustices —, il faut tout de même admettre que ces atteintes — sourdes et légales — à la personne humaine et à ses biens sont fréquentes et souvent graves, irréparables même. L'exemple le plus typique de cette violence reste encore l'esclavage sournois qu'engendre l'oppression coloniale ; on peut penser aussi à la vie des Noirs dans quelque ghetto des États-Unis. Une fois installé, pareil système se maintiendra, sans que les autorités n'aient à recourir à une violence ouverte et déclarée. L'oppression économique (qu'elle soit coloniale ou raciale) peut se perpétuer calmement, sans troubles apparents, en dépit de son horrible brutalité.

Dans une perspective marxiste, on dira que le fait de priver le travailleur des profits accumulés par son labeur constitue une forme de violence de la part d'un système politique. Ajoutons qu'une société qui nie à l'individu le droit de choisir parmi les possibilités qui sont offertes à la majorité, qui le prive systématiquement de tout choix, ainsi qu'on l'a fait pour les Noirs américains[3], se trouve à nier radicalement son autonomie pour le placer directement sous sa dépendance. Bien sûr, pareille privation aurait des conséquences moins dramatiques si l'homme vivait de façon totalement solitaire ; mais étant fondamentalement un être social, l'évaluation qu'il fait de lui-même est nécessairement basée sur les rapports qu'il entretient avec ses semblables et sur les diverses options que leur offre la société.

En réalité, la possibilité de choisir, comme telle, est plus importante que la langue et le système de propriété dont nous héritons à la naissance. La violence se trouve *institutionnalisée* quand des individus sont privés de

● Jean-Paul Sartre, « Entrevue sur la répression au Québec » (texte polycopié de 10 pages, distribué le 16 janvier 1971 par le Comité québécois pour la défense des libertés), p. 2.

● Cette classe dominante peut aussi bien être constituée d'une élite bureaucratique, dans un régime socialiste, que d'une élite capitaliste, dans une démocratie libérale.

toute alternative de façon systématique, comme si l'on effectuait, à leurs dépens, une simple transaction ; sans bruit et comme naturellement, le système économique, social et politique, fait alors plus de victimes que la violence ouverte. Il accule les gens au désespoir.

Herbert Marcuse[4], liant les apports de Freud et de Marx, a démontré, en ce sens, que la société industrielle aliène l'homme complètement, en réprimant ses pulsions naturelles au nom du principe de réalité. L'homme vit dans une société close, qui met au pas les individus et intègre toutes les dimensions de l'existence. Cette uniformisation politico-terroriste et économico-technique, qui prétend définir les besoins au nom de l'intérêt général, gomme les oppositions de l'homme et liquide sa conscience malheureuse pour qu'il s'assimile progressivement à la société de consommation.

Jean-Paul Sartre, au cours d'une entrevue, dont l'enregistrement fut expédié à Montréal, en 1971, disait : « Une société capitaliste n'est pas simplement une société d'exploitation mais toujours une société d'oppression, et l'oppression se transforme à certaines périodes en répression●. » On dit d'une structure sociale qu'elle est *oppressive* (c'est-à-dire violente de par le système) lorsqu'elle suscite entre le sous-groupe minoritaire et le sous-groupe majoritaire un rapport — inégal — de dépendance et de domination, une relation de maître à esclave, d'opprimant à opprimé. La minorité, la classe dominante●, qui possède le capital ainsi que les moyens de production, exploite alors la majorité, soit les travailleurs, dans la mesure où les rouages de la vie économique permettent à quelques-uns de toujours extorquer l'argent des autres. Ainsi favorisée par cette position privilégiée, la classe dominante peut véhiculer dans les autres secteurs (et grâce aux rouages) de la vie collective l'idéologie qui lui permet de maintenir ce rapport de force ; elle finit alors par contrôler les médias d'information et par exercer une influence prépondérante sur l'élaboration et l'application des lois.

Quand la société est ainsi structurée, peu de gens

s'émeuvent du niveau chronique de pauvreté de beaucoup de familles ou des congédiements arbitraires décrétés par les compagnies...

La violence prendra parfois une forme plus explicite, plus ouverte, tout en conservant une certaine part de sous-entendu ; on pense aux camions de la Brinks, tentant de suggérer, par leurs déplacements, la fuite des capitaux à la veille des élections ou encore à l'homme d'affaires Marc Carrière, laissant entendre qu'il refusera de mettre en place un établissement commercial à Sept-Îles si les gens du comté votent en faveur du Parti québécois. Dans les deux cas, la violence cachée et institutionnalisée manifeste sa présence très clairement, un bref instant, pour ensuite se camoufler et se taire à nouveau. À aucun moment cependant, on l'aura considérée comme illégale.

Nous donnons une importance aussi grande à la violence cachée et institutionnalisée qu'à celle qui est manifeste et illégale, à cause de son ampleur réelle et aussi en raison du fait que la première engendre habituellement la seconde. Du moins, les violents politiques proclament-ils que leur action est directement attribuable à la violence du système. Dom Hélder Camara exprime assez bien cette interdépendance lorsqu'il distingue trois niveaux de violence[5] : la violence révolutionnaire, la violence de répression et la violence du système.

C'est cependant l'action révolutionnaire (violente, manifeste et illégale) qui fera l'objet de ce livre.

Violence « compensatrice » et violence instrumentale

Une autre distinction capitale doit être faite entre la *violence « compensatrice »* et la *violence instrumentale*. La violence « compensatrice », expression brutale de l'émotivité — colère, rage, haine, etc. — apparaît, de façon immédiate du moins, comme un mode de défoulement. Parfois, elle traduira un simple caprice devant la faiblesse de l'autorité. Sur le plan psychologique, on

■ La plupart des groupes terroristes utilisent la violence comme instrument pour obtenir des résultats et, dans une nouvelle conjoncture, peuvent changer leurs méthodes pour parvenir aux mêmes fins. À cet égard, l'OLP de Yasser Arafat a fait usage de violence instrumentale. Mais apparaissent parfois des groupes qui utilisent la violence comme logique d'action. Fins et moyens sont alors confondus. L'assassinat devient moins ciblé ou sélectif. On tue n'importe qui, presque au hasard. Telle fut la logique d'action du groupe palestinien Abou Nidal.

la qualifiera de primaire ou infantile. La violence instrumentale, au contraire, s'organise autour d'un projet. Parfois, ce recours à la violence est vu, par ceux qui l'emploient, comme le dernier recours, la dernière façon de toucher des objectifs politiques que la persuasion et l'influence n'auront pas permis d'atteindre[6]. On qualifiera cette violence de « secondaire » et on dira qu'elle est « mûre ».

Admettons toutefois que des motifs de haine et de rage peuvent se mêler à une action de violence instrumentale, mais leur rôle sera alors de second plan ; admettons aussi que les deux types de violence peuvent coexister à l'intérieur d'un même groupe, les violents qui ont une certaine maturité et dont l'action est motivée par une intention, un projet de changement social, attirant autour d'eux des violents « primaires », pour lesquels la signification de la violence ne réside pas dans le projet, mais dans le passage à l'acte.

Nous concentrerons notre attention sur la violence instrumentale, car elle surtout peut fonder la violence politique■. La violence instrumentale peut servir à changer les institutions et la structure du pouvoir, auquel cas elle sera toujours perçue comme illégale. Elle pourra viser, tout au contraire, à maintenir le contrôle social ; dans ce dernier cas, elle sera légale, le plus souvent.

Violence légitime et violence illégitime

Lorsque les autorités politiques veulent empêcher des individus ou des groupes de se comporter illégalement, elles sont souvent forcées de passer à la violence. Jusque-là considéré comme oppressif, le pouvoir devient alors répressif. Juridiquement, l'État étant censé avoir reçu du peuple le droit d'employer la force à titre de pouvoir délégué dans le but de maintenir l'ordre entre les hommes et d'assurer la sauvegarde des principes et des ententes qui régissent la vie en commun, il est le détenteur légal de ce pouvoir. Selon une autre conception, cette transmission de pouvoir serait d'origine divine.

Dans les deux cas, la violence est conçue comme un instrument légal dont se sert l'État pour réprimer les actes criminels et les infractions aux lois.

On aura donc tendance à retenir davantage le caractère légitime d'une intervention répressive *de l'État*, alors que la même conduite de la part d'un groupe de contestataires sera aussitôt considérée comme une violence illégitime : on dira l'une « légale », l'autre « violente ». Enlever et détenir un individu constitue un « enlèvement » et une « séquestration » si c'est le fait de certains groupes, mais si les mêmes gestes sont posés par un gouvernement et ses organes de répression, on les qualifiera d'« arrestation » et de « détention légale ». Étudier la violence suppose donc que l'on tienne toujours compte de son utilisateur■.

Sur le plan des opinions et des attitudes politiques[7], il est intéressant de signaler que certains étudiants radicaux endosseront toute conception de la violence comme outil de changement social tout en condamnant celle qui en fait un instrument de contrôle social ; d'autres individus adopteront le point de vue contraire. En somme, chacun donne au concept de violence une coloration différente, selon ses croyances et son expérience culturelle.

Au premier abord, le terme est péjoratif ; c'est une étiquette qui catégorise et condamne implicitement des actes que nous désapprouvons. Mais si on est sympathique à la violence et aux motifs qui l'inspirent, on l'appellera « protestation » ou, si elle vient du pouvoir, « force légitime ». Suivant qu'elle est le fait de contestataires ou du pouvoir, les gens adoptent donc aussi une attitude et un vocabulaire différents à l'égard de la violence. (Nous nous efforcerons tout au long de cet ouvrage d'être le plus objectif possible à cet égard.)

Il ne faut pas s'étonner, dès lors, qu'au moment du procès de Paul Rose pour meurtre, le 3 février 1971[8], le juge Nichols, qui avait d'abord permis à l'accusé de poser aux candidats jurés la question « Êtes-vous pour ou contre la violence ? », se soit ravisé en cours de route

■ On parle maintenant de terrorisme d'État pour distinguer les pratiques d'un gouvernement qui utilise, par groupes interposés, la violence pour déstabiliser d'autres pays. Ces méthodes ne sont pas considérées légitimes puisqu'elles enfreignent les règles de la communauté internationale. Plusieurs régimes, comme l'Irak, la Syrie, l'Iran et la Libye y ont eu recours. Même la France, dans une moindre mesure, avec l'affaire Greenpeace. Une théorie dite de la « paix belliqueuse » voudrait que le terrorisme, encouragé par les grandes puissances et soutenu par des États tiers, ait remplacé les guerres. Cette thèse vaut surtout pour le Proche-Orient et un spécialiste comme Michel Wieviorka trouve imprudent de l'appliquer à la planète entière.

(au cinquième juré, pour être exact) et ait défendu à l'accusé de poser à nouveau cette question. En effet, demander à un individu ce qu'il pense de la violence, ce n'est pas seulement tenter de savoir s'il réprouve certains gestes physiques ; c'est aussi le forcer à dévoiler ses convictions sur la légitimité du pouvoir en place et, donc, à exprimer ses opinions politiques — situation qu'un juge a tout intérêt à éviter dans un procès dit « de droit commun ». Dans le cas que nous citions, le juge a compris un peu tard les implications de l'interrogation des jurés sur la violence.

Poser le problème de la violence, c'est, nécessairement, mettre en question la légitimité d'un gouvernement, des actes qu'il pose lui-même. Le principe électif ou démocratique et le principe aristo-monarchique ou héréditaire — en d'autres termes, l'appui de la majorité des citoyens ou une supériorité basée sur la naissance, supériorité elle-même de droit divin — sont les deux principes qui justifient en général la légitimité d'une autorité politique[9], son droit de commander (si l'on considère qu'un homme en vaut un autre). En des termes plus modernes, la légitimité, qui tend de plus en plus à se dégager des questions de naissance et de droit divin, est fondée sur le consensus. Concept moins juridique que politique, le consensus désigne l'accord implicite d'une majorité avec l'existence et les buts d'un gouvernement.

Certains auteurs [10] voient dans la légitimité un concept très fluide dont la définition échappe à la compétence des juristes et que le droit arrive difficilement à délimiter. Rattachée aux notions de consensus et de majorité plutôt qu'à des règles édictées, elle ne ressortirait point à la science juridique mais plutôt à la morale ou à la science politique.

Peut-on définir la légitimité en fonction de son efficacité ? En d'autres termes, peut-on penser que tout gouvernement qui réussit à se faire obéir est légitime ? Il nous semble que non. Cela équivaudrait à identifier fait et droit. Cela suggérerait aussi que tous les gouvernements se valent. On se trouverait ainsi à résoudre la question de la légitimité en la supprimant, ce qui constituerait une erreur sur le plan scientifique.

Nous aurons l'occasion de voir plus loin que les gouvernements qui ne se croient pas ou que l'on ne croit pas légitimes doivent instaurer des mesures de répression supplémentaires. La légitimité est, en fait, une justification du pouvoir qui peut l'immuniser contre un mal terrible : la peur qu'il ressent envers ses sujets.

Elle n'est pas un état naturel, spontané, simple, immédiat, qui apparaît par la force des choses : « C'est un état à la fois artificiel et accidentel ; l'aboutissement d'un long effort qui peut échouer. Aucun gouvernement ne naît légitime ; un certain nombre le deviennent en réussissant à se faire accepter ; et pour réussir, il lui faut du temps [11]. »

Seules la succession des années et même la prescription séculaire consacrent et consolident la légitimité. Elle résulte de l'antique état de possession, comme c'est le cas, pour les particuliers, du droit de propriété. Avant de pouvoir être considéré comme étant légitime, tout gouvernement a dû d'abord saisir les chances d'accéder au pouvoir et s'efforcer ensuite d'y parvenir en gagnant le consentement universel : c'est la « prélégitimité ». Il est devenu légitime le jour où il a réussi à désarmer l'opposition qu'a suscitée son avènement. Mais l'antique possession ne règle pas tout : un gouvernement se mettra à vaciller dès l'instant où son efficacité sera mise en doute, et il pourra même être renversé, lorsqu'un nombre suffisant de gens le jugeront inapte à exercer le pouvoir. La légitimité est donc fondée sur la durée, souvent consacrée par le droit, et, surtout, sur le consensus.

Il faut se demander si la violence légale est importante pour un gouvernement légitime. Là-dessus deux écoles de pensée s'opposent.

Certains considèrent que la violence du pouvoir politique signifie l'échec de ce pouvoir, car l'autorité est censée être basée sur le consentement, l'obéissance volontaire et la persuasion ; toute violence émanant de ceux qui détiennent le pouvoir signalera alors une rupture de leur autorité. On dira par exemple que « lorsqu'un État fait appel à l'armée, la violence [révolutionnaire] a déjà réussi en partie et la légalité n'existe plus[12] ».

Une autre école de pensée considère la violence du pouvoir politique comme un élément central de la définition de ce pouvoir. C. Wright Mills prétend que « toute la politique est une lutte pour le pouvoir ; l'ultime sorte de pouvoir est la violence[13] ». Avant lui, Trotsky avait dit : « Tout État est fondé sur la force[14]. » Bien sûr, on n'use pas quotidiennement de violence, mais elle demeure le dernier recours quand les autres modes de persuasion et de conciliation ont échoué ; elle est l'ultime argument du Prince. Cette position nous semble plus conforme à la réalité, car elle tient compte de la menace latente de violence dont dispose tout pouvoir politique.

Peut-on penser, comme certains auteurs[15], que la violence d'un État est toujours directement proportionnelle à son illégitimité ?

On peut croire, en effet, qu'un gouvernement tyrannique (illégitime) aura plus de difficulté à faire accepter sa violence répressive, du fait qu'elle semblera étrangère au système. Si elle émane d'un gouvernement despotique (légitime), on la jugera, par contre, naturelle et normale et on l'acceptera avec résignation. À cet égard, le gouvernement tyrannique, illégitime, aura tendance à mettre les bouchées doubles, à augmenter la répression, pour être plus efficace. On peut sûrement affirmer qu'il éprouvera davantage de peur que celui qui est despotique et légitime. Mais cette règle n'est pas absolue ; certains traits propres aux dirigeants politiques ainsi que des événements sociaux déterminés peuvent faire varier le niveau de répression aussi bien dans le pays où le gouvernement est légitime que dans celui où il est illégitime.

Pour résumer, notre analyse se centrera sur *la violence à mobile politique, manifeste et illégale, à carac-*

tère instrumental, et qui est le fait des minorités. On examinera la violence exercée par le pouvoir politique à titre complémentaire.

Les différentes formes de violence politique

Violence des minorités et violence du pouvoir

En nous inspirant du « Petit manuel du guérillero urbain » de Carlos Marighella[16], des travaux du symposium de Versailles[17] et des concepts et théories de la violence comme phénomène international[18] qu'ont élaborés les experts américains, nous avons tenté d'esquisser le schéma le plus complet possible des diverses formes de violence que les circonstances peuvent susciter, tout en étant conscient de ne pouvoir englober la totalité de leurs manifestations. Le tableau 1 de la page suivante vise donc avant tout à établir certains concepts, à en montrer l'interdépendance et à en favoriser une compréhension rapide. Nous les définirons au fur et à mesure, selon les besoins de l'analyse de la situation au Québec.

Avant d'aborder les multiples aspects de la violence politique sur notre propre territoire, quelques précisions nous semblent cependant nécessaires, afin d'éviter toute ambiguïté par la suite.

L'assassinat politique

Dans le langage courant, on appellera « assassinat » le fait de tuer un être humain, de lui enlever la vie, si la victime est une personne éminente, dont le statut est bien défini ou connu dans la vie publique. Pour les fins de ce livre, l'assassinat politique (bien que ce soit presque un pléonasme) est l'action délibérée et extra-légale de tuer un individu à des fins politiques plutôt que pour des raisons personnelles[19]. Cette définition servira à distinguer les véritables assassinats politiques des autres types de meurtres.

TABLEAU I
Formes de la violence politique

Violence des minorités
(en soi illégale)

Par ordre croissant d'importance :

Violence verbale (jurons, obscénités, c'est-à-dire toute forme de violation des convenances sociales, surtout quand elles atteignent le niveau du libelle blasphématoire et de l'atteinte grave et publique aux bonnes mœurs)

Sédition

Conspiration et complot

Émeute

Intimidation lors d'une élection

Fraude électorale

Grève générale

Désobéissance civile

Terrorisme (très organisé, le terrorisme devient la guérilla) —

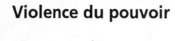

Sabotage
Incursion ou invasion d'un lieu
Occupation d'un lieu
Embuscade
Combat tactique de rue
Vol
Guerre des nerfs *(exemple: appels à la bombe)*
Explosions et bombes
Libération de prisonniers
Incendie
Destruction de propriété *(publique ou privée)*
Enlèvement
Assassinat sélectif

Assassinat (et tentative d'assassinat) d'un chef politique

Coup d'État

Révolution

Guerre insurrectionnelle

Violence du pouvoir

Légale —

Espionnage électronique, à l'intérieur des limites prévues par la loi
Perquisition légale
Détention
Coups et blessures corporelles
Interrogatoire
Exécution

(Très systématique et très poussée, la répression devient un régime de terreur.)

Illégale —

Espionnage électronique illicite
Vol de documents et d'équipement, incendie d'un local
Fraude électorale
Exécution sommaire
Assassinat (et tentative d'assassinat) d'adversaires politiques

Violence « fondamentale » et violence accidentelle

Nous devrons garder à l'esprit une distinction importante concernant les gestes de violence d'un groupe. Cette violence est dite « fondamentale » lorsqu'elle fait partie du projet du groupe, qu'elle devient le mode d'expression autour duquel s'organise sa structure (par exemple, les Tupamaros, le Ku Klux Klan, l'IRA). La violence est, au contraire, accidentelle, si elle s'ajoute aux activités pacifiques de protestation d'un groupe. Cette mise au point pourra clarifier la confusion entretenue par les autorités, qui recourent souvent aux mêmes moyens de répression, que ce soit contre les groupes violents ou contre les groupes pacifiques (accessoirement violents).

Violence individuelle et violence de groupe

Il faut toujours tenir compte du cadre dans lequel sont posés les gestes de violence. L'organisation violente est-elle seule et isolée ? N'est-elle pas plutôt le fait d'un sous-groupe qui fait partie d'un groupe mécontent mais moins actif ? Dans ce dernier cas, l'évolution politique ultérieure ira soit vers une récupération des groupes violents par le groupe pacifique, soit vers une activation de l'ensemble, qui se transformera alors en groupe révolutionnaire violent. L'ampleur du mouvement, dans le cadre où il se situe, reste donc une donnée à ne pas perdre de vue.

Coup d'État et révolution

Selon les diverses circonstances qui les entourent dans chaque pays, le « coup d'État » et la « révolution » peuvent désigner soit le but même que visent les gestes de violence successifs qui sont posés, soit les gestes qu'on qualifie de violents (dans le cas du coup d'État et de la révolution survenant de façon brève et brutale), soit l'enveloppe globale, chaque geste violent étant considéré comme un élément d'un ensemble. La flexibilité de ces notions les rend très difficiles à classifier ; on devra donc toujours prendre en compte les circonstances dans lesquelles surviennent les actes ici considérés.

Insistons toutefois, immédiatement, sur la différence fondamentale qui existe entre le coup d'État et la révolution. Le coup d'État se produit quand on cherche à renverser un chef politique ; il nous apparaît comme la substitution inattendue et forcée d'un groupe à celui qui est au pouvoir. Il vise donc tout renversement de gouvernement subit et anticonstitutionnel. Il peut impliquer la force physique ou la simple menace d'en user. Dangereux pour le conspirateur comme pour la victime, sa mise en œuvre requiert une grande habileté[20].

Dans tous les coups d'État il y a violence, en ce sens qu'on y a recours à un moyen extra-légal, ce qui ne veut pas dire cependant qu'il y ait toujours effusion de sang. Qu'on pense au coup d'État du 18 Brumaire de Napoléon ou encore aux pays d'Amérique latine[21], où les intrigues de palais se déroulent souvent sans morts ni blessés. Parfois même, le coup d'État y est institutionnalisé et tient lieu de processus normal de remplacement et de régénération. D'autres coups d'État, par contre, entraînent des pertes de vies humaines considérables : tels furent celui de Tchang Kaï-Chek en Chine, vers 1927 et celui qui renversa Machado à Cuba, en 1933.

Une autre possibilité peut survenir : la violence physique après le coup d'État. On assistera alors à des exécutions et des purges pouvant aller jusqu'à la terreur et au véritable bain de sang, comme au Chili, à l'automne 1973. Tout dépendra certes du nombre d'individus impliqués dans le renversement de gouvernement, mais le remplacement d'une junte militaire par une autre pourra, dans certains cas, faire un nombre réduit de victimes.

Il est absolument essentiel de garder en tête, au cours de notre exploration, que la révolution implique les masses, alors que le coup d'État est normalement le fait d'un petit groupe d'individus dont les délibérations et les décisions préalables seront demeurées secrètes et dont l'organisation aura été essentiellement clandestine et conspiratrice. Le coup d'État amène un changement de personnel politique, tandis que la révolution atteint les couches sociales en profondeur. Il en résulte que la révolution est un phénomène plus rare, que les sociétés ne peuvent connaître qu'exceptionnellement, du fait des bouleversements que cela implique. Les coups d'État, par contre, peuvent être assez fréquents : le Venezuela a subi, en un siècle, 80 coups d'État réussis et 480 autres qui ont été tentés sans succès[22].

Le coup d'État représente la saisie des symboles étatiques d'autorité et des mécanismes de répression, mais cette saisie n'entraîne pas nécessairement une ré-volution. Il peut arriver que les initiateurs se reposent sur leurs lauriers jusqu'à ce qu'ils succombent devant d'autres conspirateurs plus violents ou plus audacieux. Souvent, ils essaieront de légitimer leur action par la propagande, ce qui, au mieux, pourra favoriser l'émergence de leur idéologie et donner lieu à toutes sortes de changements sociaux. Deux bons exemples illustrent cette situation : le coup d'État de Fulgencio Batista à Cuba, en 1952, qui n'amena aucun changement social important, et celui de Fidel Castro, en 1958, qui entraîna un phénomène que ni les Américains ni certains Cubains (ni peut-être Castro lui-même) n'avaient pu prévoir : une véritable révolution, avec tous les boule-versements que cela suppose.

NOTES

1. Newton Garver, « What Violence is », dans *Violence in America* (ouvrage collectif), New York, Thomas Rose, Vintage Books, 1970, p. 6.

2. *Ibid.*, p. 8.

3. *Ibid.*, p. 12.

4. Herbert Marcuse, *L'homme unidimensionnel*, Paris, Éditions de Minuit, 1968.

5. Dom Hélder Camara, *Spirale de Violence*, Paris, Desclée de Brouwer, 1970.

6. Monica D. Blumenthal, Robert L. Kahn, Frank M. Andrews et Kendra B. Head, *Justifying Violence*, Institute for Social Research, Ann Arbor, Michigan, University of Michigan, 1972, p. 13.

7. *Ibid.*, p. 14.

8. Nous assistions à cette séance du procès.

9. Guglielmo Ferrero, *Pouvoir*, New York, Bentano's, 1942, p. 31.

10. Alfred Grosser, *Au nom de quoi ?*, Paris, Éditions du Seuil, 1969, p. 68.

11. Guglielmo Ferrero, *op. cit.*, p. 152.

12. Jacques Fortin, dans *Troisième Symposium international de criminologie comparée*, *op. cit.*, p. 69.

13. C. Wright Mills, *The Power Elite*, New York, 1956, p. 171.

14. E. V. Walter, *Terror and Resistance : a Study of Political Violence*, New York, Oxford University Press, 1969, p. 49.

15. Guglielmo Ferrero, *op. cit.*

16. Carlos Marighella, « Petit manuel du guérillero urbain », *Tricontinental*, I-1970, p. 21 à 46.

17. *Op. cit.*, p. 75.

18. *Anger, Violence and Politics. Theories and Research*, édité par Ivo. K. Feierabend, Rosalind L. Feierabend et Ted Robert Gurr, Englewood Cliffs, N. J., Prentice-Hall Inc., 1972, p. 412 et 413.

NOTES (suite)

19. Murray Clark Havens, Carl Leiden et Karl M. Schmitt, *The Politics of Assassination*, Englewood Cliffs, New Jersey, Spectrum Books, 1970, p. 4.

20. David Rapoport, « Coup d'état : the Views of the Men Firing Pistols », dans Carl J. Friedrich, *Revolution* (Nomos VIII), New York, Atherton Press, 1966, p. 60.

21. George I. Blanksten, « Revolution » et Robert J. Alexander, « The Army in Politics », dans Harold Eugene Davis, *Government and Politics in Latin America*, New York, The Ronald Press Company, 1958.

22. David Rapoport, *op. cit.*, p. 73.

DEUXIÈME PARTIE

L'idéologie
de la violence
au Québec

CHAPITRE III

Éléments fondamentaux de l'idéologie terroriste au Québec

Nationalisme et révolution sociale

Pour les premiers terroristes, l'idée de révolution sociale était intimement liée à la question de l'indépendance du Québec. Ils se trouvaient ainsi à suivre les prises de position déjà exprimées par les membres d'un parti politique légal, le Rassemblement pour l'indépendance nationale (RIN). En pratique, on ne peut retarder très longtemps la prise de position sociale dès le moment où se trouve précisé le contenu de l'indépendance ; la question sociale est en relation étroite avec la question nationale.

Les premiers chefs indépendantistes, Barbeau, Chaput et D'Allemagne, mettant de l'avant un combat unique pour l'indépendance nationale, avaient réussi, pendant un certain temps, à reléguer au second plan leurs visées sociales. Le moment de les faire connaître n'allait cependant pas tarder. Mouvement sourd au début, cette clarification des objectifs devait se faire graduellement, pour aboutir, en 1968, à l'éclatement du RIN en deux factions (Ferreti, pour la faction marxiste, et Bourgault, pour la faction socialiste modérée).

Replaçons-nous au point de départ. Le 20 janvier 1963, Marcel Chaput est expulsé du RIN. Il déclare, deux jours plus tard :

> Quelques membres de la direction du RIN veulent faire l'indépendance du Québec dans une société idéalisée, alors que moi et ceux qui me suivent, nous voulons la faire avec la société québécoise telle qu'elle existe[1].

Rappelons que, quelques mois plus tôt, en octobre 1962, vient d'être fondé le Réseau de résistance pour la libération nationale du Québec, groupe de militants qui ne croient plus que l'on puisse accéder à l'indépendance par les voies démocratiques et qui, pour faire avancer leur cause, se livrent à des actes de semi-vandalisme (par exemple, en barbouillant les affiches de langue anglaise). Dans ce réseau aussi se produira, le 6 mars 1963, une scission dont sortira une aile radicale : le Front de libération du Québec (FLQ).

Dès le lendemain soir, soit le 7 mars 1963, le FLQ commence ses activités : des cocktails Molotov contre trois manèges militaires et, sur les murs, l'inscription du sigle du mouvement indépendantiste en grosses lettres rouges. Le lendemain, on fait paraître un premier communiqué dont les dernières phrases, surtout, laissent déjà entrevoir une prise de position à caractère social :

> La dignité du peuple québécois demande l'indépendance. L'indépendance du Québec n'est possible que par la révolution sociale. La révolution sociale signifie un « Québec libre ». Étudiants, ouvriers, paysans, formez vos groupes clandestins contre le colonialisme anglo-américain[2].

Plus tard, le 6 avril de la même année, une bombe, composée de 24 bâtons de dynamite, est déposée sur le mont Royal, sous la tour de transmission des ondes de télévision. Elle est désamorcée à temps. Suivent les rafles, les perquisitions et les arrestations ; mais on ne tient pas les vrais coupables. Le service d'information du FLQ émet alors, le 16 avril 1963, un texte qu'on peut à juste titre considérer comme le premier manifeste du mouvement. Aucun journal ne le publie. On peut y lire le passage suivant :

> ... l'indépendance seule ne résoudrait rien. Elle doit
> à tout prix être complétée par la révolution sociale.
> Les Patriotes québécois ne se battent pas pour un
> titre mais pour des faits. La Révolution ne s'ac-
> complit pas dans les salons. Seule une révolution
> totale peut avoir la puissance nécessaire pour opérer
> les changements vitaux qui s'imposeront dans un
> Québec indépendant[3].

L'orientation idéologique du FLQ se trouve donc précisée dès le départ. Sans doute évoluera-t-elle, comme nous le verrons plus loin, mais il semble que ses principaux éléments figurent déjà dans ce texte, contrairement à ce qu'affirmera, en 1971, dans son livre sur la Crise d'octobre, le ministre Gérard Pelletier. Il prétendra alors que cette orientation s'est « modifiée et radicalisée depuis plusieurs années[4] », citant à l'appui la manifestation d'une dissidence, en 1965 (dans *La Cognée*, n° 48), par rapport aux positions de Vallières et Gagnon. Mais, contrairement à ce qu'il tente de démontrer en quelques traits, la double nature de l'idéologie du FLQ — position indépendantiste et désir d'entreprendre une réforme sociale en profondeur — apparaît dès le premier tract et, ensuite, dans le premier manifeste.

Les thèmes dominants du premier manifeste du mouvement — l'oppression, l'exploitation, le colonialisme, apparaissent clairement dans le manifeste du 16 août 1963 :

> Il nous suffit de penser aux centaines de milliers de
> chômeurs, à la misère noire des pêcheurs de la
> Gaspésie, aux milliers de cultivateurs à travers le
> Québec dont le revenu dépasse à peine $1 000 par
> an, aux milliers de jeunes qui ne peuvent poursuivre
> leurs études par manque d'argent, aux milliers de
> personnes qui ne peuvent avoir recours aux soins
> médicaux les plus élémentaires, à la misère de nos
> mineurs, à l'insécurité générale de tous ceux qui

occupent un emploi : voilà ce que nous a donné le colonialisme[5].

À part la question des soins médicaux (en partie réglée par l'assurance santé), le manifeste d'octobre 1970 élaborera, en d'autres mots, la même argumentation. Une filiation idéologique entre les deux textes est indéniable :

> ... Oui, il y en a des raisons à la pauvreté, au chômage, aux taudis, au fait que vous, M. Bergeron de la rue Visitation et aussi vous, M. Legendre de Ville de Laval, qui gagnez 10 000 dollars par année, vous vous sentez pas libres en notre pays le Québec.

> Oui, il y en a des raisons, et les gars de la Ford les connaissent, les pêcheurs de la Gaspésie, les travailleurs de la Côte Nord, les mineurs de la Iron Ore, de Québec Cartier Mining, de la Noranda les connaissent eux aussi ces raisons. Et les braves travailleurs de Cabano que l'on a tenté de fourrer une fois de plus en savent des tas de raisons[6].

La violence dans l'idéologie marxiste

Devant l'impuissance à résoudre, par la voie légale, les problèmes politiques et constitutionnels, devant le spectacle insoutenable de l'oppression, les militants peuvent être tentés d'opter pour le terrorisme. La démarche paraît logique. Elle est d'ailleurs parfaitement intégrée à l'idéologie marxiste, qui considère la violence comme la sage-femme de l'histoire, un mode de transformation des sociétés. Marx l'envisageait comme un mal nécessaire, un moment historique incontournable pour déloger la classe bourgeoise de sa position dominante. Advenant le cas où le prolétariat aspirerait sérieusement à prendre le pouvoir légalement par la voie des élections, la bourgeoisie n'hésiterait pas à utiliser la force pour conserver les postes de commande dans la structure du pouvoir ; la violence serait alors inévitable. Même dans le cas où le prolétariat réussirait à s'emparer du pouvoir sans violence, il ne pourrait espérer, à la suite des manœuvres de sabotage des classes dirigeantes nouvellement évincées, réaliser la révolution sans recourir à la violence. L'expérience d'Allende, au Chili, en dit long à cet égard. En somme, selon l'idéologie marxiste, le niveau de violence nécessaire se détermine entièrement par le degré de résistance que manifeste la classe bourgeoise face à la révolution prolétarienne.

Lorsqu'on se donne la peine de la scruter en profondeur, l'idéologie felquiste apparaît comme un nationalisme d'extrême-gauche. Certaines personnes, soit par pure démagogie, soit pour invoquer tout l'odieux d'un régime qu'ils ont connu eux-mêmes, l'ont déjà associée au nazisme. Ce fut le cas de quelques journalistes anglophones[7], entre autres, puis de Gérard Pelletier qui, sans établir clairement un rapport d'équivalence, procédait subtilement par insinuation lorsqu'il faisait remarquer en 1971 que « égalité, justice, équité, fierté et lutte contre le chômage se retrouvaient dans la propagande nazie des années trente[8] ». Une déclaration très vague et très générale d'Adolf Hitler — « Tous les citoyens auront les mêmes devoirs et les mêmes droits » — lui avait alors servi d'élément de comparaison. Dans le même sens, le docteur Gustave Morf[9], psychanalyste suisse, prétendait, à la même époque, que la révolution telle que l'imaginaient les terroristes du FLQ était artificielle, qu'elle ne pouvait survenir que dans le cadre d'une situation provoquée, et non d'un mouvement populaire. Après avoir comparé leur action à la prise du pouvoir par les nazis et associé à ces derniers les idées sociales des felquistes, il devait conclure enfin que ceux-ci présentaient le monde anglo-saxon comme un bouc émissaire, exactement comme les nazis utilisaient les Juifs.

Déclarer ainsi que des extrémistes de gauche dans le Québec des années soixante-dix ressemblent aux extrémistes de droite de l'Europe des années trente ne peut qu'être le fruit d'une analyse politique très superficielle.

● Le film *Bingo*, de
Jean-Claude Lord, qui se
termine sur l'association,
dans un même projet, du
leader révolutionnaire et
du chef fasciste, a
contribué à propager, à
des fins commerciales, ce
genre de confusion.

Il ne faut tout de même pas oublier que le Parti nazi s'est appuyé d'abord sur le sentiment antirévolutionnaire, le soutien financier et l'adhésion politique de groupes intéressés à la restauration de l'ancien régime et à la défaite du communisme[10]. La doctrine nazie faisait appel à des élans antisémites datant, en Allemagne, de l'époque des Croisades[11]. Il n'y a donc rien de commun entre le racisme déclaré des nazis et le désir des felquistes de provoquer la prise en main par des Québécois des leviers politiques et économiques de notre société, aspiration normale et courageuse à l'autodétermination, somme toute. Il y a une marge entre le racisme et le nationalisme, la même qu'entre la haine et la confiance en soi.

De plus, l'idéologie nazie était un immense fourre-tout, où se retrouvaient à la fois des nationalistes refusant, pour des raisons sociales, de s'identifier avec le parti conservateur élitiste et des socialistes qui, pour des raisons nationales, étaient opposés à la doctrine marxiste internationale[12]. De ce point de vue, l'idéologie du FLQ est plus claire : indépendance et révolution sociale complètes obtenues par la violence.

Que certains confondent ce mouvement avec le nazisme, sous prétexte que les méthodes sont identiques, montre bien que leur rejet des extrémistes de droite n'est pas tellement motivé par un refus du contenu idéologique du nazisme, tout aussi odieux que ses méthodes, mais plutôt par un refus de celles-ci. En ce sens, leur attitude n'est pas entièrement honorable ●.

L'internationalisme

Un aspect caractéristique du marxisme est son internationalisme. À cet égard, l'idéologie felquiste se rattache au marxisme classique : les prolétaires n'ont pas de patrie. Suivant la phrase célèbre du manifeste communiste de 1848, « Prolétaires de tous les pays, unissez-vous », les activistes du FLQ combattent d'abord l'oppression avant de conquérir la spécificité québécoise, car celle-ci ne servirait pas forcément la cause des

Québécois. Voilà un peu ce que démontre un document important intitulé « Stratégie révolutionnaire et rôle de l'avant-garde »●, que certains attribuent à Pierre Vallières[13] :

> Il est entendu ici par indépendance autre chose qu'une souveraineté de papier comme celle que nous promet René Lévesque, appuyé en cela par la petite bourgeoisie parasitaire du Québec, qui n'aspire qu'à gérer à la place des Anglais les intérêts de l'impérialisme américain au Québec.

Un autre document clandestin corrobore cette prise de position :

> En somme, les efforts actuels de la bourgeoisie canadienne-française ne serviront pas à grand-chose, même si elle proclame la République. Il y a plus de 100 ans que certains pays d'Amérique latine ont proclamé leur indépendance et ils n'en sont pas moins, aujourd'hui, des colonies des USA. Il n'y a qu'une façon de se décoloniser, c'est de faire la révolution, ce dont, de toute évidence, notre bourgeoisie est incapable[14].

L'option internationaliste s'affirme dès le départ, en avril 1963, dans un communiqué :

> Le FLQ considère que l'indépendance du Québec se fera par la lutte violente des paysans, ouvriers, étudiants et intellectuels québécois contre le colonialisme anglo-saxon et ses valets de la bourgeoisie québécoise. Il appuie tous les mouvements travaillant pour l'indépendance nationale, en particulier celui de Porto-Rico, l'Armée de libération nationale du Venezuela et celle du Guatemala[15].

Plus tard, le 1er juin 1970, lorsque les policiers parviendront à démanteler un réseau felquiste à Prévost, dans les Laurentides, et à Ville de Laval, ils découvriront un communiqué[16], déjà préparé, annonçant l'enlèvement du consul américain Burgess et les conditions

● « Stratégie révolutionnaire et rôle de l'avant-garde », document clandestin, auteur anonyme (rédaction probable : 1968-1969). Rendu public par Lucien Saulnier devant un comité de la Chambre des communes.

irrévocables à sa survie (conditions qui ressemblent étonnamment à celles qui seront formulées pour la sauvegarde de Cross, en octobre 1970, par une autre cellule) mais affirmant aussi l'appui inconditionnel du FLQ aux mouvements d'Amérique latine et de Palestine, à ceux des Noirs américains et à tous les peuples d'Afrique et d'Asie qui travaillent pour leur libération. Comme s'il ne suffisait pas de réclamer qu'on libère les prisonniers politiques pour les diriger vers Cuba, les rédacteurs du communiqué termineront par un « Vive le peuple cubain, Vive Fidel ! Vive la Révolution cubaine ! »

Les felquistes deviendront alors la cible des nationalistes de droite qui les accuseront volontiers de vouloir importer des idées étrangères. Pourtant, ils ne sombrent pas dans le gauchisme, sorte d'hérésie marxiste (soutenue par Trotsky et Rosa Luxembourg) qui n'accorde aucune place à la lutte nationaliste pour favoriser avec plus de force les intérêts du prolétariat international, pas plus d'ailleurs qu'ils n'adoptent l'attitude chauvine de ceux qui placent le nationalisme bien au-dessus de la lutte pour le socialisme. Ils réaffirment inlassablement l'importance de leur double but : indépendance et révolution sociale. Les actions menées en vue de l'indépendance devront servir de levier à l'ensemble de la classe ouvrière. On peut donc affirmer qu'ils s'inscrivent dans une certaine orthodoxie marxiste, contrairement à ce que l'on a tenté de laisser croire.

NOTES

1. Jacques Lacoursière, *Alarme citoyens!*, Éditions La Presse, Montréal, 1972, p. 31.

2. Ce tract est cité dans le livre de Claude Savoie, *La véritable histoire du FLQ*, Montréal, Éditions du Jour, 1963, p. 28.

3. *Ibid.*, p. 43 à 46.

4. Gérard Pelletier, *La Crise d'octobre*, Montréal, Éditions du Jour, 1971, p. 75.

5. Claude Savoie, *op. cit.*, p. 45.

6. Jacques Lacoursière, *op. cit.*, p. 121.

7. Peter Lust, « A Nazi-Like Attack », *Canada Month*, et « FLQ, the New Nazis of Today's Canada », *Canada Month*, vol. 10, n° 8, nov. 1970, p. 6.

8. Gérard Pelletier, *op. cit.*, p. 66 et 67.

9. Interview de Gustave Morf, « Why in My Dreams Am I Always the Victim », *Weekend Magazine*, 23 janvier 1971, p. 7.

10. Theodore Abel, « The Why of the Hitler Movement », *Anger, Violence and Politics, Theories and Research*, édité par Ivo K. Feierabend, Rosalind L. Feierabend et Ted Robert Gurr, Englewood Cliffs, N. J., Prentice Hall Inc., 1972, p. 285.

11. *Ibid.*, p. 287.

12. Theodore Abel, *op. cit.*, p. 287.

13. John Saywell, *Quebec 70*, Toronto, University of Toronto Press, 1971, p. 142.

14. « Qu'est-ce que le FLQ ? », document clandestin publié par le Front de libération du Québec, en 1966.

15. Jacques Lacoursière, *op. cit.*, p. 35.

16. John Saywell, *op. cit.*, p. 31.

CHAPITRE IV

Examen critique de l'idéologie felquiste

La violence : un mal nécessaire ?

D'aucuns soutiennent que la société québécoise est des plus pacifiques :

> À vrai dire, notre société était l'une des dernières à savourer les fruits — parfois amers, il est vrai — de la paix, de la liberté et de la démocratie, au point qu'elle était citée en exemple dans le monde et qu'il ne fût venu à personne l'idée que le territoire le plus tranquille de ce continent pût ainsi basculer dans la tourmente[1].

Certains activistes que nous avons interrogés là-dessus ne sont cependant pas du même avis : ils affirment, au contraire, avec beaucoup d'exemples à l'appui que le Québec n'a jamais été un oasis de paix, que notre histoire a connu de nombreux épisodes violents et que, finalement, le Québec génère lui-même ses propres contradictions, sa propre destruction. « Nous avons [eu] à [l'] incarner en 1970 », disent-ils.

On peut vérifier dans le détail l'argument voulant que la violence ait joué un rôle majeur dans notre histoire et que celle-ci soit loin d'avoir baigné constamment dans le calme et la sérénité.

L'implantation et le maintien d'une colonie française pendant cent cinquante ans n'ont été possibles que par un usage répété de la violence, à la fois contre les Amérindiens et contre les Anglo-Saxons qui les avaient mobilisés. Après la conquête militaire de 1760, on assista à la révolte de Pontiac, aux invasions américaines de 1775 et 1812, à la rébellion de 1837-1838, à l'incendie du parlement de Montréal, à la double révolte des Métis et aux deux crises provoquées par la conscription. Mentionnons aussi les agitations populaires du début du XIXe siècle, dont plusieurs élections sanglantes.

Pour la période qui suivit, une étude américaine[2] sur l'instabilité et la violence politique entre 1955 et 1961, analyse systématique qui attribue des taux de stabilité politique à 84 pays, classe le Canada au vingt et unième rang. Une autre étude[3], consacrée, celle-là, à la période 1961-1965, place notre pays au trente-quatrième rang (sur 114 pays) quant à l'absence de violence politique interne.

Sur le plan de la révolte sociale, il faut mentionner la grève violente de la Dominion Ayers Company en 1877, puis une bataille rangée en 1878 entre débardeurs irlandais et canadiens-français du Québec. Entre 1910 et 1966, on dénombre, au Canada, 227 grèves marquées par des explosions de violence, dont 66 (soit 29 pour 100) au Québec[4]. Plus récemment, nous avons connu celles de Sorel, d'Asbestos, de Murdochville, de la Dominion Ayers, de la Seven-Up, de la Robin Hood, l'affaire des «gars de Lapalme », etc.

Tous ces conflits en disent long sur la supposée paix sociale au Québec. Comparativement, toutefois, nos voisins américains ont une plus forte tradition de violence, que les problèmes raciaux et la libre circulation des armes n'aident d'ailleurs pas à éteindre.

Daniel Latouche[5], dans ses travaux rafraîchissants sur la violence au Québec, a dénoncé les idées fausses qu'ont véhiculées les préjugés et l'idéologie bourgeoise libérale. L'éducation traditionnelle, en effet, n'intégrait pas la violence au processus politique. Dans les manuels d'introduction à la science politique et les traités de droit constitutionnel, la vie politique se limite à l'activité des partis et des gouvernements et à l'évolution des institutions. Cette perspective est fausse, ainsi que le souligne aussi le politicologue Bruce Smith[6], qui rappelle qu'évoquer le rôle de la violence dans le processus politique, c'est parler de ce processus en tant que tel.

En réalité, les activités politiques traditionnelles semblent toujours au seuil d'une escalade possible vers la violence ; les pragmatistes doués savent comment répondre aux revendications des groupes terroristes pour conserver leurs postes et éviter l'affrontement, assurant du même coup le dynamisme du système.

Écarter la violence du processus politique, sous prétexte qu'elle rend impossible l'exercice de la démocratie, est injustifiable dans une perspective réaliste et moderne de la science politique et n'est pas, non plus, conforme à la réalité historique. Dans la genèse de la démocratie occidentale, on ne saurait nier que la violence occupe une place très importante. La Magna Carta et la Révolution française ont été des étapes de l'évolution plus ou moins continue du système politique que nous connaissons. Chaque conflit a affaibli ou détruit les obstacles politiques et sociaux le long de la route qui nous a conduits à la démocratie libérale capitaliste. Dans le fonctionnement des grandes révolutions, des individus modérés, inspirés par la colère, le désespoir et les aspirations d'hommes et de femmes enragés qui se sont livrés à une féroce rébellion, ont, en accédant au pouvoir, consolidé les éléments acquis par la révolte. De ce travail de destruction, les modérés et les pragmatiques ont su percevoir aussi, certes, les avantages majeurs[7].

Même si elle apparaît comme la complète antithèse de la nature et de l'esprit de l'éthique démocratique, la violence n'en demeure pas moins un élément essentiel du processus démocratique[8]. Des études américaines[9] démontrent que, depuis 1918, on compte pas moins de 192 tentatives d'assassinat dirigées contre des chefs de gouvernement, dont 39 ont réussi (dans 25 pays), et plus de 1500 autres contre des hommes politiques.

Nous nous garderons donc de ne considérer la violence que sous l'angle de la pathologie ou de la déviance. L'on ne saurait accepter aujourd'hui la version officielle de l'histoire suivant laquelle le développement politique des sociétés occidentales doit être associé à une longue et difficile conquête de la démocratie sur la violence. Au contraire, l'apparition et le développement de la démocratie (issue historiquement de revendications violentes), dans sa version libérale ou socialiste, a coïncidé avec un accroissement accéléré de la puissance de l'autorité publique[10] et un raffinement des moyens mis à sa disposition pour exercer la répression. Face aux menaces extérieures, elle dispose de puissants armements de guerre ; pour contrer la subversion intérieure, elle s'est dotée d'escouades spécialisées et de techniques sophistiquées de contrôle des foules. En même temps qu'il accroissait sa capacité de violence, l'État occidental réussissait d'ailleurs à concentrer sous son autorité tous les instruments de violence autrefois dispersés chez les individus et les groupes ; loin d'avoir éliminé la violence, donc, l'État moderne paraît, au contraire, être fondé de plus en plus sur l'exercice d'un monopole exclusif des instruments de violence et de leur utilisation légitime. De ce point de vue, le terrorisme québécois, en abolissant soudainement ce monopole, en « démocratisant » la violence, ne pouvait qu'inquiéter vivement nos gouvernements.

Bien que nous reconnaissions que la violence peut être horriblement cruelle et destructrice, il nous faut reconnaître comme le suggère d'ailleurs la thèse marxiste, qu'elle est un des principaux moteurs de l'histoire. Si cette constatation est pénible à faire, elle n'en demeure pas moins juste. Les inondations, les séismes, les éboulements, les tornades, les cyclones, les avalanches et les éruptions volcaniques sont aussi des atrocités, mais qui prétendra qu'ils ne font pas partie de la nature ?

Là où on peut ne pas être d'accord avec les felquistes, c'est sur leur interprétation pratique du marxisme orthodoxe. Si la violence demeure un mal nécessaire pour l'aboutissement de la lutte des classes, pour la transformation des sociétés politiques, il reste que, selon une interprétation rigoureuse de la praxis — c'est-à-dire de l'application pratique — du marxisme-léninisme, la lutte armée doit faire partie d'un tout et être déclenchée au moment opportun. Sinon, elle donne lieu à un comportement hérétique.

Lénine et le terrorisme — Rappel de quelques principes marxistes-léninistes fondamentaux

Le marxisme[11], par principe, ne rejette aucune forme de lutte ; en fait, il analyse les manifestations violentes (y compris le terrorisme) en fonction du mouvement de masse et des conditions historiques concrètes — politiques, économiques et culturelles — dans lesquelles elles surviennent. Poser la question de la violence politique en dehors des circonstances historiques qui la déterminent et ne pas tenir compte du degré de développement qu'a atteint un mouvement révolutionnaire[12] au sein de la société qui l'a vu naître, c'est donc ignorer l'essence même du matérialisme dialectique.

Le révolutionnaire marxiste s'instruit à l'école pratique des masses. Il ne se substitue pas à elles en leur conseillant des formes de lutte prétendument meilleures ou plus efficaces, imaginées par des fabricants de systèmes dans leur cabinet de travail ; au contraire, c'est au contact direct des masses qu'il apprend à élaborer des stratégies. Dans cette perspective, la classe ouvrière n'a pas besoin d'être piquée au flanc pour se mettre en action et apprendre à s'organiser. Les révolutionnaires ne doivent pas penser que les travailleurs ne seront en mesure de revendiquer leurs droits qu'après qu'ils auront été ébranlés par des actes terroristes (attentats, vols, enlèvements, etc.) qu'ils n'auront pas eux-mêmes choisis ; cette croyance, tout à fait anti-marxiste[13], entraînerait les militants révolutionnaires à se substituer aux masses en leur donnant des leçons préliminaires de révolution.

Leur rôle est plutôt de saisir, organiser, fusionner, exprimer consciemment les formes de combat adoptées par les masses elles-mêmes, tout au long du développement de ce combat. En l'absence d'une organisation révolutionnaire centrale et d'organisations révolutionnaires locales solides, particulièrement lorsque les masses sont dispersées, la terreur est une forme de lutte inopportune et dangereuse. L'organisation de classe se construit dans et à travers la coordination des revendications populaires et elle suit le même rythme. Les deux évolutions étant intimement liées, il n'est pas de stratégie marxiste qui puisse justifier que le travail d'organisation commence *après* l'agitation généralisée.

Lénine a eu à justifier cette conception du terrorisme à deux reprises, dans les circonstances concrètes de la Révolution russe. La première fois, en 1901, quatre ans avant l'insurrection. À ceux qui proposaient l'introduction de la terreur dans les moyens de lutte du parti, il devait répondre alors :

> On nous propose aujourd'hui la terreur, non point comme l'une des opérations d'une armée combattante, opération étroitement rattachée et articulée à tout le système de lutte, mais comme un moyen d'attaque isolé, indépendant de toute armée et se suffisant à lui-même. D'ailleurs, à défaut d'une organisation révolutionnaire centrale et avec des organisations locales faibles, la terreur ne saurait être autre chose. C'est bien pourquoi nous déclarons résolument que, dans les circonstances actuelles, la terreur est une arme inopportune, inopérante, qui détourne les combattants les plus actifs de leur tâche véritable et la plus importante pour tout le mouvement, et qui désorganise non pas les forces gouvernementales mais les forces révolutionnaires[14].

En 1906, quelques mois après l'insurrection, Lénine doit justifier, cette fois, son acceptation du terrorisme ; il faut dire que des circonstances nouvelles entourent cette prise de position. L'utilisation de la terreur n'est plus une forme isolée ou exclusive de combat, mais s'inscrit dès lors dans un système de lutte armée populaire et organisée. Substituant alors l'expression « guerre [ou lutte] des partisans » aux mots « terreur » ou « terrorisme », il écrit :

> ... l'ancien terrorisme russe était affaire d'intellectuels conspirateurs ; aujourd'hui la lutte de partisans est menée, en règle générale, par des militants ouvriers ou simplement par des ouvriers en chômage[15].

La situation concrète est, ici encore, déterminante pour Lénine. À la suite de la première insurrection, il croit que le terrorisme peut être assumé en vue de la future insurrection qui se prépare ; mais, par la suite, il affirme qu'il est possible d'« assurer au terrorisme (cette lutte spontanée) la direction du parti[16] ». Ici, la violence politique devient l'une des formes de l'assaut décisif : lorsque celui-ci est donné, et pendant la période de la guerre civile, la violence, en tant que force belligérante, se trouve alors, comme aux phases précédentes, autorisée par le parti ; celui-ci vise même à y jouer un rôle prépondérant[17].

Les contradictions du terrorisme québécois

Les terroristes québécois ont assimilé la partie théorique du marxisme▲ et ont formulé, sous son inspiration, les arguments qui justifiaient leur action revendicatrice : colonisation et exploitation des Québécois ; rôle de la violence dans l'histoire. Mais ils n'ont pas poussé le matérialisme dialectique jusqu'à analyser la notion de *moment historique* et jusqu'à vérifier si cette notion correspondait à la réalité du Québec.

N'espérant pas que la révolution surgisse un jour de l'émergence simultanée de conditions objectives et subjectives favorables, les terroristes québécois ont tenté de la réaliser en suscitant une psychose de la révolution

▲ Parmi les membres du groupe Vallières-Gagnon, certains des plus jeunes adeptes prétendent maintenant l'avoir, à l'époque, fort mal comprise et assimilée.

chez les masses exploitées, par l'utilisation systématique de la propagande par les faits. Optant pour la révolution spontanée (psychologiquement déterminée) plutôt
que pour la révolution « historique» (conditionnée par la
maturité des conditions économiques et sociales) —
malgré leur adoption de l'idéologie marxiste-léniniste
orthodoxe, et même de son internationalisme, sur le plan
théorique — et n'intégrant pas leur lutte armée à une
lutte de parti, ils se trouvaient, au départ, à inscrire leur
action dans la voie de l'hérésie. Ils ont raisonné en
marxistes orthodoxes mais se sont comportés en anarchistes.

D'anciens activistes nous confiaient, à ce propos,
qu'ils portent aujourd'hui un jugement rétrospectif assez
sévère sur leur ancienne organisation clandestine. Le
FLQ n'ayant pas à l'origine mis l'accent sur la politisation
des masses, il aurait finalement eu fort peu à voir avec
la libération des travailleurs. Groupe d'intervention armée, il aurait plutôt agi comme suppléant ; à chaque fois
que le RIN et le PQ essuyaient une défaite électorale, le
FLQ serait entré en scène. Venant au secours de la « petite
bourgeoisie radicale » de ces deux partis, il serait venu,
pour sauver la démocratie libérale, venger cet affront
que constituait la « fraude » électorale. Par cette action
prématurée, soutiennent sévèrement ces anciens
felquistes, ils auraient fait, sans s'en apercevoir, le jeu
de la petite bourgeoisie.

NOTES

1. Michel Roy, *Le Magazine MacLean*, janvier 1971, p. 10.

2. Ivo K. Feierabend et Rosalind L. Feierabend, « Aggressive Behaviors Within Politics : a Cross-National Study », *Journal of Conflict Revolution*, X, 3, 1966, p. 249 à 272.

3. Ted Robert Gurr, « A Comparative Study of Civil Strife », dans *Violence in America : Historical and Comparative Perspectives*, New York, New American Library, 1969, p. 4 à 43.

4. Daniel Latouche, *La violence au Québec : l'entreprise de théorisation*, communication présentée à la réunion annuelle de la Canadian Peace Research and Education Association, St. John's, Terre-Neuve, juin 1971, p. 13.

5. *Ibid.*, p. 6.

6. Bruce Smith, « The Politics of Protest : How Effective Is Violence », dans *Urban Riots : Violence and Social Change*, New York, Vintage Books, 1969, p. 115.

7. Barrington Moore Jr., « Thoughts on Violence and Democracy », dans *Urban Riots : Violence and Social Change, op. cit.*, p. 6.

8. Lynne B. Iglitzin, « Violence and American Democracy », *The Journal of Social Issues*, xxvi, 1, 1970, p. 165 à 187.

9. Murray Clark Havens, Carl Leiden et Karl M. Schmitt, *The Politics of Assassination*, Englewood Cliffs, New Jersey, Prentice-Hall Inc., 1970, p. 23, et p. 161 à 168. Voir également J. Kikham, S. G. Leuy et W. J. Crotty, *Assassinations and Political Violence. A Report to the National Commission on the Causes and Prevention of Violence*, Washington, D. C., U. S. Government Printing Office, 1969 (voir nombreux tableaux).

10. Barrington Moore Jr., *op. cit.*, p. 4.

11. Roch Denis, « Le terrorisme dans la révolution au Québec », *Québec occupé*, Montréal, Éditions Parti Pris, coll. « Aspects », n° 9, 1971, p. 174.

12. Lénine, *La guerre de partisans*, dans *Œuvres complètes*, tome II, Paris, Éditions sociales, 1958, p. 215 et 216.

13. Roch Denis, *op. cit.*, p. 177.

14. Lénine, *Par où commencer*, dans *Œuvres complètes, op. cit.*, tome V, p. 15-16.

NOTES (SUITE)

15. Lénine, *La guerre des partisans*, *op. cit.*, p. 220.

16. Lénine, *ibid.*, p. 220-221.

17. Roch Denis, *op. cit.*, p. 173.

CHAPITRE V

Évolution du mouvement felquiste

Du premier au second manifeste

Pour bien faire ressortir l'évolution du FLQ, entre ses débuts, en 1963, et son apogée, en octobre 1970, nous croyons utile de juxtaposer le contenu du premier et du dernier manifestes. Nous avons déjà signalé que, dès le manifeste de 1963, l'idée d'indépendance du Québec accompagnait celle de révolution sociale. En ce sens, on peut dire qu'il y a continuité entre les deux textes. Admettons, toutefois, que le manifeste d'octobre 1970 constitue, dans la même optique, un appel plus pressant et plus insistant ; d'un contenu plus élaboré, il évoque concrètement les problèmes sociaux en vue de stimuler la lutte des classes (ferment de la révolution). Mais il y a surtout entre l'un et l'autre une différence de langage indéniable.

On pourrait d'abord penser que cette différence est due simplement à la formation des rédacteurs. On imagine mal, par exemple, comment Georges Schoeters, d'origine belge et de formation universitaire — pilier de la toute première vague felquiste —, aurait pu donner son adhésion à un manifeste imprimé dans un langage relâché, un québécois « joualisant ». Il faut préciser en outre que le FLQ est né au sein du Réseau de résistance, groupe voué à la défense de la langue française par des

▲ Selon le felquiste Mario Bachand, le contrôle de la propagande du premier réseau se trouvait entre les mains de Denis Lamoureux. Les éléments de gauche étant trop occupés aux tâches, les textes du mouvement (dont, peut-être, le manifeste) auraient reçu « une orientation légèrement petite-bourgeoise ».

▲ Certains felquistes affirment que Jacques Lanctôt serait l'unique auteur du manifeste d'octobre 1970. D'autres prétendent qu'il s'agit d'André Roy. Une hypothèse intéressante serait que Roy ait préparé la première version, pour l'enlèvement du consul américain, et Lanctôt la rédaction finale du texte diffusé en pleine crise.

moyens violents (vandalisme, etc.)▲. Voilà certes des circonstances qui expliquent quelque peu la forme du manifeste de 1963.

Examinons le ton des deux manifestes. Le premier (1963), après une analyse politico-économique, fait un historique du problème québécois et conclut au colonialisme total. Son vocabulaire et son style sont assez scolaires, quoiqu'on y retrouve quelques accents d'ardeur révolutionnaire :

> Depuis la seconde guerre mondiale, les divers peuples dominés du monde brisent leurs chaînes afin d'acquérir la liberté à laquelle ils ont droit. L'immense majorité de ces peuples a vaincu l'oppresseur et aujourd'hui vit librement.
>
> . . .
>
> Acquérons les leviers politiques vitaux, prenons le contrôle de notre économie, assainissons radicalement nos cadres sociaux ! Arrachons le carcan colonialiste, mettons à la porte les impérialistes qui vivent par l'exploitation des travailleurs du Québec. Les immenses richesses du Québec doivent appartenir aux Québécois[1].

À la fin, le ton se ravive dans un dynamique appel à l'action :

> Patriotes du Québec, aux armes ! L'heure de la révolution est arrivée ! L'indépendance ou la mort!

Le manifeste de 1970 est rédigé dans un tout autre langage et revêt un ton bien différent. Pour deux raisons : l'une culturelle, l'autre stratégique. D'abord, le manifeste rejette la langue académique pour adopter, en grande partie, un niveau de langue plus près du joual, forme privilégiée par la contre-culture, mise à la mode par Charlebois, dans la chanson, et Tremblay, au théâtre. Les auteurs▲ utilisent même le type d'humour qu'a véhiculé cette contre-culture, soit la grossièreté insolite

front de libération du québec

MANIFESTE

Le Front de Libération du Québec n'est pas le messie, ni un Robin des bois des temps modernes. C'est un regroupement de travailleurs québécois qui sont décidés à tout mettre en oeuvre pour que le peuple du Québec prenne définitivement en mains son destin.

Le Front de Libération du Québec veut l'indépendance totale des Québécois, réunis dans une société libre et purgée à jamais de sa clique de requins voraces, les "big-boss" patronneux et leurs valets qui ont fait du Québec leur chasse-gardée du cheap labor et de l'exploitation sans scrupules.

Le Front de Libération du Québec n'est pas un mouvement d'agression, mais la réponse à une agression, celle organisée par la haute finance par l'entremise des marionnettes des gouvernements fédéral et provincial (le show de la Brinks, le bill 63, la carte électorale, la taxe dite de " progrès social" (sic), power corporation, l'assurance-médecine, les gars de Lapalme ...) .

Le Front de Libération du Québec s'auto-finance d'impôts volontaires (sic) pré- levés à même les entreprises d'exploitation des ouvriers (banques, compagnies de finance, etc ...)

Le manifeste de 1970 : rédigé dans la langue même du peuple.

● Gérard Pelletier, Jean Marchand, Jérôme Choquette et Marcel Masse se sont prononcés contre le manifeste, selon Jacques Lacoursière (op. cit., p. 126 et 127).

ou la vulgarité inattendue. Ils espéraient sans doute ainsi convaincre davantage la population. Parler joual, c'était parler la langue même du peuple. Sur ce point, ils semblent avoir eu raison : beaucoup de gens se sont déclarés en désaccord avec le manifeste ●, mais il ne s'est trouvé personne pour prétendre ne pas en comprendre la langue. Le choix de cette forme d'expression équivalait aussi à un rejet du langage de la bourgeoisie.

On peut donc parler ici d'un emploi intentionnel et stratégique de la langue populaire. La forme est une composante essentielle de tout manifeste ; comme l'a suggéré MacLuhan, le medium est le message. Le fait de privilégier certains termes plutôt que d'autres n'est donc pas immotivé en ce cas. Pour les felquistes, le simple fait qu'il existe au Québec un niveau de langue « correct » et un autre qui est celui du langage quotidien de la partie défavorisée de la population confirmait les injustices sociales dénoncées dans le manifeste. L'emploi du joual était la démonstration concrète d'une frustration réelle, car si ce langage est bien le nôtre, nous savons très bien, par ailleurs, qu'il constitue une sorte de sous-produit, une langue méprisée.

Pour Gérard Pelletier, ce choix ne fait que traduire l'insouciance des felquistes quant à la langue qui serait éventuellement en usage dans la république du Québec. Il conclut hâtivement que cela marque même une baisse du nationalisme : « Ils s'identifient de moins en moins à la cause nationale québécoise et de plus en plus à celle d'un anarcho-socialisme aussi extrémiste que lâchement défini[2]. » M. Pelletier paraît s'égarer encore ici. Le fait de parler le joual ne prouve en rien que le nationalisme vacille ; qu'on en juge par les discours imagés de René Lévesque ! Ce dernier soutenait d'ailleurs que ce qui caractérise les Québécois, ce n'est pas le fait qu'ils utilisent ou non la « langue de Molière » pour s'exprimer ; c'est plutôt qu'ils possèdent un fonds culturel commun qui leur permet de communiquer de façon privilégiée et profonde.

La stratégie qu'emploie le FLQ, en 1970, est fort

habile : en s'adressant directement à « M. Bergeron de la rue Visitation » et à « M. Legendre de Ville de Laval », il se fait le porte-parole des travailleurs québécois, ce qui lui permet de susciter un appui dans chaque secteur de la population. Il essaie aussi de convaincre les travailleurs mis à pied, « ceux à qui l'on n'a donné aucune raison pour les crisser à la porte ». Puis, en des termes moins polis que dans le premier manifeste, il qualifie les colonialistes de « big boss de l'économie et de la politique, prêts à toutes les bassesses pour mieux nous fourrer ». L'injure est souvent grossière et percutante. On ne parle plus, comme dans les tracts de 1963[3], d'un Jean Lesage qui a « jeté bas son masque de libérateur » et qui est devenu « traître à son peuple ». Ici, on y va carrément : « Bourassa, le serin des Simard, Trudeau la tapette. »

Il faut reconnaître que le dernier manifeste parle de révolution dans un langage concret, affranchi des expressions théoriques et abstraites. Il évoque des faits connus, dans une langue peut-être réprouvée mais comprise de tous. Quand il aborde la question de la révolution sociale, il ne le fait pas en une seule phrase (comme le manifeste de 1963), mais à coup d'exemples, de façon à frapper l'imagination des lecteurs, à susciter immédiatement leur adhésion.

En plus d'un changement de niveau de langue, on note une insistance sur les diverses revendications à caractère social (sur lesquelles le manifeste s'étend beaucoup), ce qui a provoqué des surprises dans plusieurs milieux, chez les anglophones même, qui ne soupçonnaient pas que les felquistes fussent politisés en profondeur : « *For the first time, many English Canadians, and perhaps many Québécois as well, realized that the FLQ were something other than separatists in a hurry*[4]. »

Les leaders

On ne saurait esquisser l'évolution de l'idéologie felquiste sans parler de ceux qui sont responsables de

▲ Raoul Roy était un
ancien fonctionnaire du
Syndicat des marins,
organisation favorable au
communisme. Il fut chassé
du Parti communiste
canadien pour « déviation
nationaliste ».

son orientation. Si l'on veut bien comprendre le phénomène du terrorisme au Québec, il faut se garder de
confondre les leaders *de l'action* et ceux qui ont exercé
une influence de premier plan au niveau *idéologique* ; on
ne saurait donc lire de façon trop servile les comptes
rendus judiciaires des tribunaux, qui, en principe, con-
damnent les actions plutôt que les idées. Il ne faut pas
penser non plus que le FLQ se soit développé de façon
continue alors qu'en réalité il a connu diverses vagues
successives, où se sont illustrés des individus bien différents (comme nous le démontrerons plus loin).

En effet, plusieurs têtes de file — dont l'action
n'est pas clairement consignée dans les archives judiciaires mais qui sont mentionnées dans certains écrits, à
l'occasion, et surtout dans les conversations officieuses
— ont influencé à tour de rôle le développement des
assises théoriques du mouvement.

Le leader de la première vague, théoricien initial et
père naturel du FLQ, aurait été Raoul Roy▲, fondateur,
promoteur et directeur de la *Revue Socialiste* ; au printemps 1959, avant même la Révolution tranquille, la
mort de Duplessis et la fin de la grande noirceur, cette
revue affichait, en page frontispice, la devise : *Pour*
l'indépendance absolue du Québec et la libération
prolétarienne-nationale des Canadiens français. Le credo
idéologique de Raoul Roy se résumait dans le mot d'ordre suivant :

> Instaurons un régime socialiste au Québec !
> Par le socialisme, bâtissons notre république !
> Socialisons les colonialistes et leurs alliés à Québec !
> Vive la liberté du Canada français !
> Vive l'indépendance du Québec[5] !

Rappelons que Raymond Barbeau avait créé en 1957
l'Alliance laurentienne, qui prônait l'indépendance du
Québec ; ce mouvement prônait aussi un certain retour
au corporatisme. Ce n'est qu'en 1960 qu'on assistera à
la création du RIN, parti politique indépendantiste (à
visée nationaliste, essentiellement) instauré par Marcel

Chaput et André d'Allemagne. Raoul Roy avait lui aussi fondé, entre-temps (en 1959), le tout premier parti politique indépendantiste d'orientation socialiste, l'Action socialiste pour l'indépendance du Québec ou ASIQ.

Or il semble que Raoul Roy entretenait des relations étroites avec les membres de la première vague felquiste, qui venaient lui raconter leurs aventures[6] ; il fut même parfois victime, à cette époque, de la répression policière, sous forme de perquisitions[7].

En octobre 1963, apparaîtront la revue *Parti Pris* (dirigée par Pierre Maheu), qui travaillera à la création d'un État québécois « libre, laïque et socialiste », puis la *Révolution québécoise* (1964), qui visera la libération politique, économique et sociale des Québécois. Parmi les initiateurs de cette seconde revue figurent deux individus qui deviendront, l'année suivante, les leaders idéologiques du FLQ : Pierre Vallières et Charles Gagnon.

Les membres de la revue *Parti Pris* décideront, en juin 1965, d'apporter un appui plus direct aux ouvriers, en particulier aux grévistes, dans le cadre d'une action « agitation et propagande[8] ». En juillet, au cours d'une manifestation devant la manufacture La Grenade, Pierre Vallières sera arrêté pour avoir troublé la paix. À la fin de l'été, *Parti Pris* donnera naissance au Mouvement de libération populaire, qui entend mobiliser les classes laborieuses. Quelques-uns de ses membres jugeront bon, plus tard, de le quitter, trouvant que la révolution n'avance pas assez vite.

Pierre Vallières et Charles Gagnon opteront d'abord pour la lutte clandestine y alliant, pendant un certain temps, l'organisation d'une agitation sociale paralégale auprès des travailleurs en grève, mais à la fin de 1965, ils trancheront définitivement en faveur de l'action clandestine[9]. En tant que nouveaux leaders du FLQ, ils imprimeront au mouvement terroriste une orientation idéologique de premier plan en manifestant leur appui aux travailleurs et en suscitant des interventions actives dans les grèves et manifestations qui permettent de radicaliser les ouvriers. Un énorme coup de barre !

Le manifeste de 1970 insiste aussi sur le soutien direct à apporter aux luttes ouvrières en cours ; cet élément nouveau a peut-être fait surface sous l'impulsion des prises de position répétées de Vallières et Gagnon avant la publication du manifeste. Un autre trait de ce texte est son anticléricalisme féroce ; on y range parmi les exploiteurs (qui sont, en résumé, les Anglais, les politiciens, les hommes d'affaires, les technocrates, les universitaires et les juges) l'« Église capitaliste romaine », propriétaire de la Place de la Bourse qui, en 1837, aurait excommunié les Patriotes « pour mieux se vendre aux intérêts britanniques ». Ce rejet de l'Église est d'autant plus surprenant que, le jeudi 6 juin 1963, à la fin d'un communiqué où il s'attribuait la responsabilité d'une série d'attaques contre des casernes militaires, le FLQ exprimait sa plus vive sympathie à l'endroit de Jean XXIII :

> Le FLQ tient à exprimer ses regrets quant à la mort de l'un des hommes les plus dignes d'admiration de notre époque. Sa Sainteté le pape Jean XXIII fut le pape de la paix, d'une paix équitable et juste où toute exploitation serait bannie. Sa mort est une grande perte pour l'humanité. Quoi qu'on en dise, le FLQ n'est pas un organisme voué à la mort et à la destruction. Nous combattons au contraire afin que la nation québécoise connaisse un jour cette liberté que Jean XXIII a toujours défendue. L'indépendance ou la mort[10] !

La même attitude réapparaissait en 1965, dans *La Cognée* : « Notre clergé est maintenant dynamique et nationaliste[11] », y alléguait-on alors.

Dans le cadre d'une action « agitation et propagande », les felquistes participent
à des manifestations et des attentats à la manufacture La Grenade.

▲ Dans ce courant, il faut sans doute situer, tout en faisant des nuances, François Mario Bachand, un activiste de la première vague, qui est demeuré longtemps un de ses représentants les plus radicaux (il proposait de brûler et de saccager Westmount). Préconisant sans équivoque les activités violentes menées en parallèle avec une contestation légale, il devait tenter d'appliquer, à travers l'action du FLQ, qui soutenait celle du Front de libération populaire, sa théorie du terrorisme d'appoint.

▲ Charles Gagnon dirigea aussi le journal de gauche *En lutte*.

Les divers courants de pensée au sein du FLQ : le fractionnement du mouvement

Le marxisme-léninisme orthodoxe

Nous avons déjà fait allusion au très fort courant marxiste-léniniste orthodoxe▲ qui a traversé toute l'histoire du FLQ. Charles Gagnon[12], se faisant le continuateur de cette école de pensée, devait fonder le Parti prolétarien▲ au moment où les forces felquistes effectuaient un repli stratégique vers la politisation légale des masses. Certains des terroristes exilés à Cuba, qui ont collaboré pendant un certain temps, avec l'Agence de presse libre, à la rédaction du *Bulletin populaire*, semblent également avoir évolué vers un retour à la politisation légale des travailleurs.

Dans une tentative d'appliquer rigoureusement son marxisme intégral à la société québécoise, Charles Gagnon jugeait que, dans la situation où se trouvait notre société, « les nationalistes, petit-bourgeois, compos[aient] le courant idéologique le plus dangereux ». Selon lui, leur credo politique se serait résumé à peu près à ceci : l'indépendance d'abord, le reste après.

Il est évident que les propos de Gagnon visaient d'abord les membres du Parti québécois qui œuvrent, comme on le sait, à la promotion de l'indépendance nationale du Québec. Il objectait que, malgré leur « indépendance formelle », de nombreux pays d'Afrique étaient toujours régis suivant les règles de l'exploitation capitaliste et de la domination étrangère et soutenait que le Parti québécois démagogue se montrait opportuniste en demandant à la classe ouvrière de se rallier aux positions nationalistes en oubliant ses intérêts de classe. Comparant le credo électoral de Maurice Duplessis, son « catéchisme des électeurs », à celui de Lévesque et Parizeau, « Quand nous serons vraiment chez nous », il concluait que ce dernier allait moins loin. Gagnon prétendait même que le mouvement nationaliste québécois était voué, tant qu'il empruntait une direction bourgeoise réactionnaire, à faire le jeu de l'impérialisme et il réfutait la social-démocratie proposée par le PQ, le socialisme et le capitalisme lui paraissant absolument inconciliables ; l'histoire fourmille d'exemples où la classe ouvrière a été trompée magistralement par les nationalistes ou les sociaux-démocrates, prétendait-il alors.

Affirmant avec conviction qu'il n'y a « pas de mouvement révolutionnaire sans théorie révolutionnaire »[13], Gagnon donnait la primauté immédiate à la lutte sur le front idéologique, à la clarification constante des intérêts spécifiques de la classe ouvrière et des travailleurs en général. En fait, il cherchait à dissiper toute confusion idéologique. Car il concevait le marxisme comme la prise de conscience de la lutte des classes : le marxisme ne crée pas la lutte des classes, il en est la constatation. De ce point de vue, la propagande jouait un rôle capital, non seulement pour politiser les travailleurs, mais pour les amener à s'organiser : la propagande exige d'abord une organisation où les travailleurs peuvent militer ; en outre, la lutte idéologique a aussi un pouvoir organisateur sur lequel il faut savoir compter.

Charles Gagnon, peut-être après avoir constaté les excès du centralisme bureaucratique des Soviétiques, devait opter plus tard pour une certaine forme de maoïsme.

Le courant nationaliste

L'étude des textes du FLQ révèle l'existence, au sein du mouvement terroriste, d'un courant nationaliste anti-marxiste▲. En effet, en 1965, alors que Vallières et Gagnon cherchaient à imposer leur leadership idéologique, certaines cellules exprimaient des vues politiques dissidentes, comme en fait foi *La Cognée*[14], journal officiel du FLQ :

> ... non, le FLQ n'est pas communiste. Contrairement à l'image que Vallières et Gagnon auraient pu lui donner provisoirement, à travers leurs écrits ou

▲ Le groupe Lasalle, soit celui de l'ALQ, aurait eu, selon Bachand, une orientation plus à droite. La plupart de ses membres provenant de la haute bourgeoisie, il aurait préconisé « un socialisme d'administrateurs dans des fauteuils capitonnés ».

leurs déclarations [...] Nous sommes même en mesure d'affirmer que les communistes sont pratiquement inexistants chez nous et qu'il ne s'en trouve aucun parmi nos dirigeants. [...] Il est nécessaire de souligner, qu'entre nous et le groupe Vallières-Gagnon, il n'y avait même pas un soupçon de collaboration. Nous ne nous dissocions pas d'eux, nous constatons seulement que nous ne travaillons pas ensemble, et que nous supportions des points de vue différents, surtout dans les domaines de l'organisation et de la direction, ces secteurs justement qui ont révélé leur faiblesse. Car, il faut bien le dire, si on ne le devinait déjà : le « néo-FLQ » de Vallières-Gagnon agissait indépendamment, dès le départ, des autres cellules et sections existantes ou en formation.

Peut-être s'agissait-il de rivalités pour le contrôle des postes de commande ? Peut-être existait-il un ressentiment personnel sous-jacent à cette prise de position ? Il n'en reste pas moins que ces propos traduisent un désaccord à l'intérieur du mouvement terroriste.

Le courant anarchiste

Il faut absolument signaler aussi l'existence d'un courant anarchiste au sein du FLQ. L'anarchisme vise essentiellement à détruire la hiérarchie de la société sans qu'il y ait rétablissement des principes autoritaires. En dépit de la connotation négative qui est rattachée à ce terme, cette tendance n'est pas totalement nihiliste ; elle peut même, à certains moments, paraître extrêmement créatrice et harmonieuse. Les anarchistes ne tentent pas de proposer une structure de rechange, mais ils agissent comme des éveilleurs de conscience, pour souligner les vices et les abus de l'organisation sociale.

L'anarchiste part d'une valorisation de la personne et souhaite un retour au consentement libre et naturel de l'individu à l'accomplissement de ses obligations sociales. Il apparaît donc ici comme un révolutionnaire réactionnaire : dans sa révolte, il veut retourner à un état antérieur, à l'homme sans Dieu, sans autorité. Cette foi de l'anarchiste en l'homme, cette foi sans foi, en somme, le conduit à combattre tout ce qui est répressif, surtout les structures, que ce soit les révolutionnaires autoritaires, les bourgeois capitalistes ou les sociaux-démocrates. Il a des ennemis partout.

Rappelons, au passage, que l'école socialiste avait donné naissance à deux courants opposés, à deux frères ennemis : le marxisme, dit socialisme scientifique, prêché par Karl Marx, Rosa Luxembourg et Lénine, et l'anarchisme, soutenu par Bakounine et Kropotkine. Il semble assez naturel qu'à toute révolution participent, à la fois, des marxistes orthodoxes et des anarchistes ; pour les premiers, l'action doit suivre une prise de conscience intellectuelle et attendre le « moment » révolutionnaire ; pour les seconds, la pratique précède l'idéologie.

Il est assez intéressant, à cet égard, d'entendre■ certains activistes nier être des tenants de l'anarchisme, alors que, dans un même souffle, leur conception du gouvernement trahit une telle allégeance : on souhaite qu'il n'y ait plus de séparation entre le gouvernement et les gens, bref, que le peuple se gouverne lui-même ; on affirme ne pas croire aux délégations de pouvoir, en particulier au centralisme tel que pratiqué dans beaucoup de pays socialistes ; on préfère un contrôle à la base, etc. Il s'agit là d'un socialisme où tout citoyen, tout travailleur, participerait à chacune des décisions d'un gouvernement libre et socialiste. En somme, tous les Québécois feraient partie du gouvernement !

Cette conception anarchiste rappelle la révolte des leaders de la contestation étudiante de 1968, dont l'action a abouti au sabordage des associations étudiantes alors en place au Québec : l'Union générale des étudiants du Québec (UGEQ), l'Association générale des étudiants de l'Université de Montréal (AGEUM), et celles des universités Laval (AGEL) et de Sherbrooke (AGEUS).

■ Ces propos furent recueillis en 1973 auprès de membres de la cellule Libération, les ravisseurs de James Richard Cross.

Les anarchistes se lancent dans l'action avant d'entreprendre la lutte idéologique et amorcent la révolution au moment où elle paraît opportune, avantageuse. On n'a qu'à se rappeler comme la décision de kidnapper Pierre Laporte fut prise à la dernière minute par la cellule Chénier, pour corser une conjoncture déjà dramatique. Pour les vrais anarchistes, la révolution est entrevue comme un rêve fantastique, une fête sans commencement ni fin. Le combat lui-même est source de merveilleux. « L'ordre est un crime. La révolte est le bien[15] », pour reprendre la formule lapidaire de Bakounine. La Crise d'octobre illustre à quel point les felquistes de la cellule Chénier se sont laissés emporter par l'euphorie[16]. Les accumulations successives de bombes spectaculaires au cours de la fin des années soixante dénotent aussi une tendance à se livrer par épisodes aux joies frénétiques de l'action.

On peut s'interroger aussi sur le réalisme de la conception anarchique de gouvernement énoncée juste un peu plus tôt. Il est difficile de croire que le Québec puisse se doter d'un gouvernement exercé directement par le peuple et vraiment démocratique, car la collectivisation, dans une nation où la bourgeoisie croit à la propriété privée, exigerait l'établissement d'une dictature, qui empêcherait la reconquête du pouvoir. Pour rendre justice aux felquistes, soulignons que leurs objectifs à court terme étaient, par ailleurs, plus pratiques. Ils semblaient vouloir sensibiliser les gens d'ici ainsi que le monde extérieur à leur message. Ils ne s'attendaient pas à réussir la révolution immédiatement, mais voulaient la préparer, la rendre possible.

Le marxisme éclectique

Le Pierre Vallières des années 1966-1967 nous paraît se situer dans un courant de marxisme éclectique (c'est-à-dire déviationniste, frôlant l'anarchisme et manifestant un fort penchant pour le maoïsme). Bien sûr, Vallières est plus facile à cerner que les autres felquistes car cet idéologue rigoureux et brillant a laissé de nombreux écrits. On aurait des difficultés énormes à définir, par exemple, l'idéologie précise des chefs des premiers réseaux, comme Schœters et Schirm, peut-être plus nationalistes que marxistes. (Le premier a fait de la résistance en Belgique contre les nazis, ce qui suppose un certain penchant nationaliste, et il a séjourné en Algérie pour étudier les tactiques révolutionnaires de même qu'à Cuba où il a participé à la réforme agraire ; il aurait rencontré personnellement Castro, qui l'aurait vivement impressionné. Schirm, ancien légionnaire et maquisard, n'était pas un idéologue et, ayant connu certains des inconvénients du communisme en Europe de l'Est, il se méfiait vraisemblablement du marxisme[17].)

Le fameux livre de Vallières, *Nègres blancs d'Amérique* ●, écrit dans un cachot du Manhattan House of Detention for Men, à New York, alors qu'il attendait son extradition avec Charles Gagnon, et publié en 1968, révèle l'essentiel de sa pensée :

> En découvrant le marxisme, j'eus l'impression de trouver ce que j'avais toujours cherché, ce que mon père aussi avait confusément cherché, ce que tous les prolétaires cherchent : une vérité, leur vérité, capable à la fois de les réconcilier avec la vie et de leur permettre de travailler ensemble à la seule chose qui vaille vraiment la peine d'être vécue : la révolution, le renversement du capitalisme et l'édification des structures sociales égalitaires.

Après une étude plus approfondie du marxisme, il y fait une critique personnelle qui l'amène à exprimer ses préférences :

> Ayant compris la nécessité de mettre en pratique mes idées, j'ai étudié surtout, à partir de cette époque, les écrits et les actions révolutionnaires de notre temps : Lénine, Rosa Luxembourg, Mao Tsé-Tung, Castro et « Che » Guevara. J'ai été plus fortement impressionné par la pensée de Mao Tsé-

● Livre écrit entre les mois d'octobre 1966 et de février 1967. Retiré temporairement du marché parce que déclaré séditieux.

Tung et les idées de Guevara que par l'œuvre de Lénine.

Ici, Pierre Vallières présente les éléments principaux qui motivent ses choix. On comprend, dès lors, qu'il opte pour une position « révisionniste », en adhérant aux idées et aux tendances humanitaires et démocratiques de Georges Lukacs et de Karl Korsch, tous deux déclarés hérétiques par la IIIe Internationale, sous l'impulsion de Lénine. Fils d'ouvrier (comme Korsch), Vallières ne peut s'empêcher de constater que les Russes n'ont pas intégré les ouvriers au processus révolutionnaire tandis que l'avant-garde s'institutionnalisait en tant que nouvelle classe dirigeante. Pour l'auteur de *Nègres blancs d'Amérique*, le marxisme n'est pas un système achevé et achevable ; il est une méthode de pensée et d'action, une praxis dont il est impossible de donner une définition précise et permanente. Autant Vallières rejette le pragmatisme opportuniste des partis capitalistes, autant il se méfie de l'obsession des fatalités révolutionnaires des partis « qui se sont donné le nom de communistes[19] » ; son idéal se fonde sur l'homme, sur ses capacités de produire et de créer, de détruire et de recréer, de transformer, de défaire et de refaire. On comprend dès lors que du maoïsme il retienne l'idée de révolution permanente.

Formellement, Vallières rejette l'anarchisme[20], car le peuple, laissé à la spontanéité de ses révoltes — toujours à recommencer —, ne possède aucune force militaire, n'est pas lucide et conserve une conscience de classe qui demeure à l'état d'instinct. Il reste que les conceptions idéalistes de Vallières frôlent parfois l'anarchisme : il rêve d'un gouvernement qui libérerait l'homme des contraintes — pure utopie —, un peu comme l'entrevoit Marcuse (sauf que Vallières croit qu'il faut s'appuyer sur la classe ouvrière pour y arriver). Il imagine une structure sociale vraiment égalitaire, c'est-à-dire libre pour tous, fraternelle et coopérative, au sein de laquelle chaque individu pourrait s'accomplir davantage en tant que personne[21]. Voici comment il élabore cette vision :

> Seule une structure sociale égalitaire peut permet-
> tre concrètement aux travailleurs de participer ac-
> tivement et de profiter réellement et au maximum
> des produits de leur activité libre et disciplinée en
> même temps. Il ne s'agit pas seulement de
> « permettre » d'en haut (de la hauteur de quelque
> « præsidium » suprême) une libre circulation « à la
> base », des suggestions, des propositions et des
> critiques, mais beaucoup plus que cela : il s'agit, à
> travers de (sic) cette structure égalitaire, de mettre
> en place, par un travail collectif, les mécanismes
> d'une démocratie concrète et efficace, d'une dé-
> mocratie pour tous qui donne aux travailleurs et
> à toute la société les moyens de tirer le plus grand
> parti possible des potentialités, non seulement de
> l'« économie » mais de l'ensemble des activités
> humaines et des « énergies » qui se déploient dans
> l'univers connu et sur lesquelles les hommes pos-
> sèdent un pouvoir illimité de contrôle et d'utilisa-
> tion, à des fins « humaines », de progrès, de bon-
> heur, de satisfaction des besoins connus et « pas
> encore connus »[22] .

Cette foi dans un homme nouveau, issu de la révolution, rappelle l'anarchisme classique ; pourtant, chez
Vallières, l'idée de révolution permanente au cœur d'une
société inachevée, refusant toute idée de réalisation définitive, s'apparente, en fait, au maoïsme.

L'influence idéologique du Pierre Vallières des
années 1966-1967 fut considérable. Plusieurs activistes
partageaient ses convictions politiques, surtout en ce qui
concerne la conception du gouvernement à venir : pas de
dictature du prolétariat exercée par une avant-garde telle
que le parti communiste et aucune structure contraignante
pour l'homme. Par ailleurs, ils désiraient un régime politique authentiquement québécois, comme nous le verrons plus loin.

Vers la voie légale et démocratique

À l'automne 1971, après une période de clandestinité, Pierre Vallières annonce, dans une série d'articles publiés dans *Le Devoir*, qu'il a fait son autocritique ; ces articles seront ensuite insérés dans le livre *L'urgence de choisir*. On assiste alors à la naissance d'une nouvelle tendance idéologique au sein du FLQ, le cheminement électoraliste. Nous ne voulons pas prétendre ici que Pierre Vallières opte pour l'application pratique de cette antithèse du communisme que constitue la social-démocratie telle qu'elle s'incarne en Europe dans les régimes instaurés par Willie Brandt ou Harold Wilson. Nous voulons signaler seulement que, tout en croyant encore au socialisme, il prétend, à ce moment-là, pouvoir le réaliser par la voie démocratique — ce qui est alors tout à fait conforme au credo péquiste.

Se demandant si le FLQ a vraiment sa raison d'être, il pose le problème préalable de savoir si la situation est « révolutionnaire » et, par conséquent, si la lutte armée se trouve justifiée. Il ne le semble pas, car il n'est pas objectivement impossible qu'une lutte et un parti de masse puissent s'organiser et se développer par le processus électoral. Pour appuyer ses dires[23], il cite Che Guevara, qui affirmait qu'il ne faut jamais exclure a priori qu'un changement révolutionnaire dans une société donnée puisse commencer par un processus électoral. Tant mieux, ajoute Vallières, si le changement peut se réaliser totalement de cette manière. La lutte armée ne peut être amorcée ni se développer si les masses croient pouvoir réaliser leurs aspirations en empruntant une voie légale et démocratique.

Le nouveau Pierre Vallières prétend cependant, à cette époque, qu'il y a danger à ce que le FLQ coexiste avec le PQ, prétendument pour compléter son action, dans un premier temps, et ensuite pour la remplacer ; les tenants du pouvoir politique pourraient alors utiliser le prétexte de la violence terroriste pour écraser le PQ, les centrales syndicales et les comités de citoyens, bloquant ainsi la voie élective. La violence, selon lui, fournit aux autorités en place l'occasion rêvée d'éliminer les forces progressistes de façon efficace et définitive. La crise d'octobre 1970 a permis au pouvoir de faire une répétition générale de ce scénario classique. Dans les faits, donc, lutte armée des masses et lutte électorale des masses ne peuvent coexister▲. Vallières devient plus sévère envers le FLQ lorsqu'il avance : « On ne provoque pas au nom du peuple l'armée du pouvoir en place quand on ne possède pas soi-même une armée dans laquelle un peuple peut se reconnaître, s'intégrer consciemment[24]. »

Ces actions compromettent, à long terme, la sécurité et la combativité des groupes les plus politisés au sein de la population et, par le fait même, de la nation tout entière.

Pour Vallières, le système politique que les Anglo-Canadiens ont imposé aux Québécois se révèle alors un instrument parfaitement légal et démocratique pour que ces derniers échappent au joug économique et politique. Mais il croit à ce moment-là qu'une victoire électorale du PQ pourrait amener une vague de protestations dans tout le Canada ; peut-être même le fédéral ferait-il intervenir l'armée ? Or une intervention militaire contre un Québec qui se serait prononcé par la voix électorale en faveur de l'indépendance serait une atteinte flagrante aux principes de la démocratie libérale bourgeoise, principes dont, idéologiquement, le Canada se trouve prisonnier.

Le gouvernement fédéral pourrait aussi laisser traîner les négociations sur les modalités de l'indépendance, de façon à susciter au Québec un climat politique et social d'impatience, qui justifierait, aux yeux du reste du pays, l'appréhension d'une insurrection. Le Canada anglais et le pouvoir central, pense alors Vallières, auraient tout intérêt à provoquer l'occasion qui leur permettrait d'intervenir contre les forces indépendantistes et progressistes du Québec avant que le Parti québécois n'acquière la légitimité d'un gouvernement élu démocratiquement.

▲ Cette vision contredit celle de François Mario Bachand, qui divisait l'avant-garde révolutionnaire en deux branches : une légale (FLP), l'autre illégale (FLQ). Vallières quitta la direction du Front de libération populaire pour passer à l'action violente. Bachand fera le contraire, en coordonnant les activités légales du FLP et celles du terrorisme du FLQ. Mais, en 1971, les deux s'entendaient au moins sur la nécessité d'un appui tactique au PQ.

▲ Il faut préciser que *L'urgence de choisir*, fruit des délibérations d'un groupe, produit de réflexions collectives cristallisées par Pierre Vallières, visait à combattre la réorganisation du FLQ, que certains activistes préparaient pour la fin de 1971.

La réflexion de Pierre Vallières l'amène à penser que si, jusqu'à octobre 1970, l'agitation armée du FLQ était l'expression radicale du caractère spontanéiste que tout mouvement de libération nationale connaît à ses débuts, elle est devenue, de fait, au moment où il fait paraître *L'urgence de choisir*, l'alliée inconsciente mais objective de la stratégie répressive du régime en place▲. Vallières reproche de plus au FLQ d'enlever son contenu de masse à la lutte armée, de dissimuler le caractère de lutte prolongée de tout processus de libération sous une présentation romantique de la victoire à court terme, substituant ainsi à toute vision à long terme l'incohérence d'une agitation pratiquée pour elle-même et pour les « kiks » qu'elle procure au « délinquant qui sommeille en chacun de nous[25] ».

À la fin de sa longue réflexion, Vallières conclut que c'est de la confusion entre lutte armée (qui est une lutte de masse exigeant, pour naître et se développer, un certain nombre de conditions, qui n'existent pas alors au Québec) et agitation armée, qu'ont surgi les tentatives avortées de structurer le FLQ. Les terroristes québécois n'ont pas attendu que la situation prenne une dimension proprement révolutionnaire pour agir ; ils croyaient plutôt que leur organisation se développerait une fois cette dimension acquise. C'était oublier qu'une organisation ne naît pas seulement de la volonté de ceux qui se donnent pour tâche de bâtir un mouvement révolutionnaire, mais, avant tout, d'un besoin réel des masses dans une situation donnée.

C'est même avec un certain recul que Vallières, devançant l'histoire, rendra son verdict sur le FLQ :

> L'histoire pardonnera facilement au FLQ son inexpérience des années '60 et retiendra comme positif, à bien des égards, beaucoup de ce qu'il a accompli au plan du réveil politique des Québécois, de la critique de la société et de la définition des besoins et des aspirations populaires. Le peuple en a déjà fait, malgré eux, des héros, à cause de cela.

Mais l'histoire ne pardonnerait jamais aux Felquistes de 1972, 1973, ou 1974 qui, enrichis par l'expérience collective d'octobre '70, en refuseraient les leçons et sacrifieraient au romantisme de bonne volonté la responsabilité qui leur incombe aujourd'hui[26].

L'Urgence de choisir suggérait donc en 1971 que le FLQ n'avait plus aucune raison d'être. S'il s'était lancé dans l'action, cela aurait représenté une dangereuse fuite en avant ; s'il s'était fait attentiste, il ne serait devenu qu'une inoffensive et inutile chapelle de contemplatifs en réserve pour l'apocalypse, un groupe de fidèles activistes qui aurait vite perdu tout contact avec la réalité.

Le désaveu total qu'exprime alors Vallières touche aussi les tenants du marxisme orthodoxe au Québec dont il qualifie la démarche de livresque, et l'idéologie de théorie de bibliothèque et de répertoire, qui nie le caractère spécifique de la lutte québécoise. Pour sa part, Vallières dit préférer ne rien comprendre à la lutte des classes stéréotypée plutôt que d'ignorer la réalité sociale et politique du Québec[27]. Selon lui, les marxistes orthodoxes présentent leurs théories, qu'ils importent d'autres pays, comme une doctrine révélée d'en haut, ce qui ne peut la rendre attrayante pour les gens d'ici. En réalité, le socialisme doit être adapté à chaque situation particulière ; Vallières croit d'ailleurs que les Québécois ont, à ce moment précis de leur histoire, à intégrer personnellement leur action à une praxis collective de libération. Le recours à l'universel abstrait, dit-il, ne libère pas plus que le recours à Dieu. Contrairement au maoïsme, sur ce point précis, Vallières croit que ce n'est pas l'idéologie qui détermine la pratique mais le contraire[28].

À l'encontre d'autres activistes que nous avons interrogés, il rejette complètement la conception anarchique du pouvoir, l'étude de l'histoire contemporaine lui ayant appris que, nulle part au monde, le peuple n'exerce le pouvoir directement. Dans les rares pays où la révolution prolétarienne s'est avérée possible, le pouvoir

▲ C'est sur ce point que Bachand diffère d'avis : il suggère certes un appui tactique au PQ, mais il veut maintenir une avant-garde ouvrière. Il cherche à faciliter la prise pacifique du pouvoir par la petite bourgeoisie nationaliste, de façon que celle-ci ne se radicalise pas et n'entraîne pas ainsi la classe ouvrière dans une guerre civile dont cette classe ferait elle-même les frais. L'avant-garde ouvrière, selon Bachand, interviendra pour empêcher la petite bourgeoisie de devenir violente et pour lui imposer ses mots d'ordre et sa ligne politique.

s'exerce par délégation. Même les pouvoirs transférés aux régions et aux communes (en Chine, par exemple) s'exercent de cette manière.

Pour Pierre Vallières, l'indépendance serait plus qu'une simple réforme : ce serait la voie d'une libération réelle. Nier à une société telle que le Québec le droit de s'autodéterminer revient, en fait, à nier son droit d'appliquer sa propre stratégie de développement économique et social. L'indépendance, comme rupture avec l'impérialisme et le colonialisme, apparaît donc comme une opération révolutionnaire. La politisation de la question sociale renvoie à la question nationale qui l'englobe. Lorsque les Québécois auraient en main les leviers politiques de leur vie sociale et économique, ils seraient nécessairement portés à aller plus loin que la simple survivance culturelle : ils en viendraient à désirer une émancipation plus complète. Une fois que l'indépendance se serait concrétisée, le socialisme pourrait leur sembler une solution pratique à leurs problèmes collectifs. Tout comme la chute d'une dictature représente souvent la condition politique d'un grand bond en avant, l'indépendance déclencherait un processus encore plus important d'affranchissement. Pour se convaincre de la vérité du propos de Vallières, qu'on se rappelle la Révolution tranquille, dont l'objectif — l'intégration fonctionnelle et rationnelle du Québec au développement du Canada — a finalement été dépassé, donnant ainsi une vigueur considérable aux aspirations indépendantistes.

Face à cette lutte si importante que les Québécois doivent mener, Vallières insiste avec vigueur sur la nécessité de l'unité stratégique ; ils ont le choix de gagner la bataille ou de disparaître. Le Parti québécois lui semble, alors, présenter l'avantage d'une action cohérente, structurée et consciente, et son combat apparaît tout aussi courageux que crédible. À côté de cela, la montée d'un deuxième parti de masse (ouvrier, marxiste ou prolétarien) n'est qu'un facteur de division et de dispersion, d'autant plus que leurs attaques idéalistes contre le parti souverainiste s'avèrent souvent mal fondées▲.

Ici, Vallières se trouve à renier son passé : car si *L'urgence de choisir* se situe vraiment dans le prolongement de *Nègres blancs d'Amérique*, comme il le dit lui-même, si ceux qui réclament l'indépendance comme préalable sont des fascistes[29] et qu'il faut à tout prix empêcher 10 pour 100 de la population (les instruits) de rouler 90 pour 100 (les autres, les non instruits) à la faveur d'une proclamation d'indépendance, comme il s'est déjà empressé de le dire, comment Vallières peut-il affirmer, en 1971, que la bourgeoisie n'est pas vraiment à craindre ! Il prétexte alors que la formation d'un capitalisme québécois est impensable■, d'abord parce que, sur le marché mondial, il ne serait pas concurrentiel, ensuite parce que nous ne posséderions pas de bourgeoisie proprement dite, le capital étant entre les mains des Anglo-Saxons, mais, tout au plus, une « *lumpen*-bourgeoisie » parasitaire, accrochée au capitalisme anglophone. Ces débris de bourgeoisie s'effriteraient éventuellement après l'indépendance. À l'opposé des internationalistes de l'abstraction, qui proposent un idéal prolétarien sans contenu national, le Parti québécois offre à l'époque un programme dont le contenu est progressiste et révolutionnaire, pense Vallières.

Il reste encore très difficile de distinguer s'il y a une part d'opportunisme dans ce revirement d'attitude, sinon d'idéologie. Peut-être s'agit-il, non pas d'un changement d'idéologie, mais plutôt d'une autre perception quant aux moyens à utiliser à court terme. Plusieurs interprétations de ce revirement — qui paraît profond, mais coïncide avec un arrêt assez général de l'adhésion à la violence politique chez d'autres individus politisés — restent encore possibles. On peut sans doute alléguer que ce changement de cap constitue une stratégie de reflux, à la suite d'une nouvelle analyse des conditions subjectives (motifs idéologiques, existence de forces révolutionnaires, identification à l'ordre établi) et, surtout, objectives (tolérance de l'opposition par l'ordre établi, appui des masses, situation nationale ou économique). Quoi qu'on puisse penser de la conversion de Vallières, on ne

■ On saisit aujourd'hui (1990), maintenant que le Québec s'est doté d'une « garde montante » financière, un certain manque de clairvoyance à ce propos. En 1971, toutefois, les indices permettant d'entrevoir une telle réalité restaient rares.

peut nier qu'il l'exprime de façon rationnelle et extrêmement persuasive. On peut dès lors penser qu'aussi longtemps que le système électoral le satisfera, il ne sera pas tenté de prôner le recours à la violence.

*   *   *

Nous avons dû forcément limiter notre analyse à quelques acteurs principaux dont l'idéologie était plus facilement perceptible, soit parce qu'ils l'avaient eux-même exprimée et structurée dans leurs écrits, soit parce qu'ils nous avaient été plus accessibles. Il était difficile de caractériser les tendances de ceux qui étaient emprisonnés au moment de notre étude et n'avaient pas laissé d'écrits importants. En ce sens, d'autres chercheurs pourront compléter cette analyse ultérieurement.

Dans la mesure où des divergences d'opinion pouvaient déjà exister en octobre 1970, l'examen de l'évolution idéologique et la mise en évidence d'un certain fractionnement du mouvement felquiste jette plus d'un doute sur les allusions répétées des gouvernements à un vaste complot visant à renverser immédiatement le pouvoir. En ce sens, certains participants aux enlèvements d'octobre 1970 — que nous avons nous-même interrogés — prétendent y avoir vu l'occasion d'un « coup d'éclat » plutôt que d'un coup d'État. Le but premier des enlèvements était, selon eux, non pas de provoquer un changement du personnel politique, mais de « plonger le Québec dans un bain de politisation ». À la lumière des informations que nous avons présentées ici, on peut croire à l'absence de complot visant à provoquer un changement de gouvernement immédiat. Le Cabinet fédéral a peut-être appréhendé plus d'événements dramatique qu'il ne le fallait ; il s'est peut-être cru, plus que les révolutionnaires eux-mêmes, en présence d'une véritable révolution.

NOTES

1. Claude Savoie, *La véritable histoire du FLQ, op. cit.*, p. 43 et 46.

2. Gérard Pelletier, *La crise d'octobre, op. cit.*, p. 73.

3. Claude Savoie, *La véritable histoire du FLQ, op. cit.*, p. 42.

4. John Saywell, *Quebec 70, op. cit.*, p. 51.

5. Raoul Roy, « Le Québec, une sous-colonie », *La Revue Socialiste*, n° 3, hiver 1959-60, p. 17 à 61. Ici, p. 59.

6. Claude Savoie, *op. cit.*, p. 40.

7. *Ibid.*, p. 39.

8. Jacques Lacoursière, *Alarmes citoyens!, op. cit.*, p. 68.

9. *Ibid.*, p. 69.

10. Claude Savoie, *op. cit.*, p. 84.

11. *La Cognée*, n° 27, 15 janvier 1965, p. 5.

12. Charles Gagnon, *Pour le parti prolétarien*, l'Équipe du Journal, 4ᵉ trimestre 1972, p. 9.

13. *Ibid.*, p. 24.

14. *La Cognée*, n° 62, octobre 1966.

15. Hans Magnus Enzensberger, *Politique et crime*, Paris, Gallimard, 1967, p. 247.

16. Pierre Vallières, *L'urgence de choisir*, Montréal, Éditions Parti Pris, coll. « Parti Pris », 1971, p. 132.

17. Gustave Morf, *op. cit.*, p. 184.

18. Pierre Vallières, *Nègres blancs d'Amérique*, Montréal, Éditions Parti Pris (deuxième édition, revue et corrigée), p. 287 et 306-307.

19. *Ibid.*, p. 316.

20. *Ibid.*, p. 319.

21. *Ibid.*, p. 349.

22. *Ibid.*, p. 342.

23. Pierre Vallières, *L'urgence de choisir, op. cit.*, p. 114.

24. *Ibid.*, p. 111.

25. *Ibid.*, p. 129.

NOTES (SUITE)

26. *Ibid.*, p. 134.

27. *Ibid.*, p. 70.

28. *Ibid.*, p. 55.

29. Pierre Vallières, *Nègres blancs d'Amérique*, *op. cit.*, p. 326.

TROISIÈME PARTIE

Analyse des données empiriques sur la violence politique au Québec de 1962 à 1972

CHAPITRE VI

Examen et évaluation des faits

Délimitation du corpus

Lorsque vient le temps d'arrêter son choix sur les actes qu'on doit classer comme gestes essentiellement violents, on se heurte à une difficulté inhérente à l'utilisation des méthodes quantitatives : comment dresser la liste complète et absolument rigoureuse des actes de violence politique ? Celle qu'a tenté de dresser Gérard Pelletier[1] montre à quel point ce choix peut trahir une option idéologique particulière : M. Pelletier vise, en fait, à démontrer, par cette compilation, la réalité d'une escalade terroriste et, par conséquent, le bien-fondé du recours du Cabinet aux mesures de guerre. Son tableau inclut alors — indûment — des actes de nature criminelle, certes, mais qui n'ont rien à voir, néanmoins, avec la violence proprement politique ; de plus, son relevé exclut souvent certains éléments de provocation qui ont toute leur importance dans l'enchaînement des faits. Le docteur Gustave Morf[2] est également victime de son désir de stigmatiser les terroristes en les traitant comme des malades mentaux ; il ne peut alors s'empêcher d'accorder trop d'importance à certains événements et d'en taire d'autres. Il cède en outre à la démagogie et à la facilité quand il invoque toute l'horreur que provoque l'atteinte à la vie ou à la propriété.

Des renseignements cueillis dans les textes d'analystes qui ont essayé de brosser le tableau le plus complet possible de la violence politique de la décennie 1962-1972 — soit, entre autres, G. Pelletier, G. Morf, J. Lacoursière, L. Riel, C. Savoie[3] et J.-C. Trait[4] — nous ont permis de dresser la liste (voir Appendice I) des dates et des faits les plus significatifs de cette période, en nous limitant cependant à ceux qui ont été corroborés par une autre source au moins, ce qui devait nous amener, donc, à exclure tout élément (date ou fait) non confirmé, ou contredit, par quelqu'un d'autre. En comparant ce relevé avec les chiffres présentés par un groupe d'étudiants de l'Université McGill dans une recherche quantitative (dirigée par le professeur Daniel Latouche[5]) sur la violence politique des années soixante, on constate une certaine concordance, dans l'ensemble, bien que nos chiffres ne coïncident pas dans le détail avec ceux qu'a obtenus le groupe de chercheurs.

Dans la première partie du livre, nous avons dit à quel point il était nécessaire de restreindre l'objet de notre étude ; ici encore, bien que l'on ne veuille pas s'en tenir à une définition trop restrictive, qui nous amènerait à écarter des phénomènes importants dans l'histoire du Québec, on doit se garder d'opter pour une définition de l'acte de violence politique qui engloberait toute la gamme des gestes énumérés dans le tableau I, depuis les situations les plus extrêmes (révolution, etc.) jusqu'aux cas de violence bénigne (sédition, violence verbale, etc.) — dont on aurait tort, dans un calcul systématique, d'exagérer l'importance.

Il nous faut absolument exclure tout ce qui n'est pas compris dans la définition de la violence politique telle que nous l'élaborions dans la première partie de cet ouvrage. Comme nous l'avons déjà dit, nous nous limiterons à la violence *à mobile politique, manifeste* et *illégale*, à caractère *instrumental*, et qui est le fait des *minorités*.

La définition pragmatique et opérationnelle de la violence politique[6] qu'ont utilisée les chercheurs de

Un matraquage vigoureux au cours de la grève à *La Presse* en automne 1971.

McGill se situe dans le même esprit que la nôtre ; elle a, en plus, l'avantage d'éliminer, pour l'analyse des données, la quantification d'événements de violence bénigne. Dans leur étude, sont donc considérés comme incidents de violence politique les *événements à conséquences physiques dans lesquels la motivation politique était prédominante et qui sont considérés illégaux selon la loi du pays où ils sont survenus.* Ces critères nous forcent donc à mettre à l'écart le discours subversif ou le livre séditieux, car ils n'entraînent pas directement de conséquences physiques ; la destruction d'un monument ou la tentative de faire exploser une bombe seront cependant retenues.

Les manifestations : des actes de violence ?

La violence qui n'est pas organisée autour d'un projet, celle, par exemple, des manifestations qui dégénèrent en émeute, n'entre pas directement dans le corpus

■ Les actions illégales de la Gendarmerie royale et de certains policiers de la Communauté urbaine de Montréal ne figurent pas au tableau, car elles n'étaient pas connues au moment de la rédaction initiale de cet ouvrage.

de notre étude. Dans le cas des manifestations, on ne tiendra compte que de celles qui ont eu lieu malgré la défense de l'autorité politique ou judiciaire et de celles qui ont suscité des incidents de violence collective ou particulière. Notons que les données du groupe de recherche ne dépassent pas 1970 ; il nous faut pourtant bien garder à l'esprit aussi la grève de *La Presse*, à l'automne 1971, qui donna lieu à un matraquage assez vigoureux et entraîna la mort d'une manifestante (Michelle Gauthier) ; puis celle du Front commun, en mai 1972, qui s'est terminée par l'emprisonnement des trois chefs syndicaux, Marcel Pépin, Louis Laberge et Yvon Charbonneau. Notons que l'action terroriste du FLQ s'est interrompue à l'automne 1971 ■. Le groupe de chercheurs de McGill a adopté comme règle de noter à titre d'incident unique toutes les actions ayant eu lieu au même endroit et effectuées par le même groupe d'individus ; ainsi, trois attaques successives contre des casernes militaires différentes constituent trois incidents, alors que des manifestations au même lieu ou par les mêmes personnes sont retenues comme un seul incident.

Il nous semble, certes, avisé de tenir compte des manifestations pour expliquer le contexte de certaines actions dont la violence était vraiment préméditée. Mais elles ne constituent pas, en elles-mêmes, des événements politiquement violents. Au cours de la décennie 1962-1972, le terrorisme, comme tel, a d'ailleurs fait beaucoup plus de victimes que les manifestations (voir le tableau II).

Contrairement à ce que peut laisser croire une opinion assez répandue, tous les groupes protestataires ne se comportent pas violemment à chaque manifestation. Les travaux de la commission Eisenhower[7] démontrent, au contraire, que, sur un grand nombre d'occasions où des groupes protestataires exercent leur droit de se réunir pour exprimer leurs revendications, très peu d'entre elles dégénèrent en violence. C'est un préjugé bien ancré dans l'esprit du public que *manifestation* égale *violence*.

De plus, dans les cas où une manifestation vire à

TABLEAU II
Victimes de la violence politique
au Québec (1962-1972)

Morts causées par le FLQ

Wilfrid O'Neil,
> 65 ans, gardien de nuit (avril 1963).

Leslie MacWilliams,
> 56 ans, gérant et armurier (août 1964).

Alfred Pinish,
> 37 ans, employé et armurier (août 1964).

Thérèse Morin,
> 64 ans, employée de La Grenade (mai 1966).

Jean Corbo,
> 16 ans, étudiant (juillet 1966).

Jeanne d'Arc Saint-Germain,
> 50 ans, fonctionnaire fédérale (juin 1970).

Pierre Laporte,
> 49 ans, ministre (octobre 1970).

Morts survenues
au cours de manifestations

Caporal Dumas,
> Sûreté provinciale (octobre 1969).

Michèle Gauthier,
> ménagère (novembre 1971).

l'émeute, il faut bien savoir que l'autorité publique agit souvent comme agent provocateur, de façon à pouvoir mieux écraser par la suite une protestation qui aura pris toutes les allures d'une violence délibérée. Les travaux américains[8] révèlent amplement le rôle provocateur de la police. Le refus injustifié d'octroyer un permis de manifester (comme ce fut le cas lors des émeutes de Chicago pendant un congrès démocrate) ou encore la présence —

camouflée — d'agents provocateurs dans une foule ne sont que quelques exemples des nombreux moyens que peuvent utiliser les pouvoirs publics pour provoquer des manifestations.

Dans l'histoire de la violence politique au Québec, il est difficile de prouver que diverses formes de provocation ont pu être exercées pour servir une politique de répression. Jusqu'à preuve du contraire, nous croyons qu'elles comportaient surtout une grande part d'inconscience. Il reste que certaines révélations qui ont suivi la Crise d'octobre demeurent troublantes. Que faisait, par exemple, le caporal Dumas (policier provincial) en tenue civile au milieu des manifestants, lors de l'émeute qui eut lieu devant le garage de la Murray Hill, en 1969 ? On ne l'a jamais su...

Toute la genèse du terrorisme québécois se situe dans le prolongement de provocations évidentes. Si nous hésitons à considérer d'emblée comme des phénomènes de violence politique toutes les manifestations qui ont tourné à la violence, c'est, d'abord, parce que l'élément de provocation relève davantage de la violence du pouvoir, de la répression ; de plus, les manifestations violentes, les grèves surtout, ont souvent un but plus social que politique (hausses de salaires, meilleures conditions de travail, avantages à court terme). Enfin, la violence qui éclate lors des manifestations a souvent un caractère improvisé, accidentel et même imprévu : aucun projet précis ne lui donne un sens fondamental.

Ces réserves étant faites, même si les manifestations ne constituent pas l'objet direct de cet ouvrage, nous les mentionnerons à l'occasion, ne serait-ce que pour situer dans leur contexte d'origine certaines provocations qui ont amené les terroristes à agir, aussi pour mettre en lumière la stratégie felquiste (qui, sous le leadership idéologique de Vallières et Gagnon, a fini par intégrer le terrorisme à l'action ouvrière) ou encore pour faire ressortir certains liens entre les événements. Nous croyons, par exemple, qu'il existe une connexion étroite entre la violence politique organisée autour d'un projet et la violence apparemment incontrôlable qui surgit au cours des manifestations ; certains accusés, que les annales judiciaires identifient comme des terroristes, ont souvent, en même temps que leur action clandestine, poursuivi parallèlement des activités à caractère politique ou social au sein de mouvements légaux ou participé à une agitation « quasi légale » lors de manifestations.

Ainsi, plusieurs des premiers felquistes furent militants du RIN. De même, Michelle Duclos, qui sera accusée, en même temps que trois Noirs, de complot pour détruire des monuments publics américains, avait travaillé au secrétariat de ce parti. Dans le domaine de l'activité « quasi légale », Rhéal Mathieu, qui sera plus tard accusé d'homicide involontaire en rapport avec la mort de l'adolescent Jean Corbo (un étudiant) et celle de Thérèse Morin (une employée de la fabrique La Grenade), et dont le FLQ demandera en 1970 la libération, avait déjà été arrêté en 1965, au cours d'une manifestation indépendantiste, pour avoir brûlé l'unifolié et pour voies de fait à l'égard d'un policier[9]. En 1965, également, Pierre Vallières devait être accusé d'avoir troublé la paix au cours d'une manifestation devant La Grenade ; deux ans plus tard, on lui imputerait aussi le meurtre de Thérèse Morin[10]. ● Une manifestation subséquente, en février 1968, devant l'usine Seven-Up, à Ville Mont-Royal, donna lieu à l'arrestation de Pierre-Paul Geoffroy, qui terrorisa la métropole au cours de l'année suivante par une série d'explosions et de superbombes.

En juin 1968, le premier ministre canadien Pierre Elliott Trudeau, dont les positions antinationalistes étaient connues — et qui avait affiché son mépris pour la langue des Québécois, la qualifiant de « *lousy French* » —, assistait au défilé de la Saint-Jean-Baptiste : une manifestation surgit et se transforma bientôt en émeute. On arrêta à ce moment-là Paul Rose et Jacques Lanctôt, qui allaient ensuite être reliés directement à la crise d'octobre 1970. En 1969, Jacques Cossette-Trudel, beau-frère de Lanctôt, s'affirmait comme un des meneurs de la contestation étudiante au cégep de Maisonneuve. Au

Marc Carbonneau et Jacques Lanctôt manifestant pour le Mouvement de libération du taxi.

● Yves Langlois, alias Pierre Séguin, de la future cellule Libération, qu'on verra en 1970 s'exiler à Cuba, fut arrêté en 1966 au cours d'une manifestation. (cf. Jacques Lacoursière, *op. cit.*, p. 23.) Mario Bachand participera à la grève des employés de Seven-Up en 1968 et sera un des principaux organisateurs de la manifestation McGill français en 1969.

Un incident violent lors de la grève de Seven-Up, en 1968. *Canapresse.*

cours de la même année, ce dernier ainsi que Marc Carbonneau (qui feront partie de la cellule felquiste Libération) participaient, en tant que membres du Mouvement de libération du taxi, à des manifestations très violentes contre la Murray Hill.

Signalons aussi qu'au printemps 1970, Francis Simard travailla bénévolement, durant un mois, dans le comté de Taillon, pour le candidat péquiste Serge Mongeau, à dépister les truands qui essayaient de contrôler le parti de l'intérieur. Quand son candidat fut défait aux mains du péquiste officiel, aidé de sa bande de travailleurs d'élections peu scrupuleux, Simard se mit en colère contre les institutions démocratiques — si faciles à falsifier. Il déclara, le soir de l'élection : « Je sais maintenant ce que j'ai à faire[11]. » Au cours de l'été suivant, Paul et Jacques Rose, Francis Simard et Bernard Lortie (de la future cellule Chénier) participaient à la lutte de la Maison du pêcheur contre le maire de Percé, qui voulait expulser de la ville tous les hippies qui se réunissaient dans la boîte à chanson. Il aurait été facile pour le ministère de la Justice de fermer carrément cet endroit ; mais, d'un autre point de vue, le lieu ne facilitait-il pas le travail des agents doubles et des indicateurs ?...

Cette énumération montre la relation directe qu'on peut établir entre le terrorisme et l'activité légale ou « quasi légale » de ceux qui veulent changer la société. Cette connexion devait servir grandement les forces de répression, particulièrement au cours de l'enquête policière.▲

▲ On croit, par exemple, que le Comité ouvrier de Saint-Henri était infiltré à la base.

Évaluation de la situation

Un phénomène urbain

À la lumière de toutes les données que nous avons recueillies (voir Appendice I), la violence apparaît d'abord comme un phénomène essentiellement urbain, et plus spécifiquement montréalais. Sur 174 incidents relevés, 131 eurent lieu à Montréal, et 43 ailleurs au Québec ; la violence politique est donc à 75 pour 100 montréalaise. Le fait qu'un haut pourcentage de violence soit apparu à l'extérieur de la métropole en 1963 et 1966 ne veut pas nécessairement dire qu'au début de la décennie la violence était distribuée différemment sur le plan géographique ; la plupart de ces incidents étaient, en réalité, des vols exécutés en province pour des raisons tactiques, entre autres pour soutenir les éventuelles opérations terroristes à Montréal.

Le terrorisme était évidemment susceptible de germer plus facilement à Montréal, où sont plus évidents les symboles du colonialisme économique et culturel. En province, la violence était d'ailleurs, en général, le fait de groupes montréalais et non de groupes locaux, qui y auraient eu recours pour résoudre quelque problème social ou économique. Les Québécois, tout au long de la décennie, ont toujours considéré la violence politique comme un phénomène montréalais, qui n'impliquait pas de façon immédiate le reste de la province. Ce n'est que pendant la Crise d'octobre, à cause d'une réaction exagérée et paranoïaque du gouvernement fédéral, qu'on fit la jonction entre Montréal et la province, au point de dire que la violence politique s'étendait à tout le Québec.

Des graffiti au manifeste, du cocktail Molotov à la superbombe

On peut affirmer aussi que les moyens utilisés par les terroristes pour faire valoir leur cause ont changé au cours de la décennie étudiée. Lorsque les premières bombes éclatèrent au Québec, elles démontrèrent que le terrorisme y était possible, c'est-à-dire qu'il s'y trouvait assez de personnes sachant en fabriquer et en poser. Elles révélèrent , par ailleurs, une certaine incompétence de la police, qui n'arrivait pas alors à mettre fin rapidement à ces incidents. Le fait que l'Armée canadienne ait été la cible de 9 des 17 premiers incidents ne fit que confirmer l'image négative que s'en faisaient les Québécois francophones ; quand, en 1964, une autre cellule felquiste réussit à voler des armes et de l'argent dans une caserne, l'Armée ne put qu'être l'objet d'une plus grande dérision encore — cette fois, de la part de toute la population. En fin de compte, ces incidents montrèrent assez clairement la vulnérabilité des systèmes politiques canadien et québécois face à ce genre d'attaque en même temps que l'efficacité des méthodes de propagande par l'action. On pourrait dire, en somme, que la violence s'est généralisée chez nous sous l'effet d'une démonstration.

On ne peut vraiment parler, cependant, d'escalade numérique, ni de progression géométrique. Si l'on fait exception d'une brève remontée en 1965, on note, au contraire, une désescalade dans le nombre d'incidents au cours de la période 1963-1968, le phénomène se renversant en 1968. Le faible taux des incidents de violence dénombrés en 1966 et 1967 s'explique en partie par le fait que les élections québécoises de 1966 ont mobilisé une énergie considérable alors qu'un parti indépendantiste (le RIN) était dans la course ; il ne faut pas oublier non plus que l'Exposition universelle monopolisait alors l'attention de toute la population. La violence s'accélère ensuite graduellement, pour atteindre son sommet en 1970, avec les enlèvements que l'on sait. La faible quantité d'incidents enregistrés, par ailleurs, en 1970, est sans doute due aux élections d'avril, qui devaient accaparer l'intérêt général ; à moins que les événements tragiques de l'automne n'aient éclipsé alors toute autre manifestation terroriste plus modérée qui avait pu se produire cette année-là.

Si les termes d'escalade ou de progression numérique paraissent inadéquats pour définir la situation, il faut quand même admettre la justesse de certaines constatations de Gérard Pelletier (malgré sa volonté — obsessionnelle — de justifier la politique de Trudeau), dont, entre autres, le perfectionnement des moyens auxquels les felquistes ont eu recours durant cette période. On est, en effet, passé graduellement des dérisoires cocktails Molotov, fabriqués à l'huile de chauffage (qui pouvaient s'enflammer mais ne pouvaient pas exploser[12]) aux bombes à la dynamite et enfin aux superbombes. Progressivement aussi le FLQ en est venu à utiliser des méthodes de propagande plus efficaces : des graffiti et des tracts on est passé au long manifeste, diffusé même à la télévision, voire à la provocation d'une véritable hystérie dans tous les médias. Les enlèvements et l'assassinat sélectif marquent certes une étape majeure dans la montée du terrorisme au Québec.

Sur le plan des techniques, les attentats à la bombe sont demeurés le moyen privilégié d'user de violence politique (48 pour 100 de tous les incidents). Les « vols de financement », qui ont accompagné les débuts du terrorisme de cette décennie, se mirent à diminuer dès 1966, peut-être à cause du fait que les fonds et le matériel des cellules terroristes étaient, à ce moment-là, relativement suffisants. (Le cas Gagné, en 1970, constitue, à cet égard, un phénomène isolé.) Le vandalisme, la destruction de monuments historiques et le sabotage ferroviaire ont aussi disparu complètement après 1967 au profit d'autres techniques. ▲

▲ En 1967, on macula de peinture certains monuments et on assista à l'« Opération plaques », qui visait à maquiller les plaques d'immatriculation qui évoquaient la Confédération.

Évolution de la stratégie terroriste

À partir des données historiques fournies par J. Lacoursière, C. Savoie, G. Morf, G. Pelletier et L. Riel[13], nous avons rassemblé dans le tableau des pages 106 et 107, les éléments les plus caractéristiques des tendances de chacune des vagues terroristes ainsi que de leurs stratégies. En faisant ressortir leur évolution, nous espérons dissiper le mythe d'une continuité parfaite au sein du FLQ.

Précisons que chaque cellule terroriste était assez autonome par rapport à celle qui la précédait et espérait mieux accomplir le travail déjà entrepris par l'autre. Chacune d'elles avait ses propres tendances et ses impulsions particulières. L'on découvre ainsi que le FLQ a eu comme symboles de ralliement (à partir du premier dessin de Raymond Villeneuve en 1963) plusieurs drapeaux différents, au gré des cellules qui ont traversé le mouvement. Dans le même sens, la transmission du procédé de fabrication des bombes est attribuable moins à une certaine continuité dans le mouvement, ou à un expert précis qui aurait fourni ses services pendant toute la décennie, qu'à l'initiative de chaque cellule, qui avait ses propres « bricoleurs » et pouvait trouver dans son environnement culturel et dans la littérature subversive (*La Cognée*) une école technique qui était appropriée à ses besoins.

L'engrenage de l'intolérance

Les manifestations, qui ne constituent pourtant que 30 pour 100 de tous les incidents de violence, semblent cependant être souvent l'élément déclencheur de la violence. Des cas précis, comme la manifestation Gordon et la grève de La Grenade, révèlent une relation de cause à effet entre la répression d'une manifestation et le terrorisme. Les chercheurs de McGill n'ont pas su dessiner cependant le mécanisme de cet engrenage, selon lequel chaque manifestation réprimée suscitait un acte terro-

riste, à la suite de quoi les procès des felquistes provo-
quaient d'autres manifestations, celles-ci entraînant, à
leur tour, une nouvelle répression, ce qui suscitait alors
l'émergence d'un nouveau réseau terroriste, etc. Parfois
se dessinent même certains cycles de violence, mais,
comme ils sont souvent interrompus, on ne peut parler à
leur sujet de spirale ou d'escalade. Peut-être les différentes formes de terrorisme s'imbriquent-elles au point de
se communiquer leur dynamisme ? Seul un nombre limité de cas nous permettent pour l'instant d'en faire la
démonstration.

Contrairement aux chercheurs de McGill, nous ac-
cordons une certaine importance aux cas de brève escalade. Ainsi, l'arrestation du premier réseau felquiste, à
l'été 1963, en amena un second à mieux s'organiser
militairement : on procéda alors à des vols d'armes. En
1964, après que Jean Lesage eut annoncé la visite de la
Reine à l'automne, le FLQ, dans un communiqué en-
voyé aux journaux et publié dans *La Cognée* [14], désap-
prouva tout attentat qui eût pu éventuellement être commis contre Sa Majesté, communiqué qui ne fut cependant jamais publié. Le premier ministre Lesage et son
ministre de la Justice, Claude Wagner, mirent plutôt sur
pied un dispositif policier puissant, en prétextant le danger que représentaient les felquistes nouvellement ar-
més. On connaît la suite... Avec le Samedi de la matraque, journée de brutale répression face à des foules
désarmées, s'acheva la rupture entre un grand nombre
d'indépendantistes et le projet de révolution tranquille
du gouvernement Lesage [15].

Retraçons une autre chaîne d'événements : celle de
la manifestation Gordon, à laquelle nous faisions allusion
précédemment. En novembre 1962, M. Donald Gordon,
président du Canadien National, déclare que, dans les
chemins de fer nationaux, les 28 postes supérieurs de
l'entreprise sont tous occupés par des anglophones, du
fait qu'on n'a pu trouver de francophones assez compé-
tents pour combler ces postes ; cette déclaration va engendrer plusieurs manifestations. Au cours de l'une

TABLEAU III
Évolution stratégique du terrorisme québécois

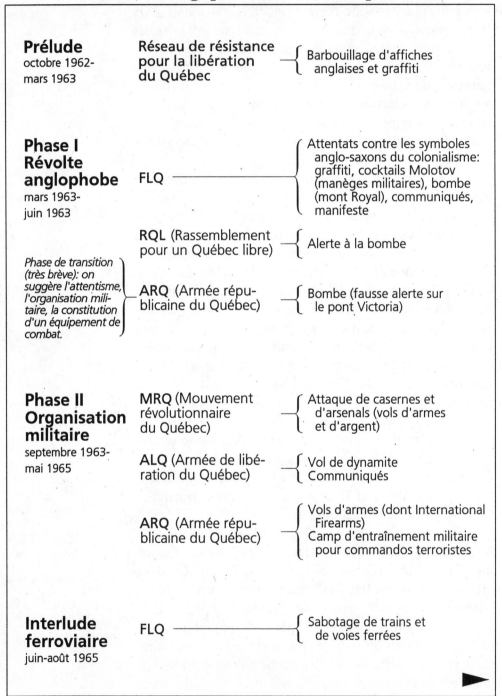

Prélude
octobre 1962-
mars 1963

Réseau de résistance
pour la libération
du Québec

{ Barbouillage d'affiches
anglaises et graffiti

**Phase I
Révolte
anglophobe**
mars 1963-
juin 1963

FLQ ——————

{ Attentats contre les symboles
anglo-saxons du colonialisme:
graffiti, cocktails Molotov
(manèges militaires), bombe
(mont Royal), communiqués,
manifeste

RQL (Rassemblement
pour un Québec libre)

{ Alerte à la bombe

*Phase de transition
(très brève): on
suggère l'attentisme,
l'organisation mili-
taire, la constitution
d'un équipement de
combat.*

ARQ (Armée répu-
blicaine du Québec)

{ Bombe (fausse alerte sur
le pont Victoria)

**Phase II
Organisation
militaire**
septembre 1963-
mai 1965

MRQ (Mouvement
révolutionnaire
du Québec)

{ Attaque de casernes et
d'arsenals (vols d'armes
et d'argent)

ALQ (Armée de libé-
ration du Québec)

{ Vol de dynamite
Communiqués

ARQ (Armée répu-
blicaine du Québec)

{ Vols d'armes (dont International
Firearms)
Camp d'entraînement militaire
pour commandos terroristes

**Interlude
ferroviaire**
juin-août 1965

FLQ ——————

{ Sabotage de trains et
de voies ferrées

TABLEAU III
(suite)

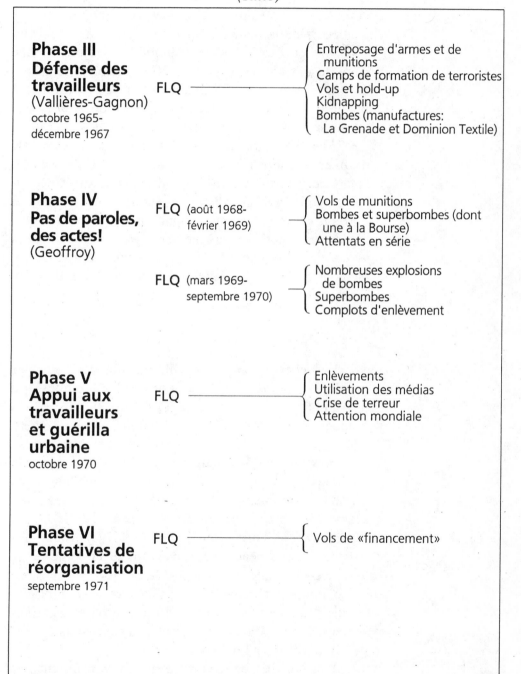

**Phase III
Défense des
travailleurs**   FLQ
(Vallières-Gagnon)
octobre 1965-
décembre 1967

Entreposage d'armes et de
  munitions
Camps de formation de terroristes
Vols et hold-up
Kidnapping
Bombes (manufactures:
  La Grenade et Dominion Textile)

**Phase IV
Pas de paroles,
des actes!**   FLQ (août 1968-
(Geoffroy)   février 1969)

Vols de munitions
Bombes et superbombes (dont
  une à la Bourse)
Attentats en série

FLQ (mars 1969-
         septembre 1970)

Nombreuses explosions
  de bombes
Superbombes
Complots d'enlèvement

**Phase V
Appui aux
travailleurs
et guérilla
urbaine**   FLQ
octobre 1970

Enlèvements
Utilisation des médias
Crise de terreur
Attention mondiale

**Phase VI
Tentatives de
réorganisation**   FLQ
septembre 1971

Vols de «financement»

d'elles, la police de Montréal lance ses chevaux dans la mêlée, et la voiture du poste de radio CKGM fonce dans la foule. Rien d'étonnant à ce que le début du terrorisme québécois de la décennie que nous étudions (il n'y en avait pas eu depuis 1917), s'annonce avec une bombe déposée à la station anglaise CKGM, le 23 février 1963, par l'aile radicale du Réseau de résistance ! Cela donne la spirale suivante : déclaration de Gordon ➡ manifestation ➡ voiture de CKGM dans la foule ➡ bombe à CKGM ➡ FLQ : bombes ➡ arrestations et procès ➡ vols d'armes ➡ Samedi de la matraque ➡ révolte généralisée.

Chose certaine, plus les individus politisés découvrent que le processus électoral est dans une impasse et qu'ils manifestent publiquement leurs convictions, plus ce droit est réprimé sauvagement ; plus forte sera alors — en réaction — leur tendance à recourir à la violence. Nous nous demanderons plus loin si la vie politique du Québec a favorisé cet accroissement.

Une virulence croissante

Les chercheurs de McGill ont classifié tous les incidents selon quatre catégories : les bombes qui n'avaient pas explosé (catégorie « nil »), les petites bombes et les vols inférieurs à 3 000 $ (« basse intensité »), les vols supérieurs à 3 000 $ et les manifestations avec des altercations mais ne tournant pas à l'émeute (« intensité moyenne »), et finalement les incidents d'une « haute intensité », tels les enlèvements, les grosses bombes, les émeutes et les vols de plus de 10 000 $. Selon cette classification, l'année 1967, pourtant très calme, marque néanmoins un essor de la force de la violence exprimée. Le seul incident relevé en 1967 est un vol important, incident d'intensité moyenne ; en 1968, les incidents moyennement ou fortement violents représentent 29 pour 100 de l'ensemble, en comparaison avec 37 pour 100 pour l'année 1970.

Les chiffres de Gérard Pelletier confirment ces compilations[16]. En effet, de 1963 à 1967, le FLQ a posé

Photo de la page suivante : une manifestation du Parti républicain du Québec, en 1963.

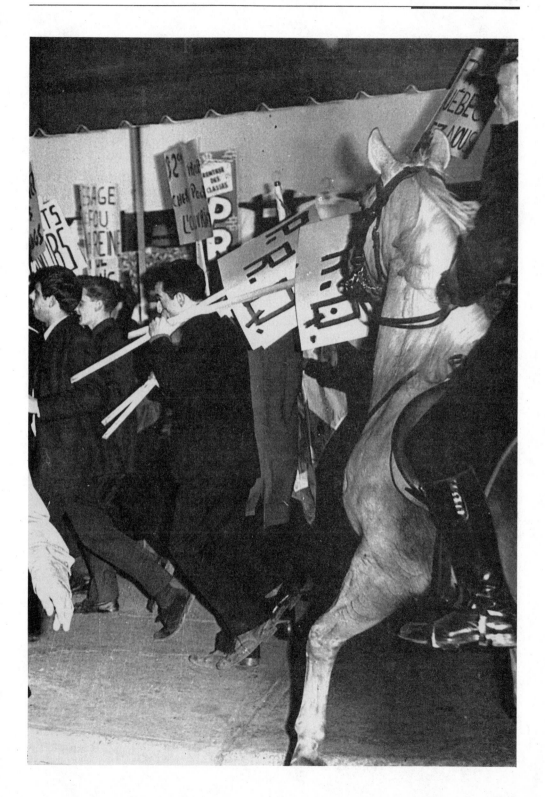

environ 35 bombes, dont la plupart étaient de faible puissance. De 1968 à 1970, en deux ans, donc, le FLQ a posé environ 60 bombes, dont la majorité étaient de forte puissance ; cette période a aussi vu apparaître les superbombes. Ajoutons également que, de 1963 à 1967, une bombe sur deux a pu être désamorcée à temps, généralement à la suite d'un appel téléphonique du FLQ qui, apparemment, se contentait de l'effet publicitaire obtenu par l'effrayante découverte. De 1968 à 1970, par contre, une bombe sur quatre seulement a pu être désamorcée à temps.

De nouvelles cibles

L'examen des faits montre aussi une évolution dans le choix des cibles visées. Avant 1967, on s'attaquait surtout aux mass media de même qu'aux symboles politiques de la propriété publique (statues, édifices fédéraux, etc.), soit tout ce qui représentait la monarchie, le colonialisme anglo-saxon. Après 1967, sans doute sous l'impulsion du leadership idéologique de Vallières, on visa des cibles de l'entreprise privée plutôt que celles du pouvoir et on se tourna vers les luttes sociales, en intervenant dans des grèves ouvrières. Le rapt du diplomate Cross marque, pour sa part, un passage du plan national à un plan international.

Multiplication des cellules terroristes

Un autre phénomène apparaît aisément à l'analyse. Avant 1966, la violence politique était presque l'apanage exclusif de l'action clandestine du FLQ ou des manifestations du RIN. Après cette année-là , d'autres groupes feront usage de violence dans leurs manifestations, notamment le Front de libération populaire, le Front de libération du taxi et la Ligue pour l'intégration scolaire. La radicalisation des grands syndicats, au cours des années 1971 et 1972, amènera ensuite plusieurs de leurs membres à participer à des démonstrations de violence.

La superbombe posée
à la Bourse de
Montréal en 1969.

Une violence excessive ?

Lorsqu'on compte près de 176 incidents (assez sérieux) de violence politique au Québec au cours d'une décennie, on ne peut qualifier ce phénomène de marginal ou d'exceptionnel. Selon le point de vue qu'adoptent les analystes, ils affirment qu'il y a eu au cours de cette période soit *trop peu* de violence, si l'on considère que la société où cette violence survient est indéniablement colonisée sur les plans économique et politique, et menacée d'extinction culturelle, soit *beaucoup trop* si l'on tient compte du haut niveau de vie des Québécois, bien supérieur à celui de beaucoup d'Européens, et du contexte dans lequel ils vivent : la liberté d'expression et de conduite y est telle qu'on permet même à un parti politique qui réclame la sortie du Québec de la Confédération de bénéficier de temps d'antenne gratuit à la radio-télévision d'État et d'un financement public en vertu d'une loi du Parlement du Québec. C'est cette contradiction fondamentale qui rend difficilement applicable au Québec le type classique de la révolution violente selon l'idéologie marxiste.

Il reste que leur statut de « colonisés » — qu'on ne saurait nier — explique, pour une part du moins, certaines attitudes des Québécois. Le rapport de la Commission sur le bilinguisme et le biculturalisme, dont un résumé a été publié dans *La Presse* en 1968, apporte des données extrêmement révélatrices — datant de 1961 — à ce propos. En voici un extrait :

> Au Québec, le salarié moyen gagne $1 755 de moins que son confrère anglais. Seuls les Indiens et les Italiens sont plus défavorisés sur ce plan que les Canadiens français. À instruction égale, le Canadien français gagne moins que les autres. Après quelques années d'université, le Juif augmentera son revenu de $4 171, le Britannique de $4 007, l'Italien de $3 695 et le Canadien français de $3 290. Chez les cols bleus, on trouve beaucoup de Canadiens fran-

çais. 28,8% du total de la main-d'œuvre canadienne (masculine) sont artisans ou ouvriers. Chez les Canadiens français, cette moyenne s'élève à 31,4%[17].

Pourtant, un journaliste français connu pour ses analyses sérieuses, Jean Daniel[18], de passage ici en 1970, regarde nos quartiers pauvres et les trouve beaucoup moins minables que les bidonvilles français ; notre presse et notre radio jouissent d'une assez grande indépendance, à ses yeux, et la télévision canadienne lui paraît plus libre que la télévision française. Il remarque aussi que nos jeunes gens échappent aux schémas marcusiens. Il en conclut alors que ce qui nourrit la révolte, ce ne serait pas la pauvreté, mais l'humiliation.

Nous croyons dangereux de condamner la violence —alors qu'on la trouve justifiée à mille lieues d'ici—, sous prétexte que le Québec jouit d'un haut niveau de vie[19]. Cette attitude nie l'indiscutable misère de certains groupes sociaux au pays, si minoritaires soient-ils ●. Ensuite, elle a le tort de donner une vision tronquée et purement matérialiste de l'homme. Comme s'il suffisait que les hommes puissent consommer pour être heureux...

Le problème du peuple québécois, c'est précisément d'être juste assez colonisé pour oublier qu'il est exploité par le capitalisme (peu connaissaient, avant 1968, les chiffres brutaux de la commission BB) et juste assez parasite et profiteur de la société capitaliste (cela saute aux yeux de tout Européen) pour ne pas s'apercevoir qu'il est colonisé. C'est ce cercle vicieux que le FLQ a essayé de briser en tentant de radicaliser la population.

● Selon M. A. Tremblay et G. Fortin, il y aurait au Québec un prolétariat « caractérisé par un très faible niveau de vie, une absence totale de sécurité en cas d'imprévus et l'impossibilité d'aspirer à un sort meilleur pour les générations futures » (*Les comportements économiques de la famille salariée au Québec*, Presses de l'Université Laval, 1964, p. 264). Il résulte aussi d'une enquête faite par le Conseil du travail de Montréal, en 1964, publiée dans *La Presse* (Montréal, le 10 décembre 1964), que 20 pour 100 de la population de la région de Montréal avait alors des revenus inférieurs au minimum vital.

NOTES

1. Gérard Pelletier, *La Crise d'octobre, op. cit.*, p. 225.

2. Gustave Morf, *Le terrorisme québécois*, Montréal, Éditions de l'Homme, 1970.

3. On trouvera dans les notes précédentes les indications bibliographiques précises relatives aux ouvrages de ces auteurs.

4. Jean-Claude Trait, *FLQ 70 : offensive d'automne*, Montréal, Les Éditions de l'Homme, 1970, p. 13. À notre avis, des inexactitudes se sont glissées dans ce relevé.

5. Daniel Latouche, *Violence in Quebec : Some Preliminary Morphological Findings*, communication présentée à la réunion du 15 février 1972 de la Peace Research Society (International) (Western Region Meeting), University of British Columbia, Vancouver.

6. *Ibid.*, p. 5.

7. Voir le *Troisième Symposium international de criminologie comparée, op. cit.*, p. 46.

8. *Ibid.*, p. 68.

9. Jacques Lacoursière, *Alarme citoyens!, op. cit.*, p. 64 et Jean-Claude Trait, *op. cit.*, p. 98.

10. *Ibid.*, p. 53.

11. Jacques Ferron, *Le Canada français*, semaine du 26 septembre au 2 octobre 1972, p. 5.

12. Claude Savoie, *La véritable histoire du FLQ, op. cit.*, p. 28.

13. Jacques Lacoursière, *op. cit.* ; Claude Savoie, *La véritable histoire du FLQ, op. cit.* ; Gustave Morf, *op. cit.* ; Gérard Pelletier, *op. cit.* ; Louise Riel, « Le terrorisme au Québec », *Socialisme 69*, n° 19, octobre-novembre 1969, p. 76 à 92.

14. Louis Nadeau, *La Cognée*, n° 14, 30 juin 1964, p. 3.

15. René Beaudin et Claude Marcil, « Il y a 10 ans, le FLQ », *Perspective — La Presse*, 16 juin 1973, p. 6.

16. Gérard Pelletier, *op. cit.*, p. 87.

17. Louise Riel, *op. cit.*, p. 81.

18. Jean Daniel, « Le prix des otages », *Le Nouvel Observateur*, du 26 octobre au 1er novembre 1970, p. 22.

19. Jacques Benjamin, Guy Bouthillier, Maurice Torelli, « Terrorisme au Québec », *Magazine Actualité*, novembre 1970, p. 37 à 42.

CHAPITRE VII

Profil des acteurs

Les organismes judiciaires de même que certains auteurs[1] accordant l'anonymat à certains terroristes, et n'ayant pas nous-même à notre portée les puissants moyens dont disposent les policiers, les informations que nous avons pu obtenir sont nécessairement très fragmentaires. Il nous a donc fallu confronter les données provenant de diverses sources pour en tirer des éléments dont nous pouvions assurer la crédibilité et creuser aussi notre propre mine à même la presse en général, des écrits et des notes biographiques[2], nos rencontres avec les activistes et, enfin, la thèse de Gaspard Mokolo sur *La criminalité par idéologie politique au Québec*[3].

Notons, au passage, que M. Mokolo arrête son analyse en 1968 ; de plus, il s'agit d'une étude qualitative beaucoup plus que quantitative, car elle n'analyse qu'un nombre limité de cas. Cependant, soulignons que la méthode du questionnaire et de l'entrevue en profondeur permet de tenir compte de la personnalité de chaque individu et de son statut social. Partant d'informations officielles obtenues de la Cour et du Service des libérations conditionnelles, M. Mokolo a procédé à des entrevues : sur une liste de 23 membres actifs du FLQ,

Georges Schoeters,
qui détient un
baccalauréat en
sociologie, est l'un
des trois fondateurs
du FLQ.

● C'est ce qui ressort
d'une bande magnétique
envoyée à *Québec-Presse* :
« Qui sont les 7 de
Cuba ? », *Québec-Presse*,
6 décembre 1970.

16 d'entre eux, plus disponibles et plus consentants à collaborer, ont été interviewés. L'expérience devait durer un peu plus d'un mois. À partir d'un questionnaire préparé d'avance, qui visait à bien cerner la nature de la personne, M. Mokolo a interviewé chaque sujet pendant environ deux heures et demie, ce qui suppose un peu moins de cinquante heures passées avec le groupe.

Aptitudes et connaissances

Il ressort de l'analyse des données que les sujets interrogés ont un degré de scolarisation plus élevé que la moyenne des Québécois, soit à peu près 13 années de scolarité (13,2 — pour être plus précis) ; en cela, ils se différencient tout à fait des criminels de droit commun, qui, eux, présentent habituellement un degré de scolarisation bien inférieur. L'aisance avec laquelle ils présentent leurs idées sur la situation politique très particulière du Québec et les arguments qu'ils invoquent pour justifier leur engagement révèlent chez eux de grandes capacités à penser dialectiquement et à exprimer leur point de vue de façon nuancée — ce que nos propres rencontres avec certains de ces révolutionnaires ont confirmé, d'ailleurs. Il est intéressant de noter que 16 activistes ont dit avoir manifesté beaucoup d'intérêt pour la géographie et l'histoire lorsqu'ils étaient à l'école. Il s'agit donc d'individus dont le niveau d'intelligence et le degré de conscience politique ne peuvent être mis en doute. Georges Schoeters[5], bachelier en sociologie, parle quatre langues ; Jean Lasalle était un étudiant remarquable en science politique à l'Université de Montréal, au moment de l'entrevue ; François Schirm[6], plus militariste cependant, est considéré comme un individu très doué ; Jacques Cossette-Trudel est, parmi les membres du groupe, celui qui s'exprime avec le plus de facilité ●. Nous avons découvert, également, une lettre de Raymond Villeneuve, adressée à toutes les nations libres[7], où le jeune felquiste (qui a terminé sa 12e année à l'école Saint-

Les maquisards qui s'étaient installés à Saint-
Boniface, près de Shawinigan.

Edmond Guénette, condamné à mort comme
Schirm, a purgé 11 ans de prison.

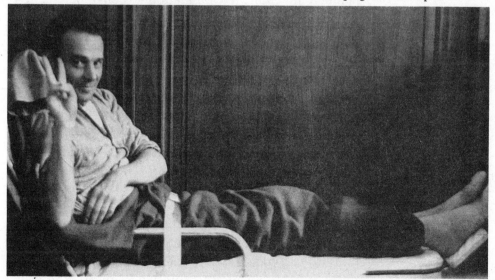

François Schirm détient le record d'emprisonnement pour un militant du FLQ : près de 14 ans.

● Gaétan Tremblay trace un bref résumé de la carrière des deux chefs idéologiques dans les nombreux mouvements légaux où ils ont milité dans « Le FLQ et nous », *Parti Pris*, vol. 4, n° 3, nov.-déc. 1966, p. 2 à 7. Il est ironique de se rappeler que c'est à la demande de Gérard Pelletier, que Vallières avait accepté de diriger *Cité Libre*...

Stanislas et a été président du conseil étudiant) exprime, d'une façon logique et rigoureuse, ses vues politiques et demande qu'on intervienne pour que les gardiens de la prison cessent d'attenter à sa liberté intellectuelle en l'empêchant d'étudier en français (lui et ses camarades n'avaient, en effet, accès qu'à des cours par correspondance, en anglais, de l'Université Queen's), en lui interdisant de discuter avec ses camarades et en le privant de certaines lectures plus profondes (Paul Valéry, Bertrand Russel, Jacques Bainville, Stendhal, etc.). Quant à Pierre Vallières et Charles Gagnon, les témoignages de camarades de travail● au sein de nombreuses associations sociales et politiques légales, nous les ont décrits comme des gens dévoués, inspirant la confiance et le respect par leur intelligence.

Motivations personnelles

La motivation des terroristes est plus complexe qu'on ne l'imagine. Disons tout de suite que la majorité d'entre eux croient qu'il est de leur devoir d'amener la population à réfléchir au moyen d'actions-chocs et perçoivent comme une obligation de convaincre celle-ci d'obtenir l'indépendance du Québec par la lutte armée.

Quant aux satisfactions que l'action terroriste leur procure, ils affirment presque tous avoir le sentiment de poser un geste concret pour le Canada français, et en ressentent une grande joie, une impression d'être utile à quelque chose et surtout d'agir en accord avec leur pensée. Ils se sentent valorisés lorsqu'ils agissent de concert avec des personnes partageant les mêmes idées et poursuivant le même objectif qu'eux et estiment, par ce moyen, se réaliser à la fois comme homme et comme patriote[8].

Une motivation bien particulière semble aussi avoir joué, jusqu'à un certain point, dans la décision de certains de se livrer à la violence : la recherche d'émotions fortes, « le kik » (selon l'expression de l'un d'eux). On sait que de tels cas se retrouvent (nous l'avons vu dans la première partie) dans tout mouvement révolutionnaire : le plaisir enivrant de l'action[9] est alors ce qui compte avant tout. Cette constatation de M. Mokolo est confirmée dans une entrevue qu'ont accordée au journaliste Louis Martin des membres de la faction militariste du FLQ, qui possédait un camp d'entraînement à Saint-Boniface : «... lors de la réception d'armes à la cache qu'un groupe s'est aménagée dans le bois, des membres de la bande s'amusent à tirer en l'air, à droite et à gauche, comme en un festival de l'impatience révolutionnaire[10]... »

Bien qu'on ne puisse nier à coup sûr que les terroristes satisfassent, dans l'agitation terroriste, un besoin d'exaltation — un peu comme le citoyen respectueux des lois peut satisfaire égoïstement quelque pulsion personnelle dans une action altruiste —, il reste que ce goût prédominant pour les « kiks » n'est le fait que de quelques-uns d'entre eux, car la très grande majorité a une tendance très prononcée à justifier plutôt rationnellement ses positions. Les délits qu'ils ont commis constituent une série d'actes motivés, sont les éléments d'une conduite orientée, subordonnée à des fins idéologiques et politiques, plutôt que gratuitement agressive ou violente.

Motivations politiques

Interrogés en 1968 par M. Mokolo sur leurs conceptions personnelles de la vie politique au Québec, les membres du groupe terroriste observent d'abord que, depuis la mort de Duplessis, il y a eu déblocage dans le système : « Tout le monde a osé parler[11] » ; de plus, ils perçoivent un début de prise de conscience de la situation par la population à partir de 1960-1962 (révolution tranquille des libéraux).

Ayant presque tous milité dans le RIN, ils se sont rendu compte que ce parti n'avait pas vraiment accès

● Ce jugement sévère était bien fondé, du moins en ce qui a trait à la scène fédérale. Plusieurs députés et fonctionnaires venus du Québec avaient en effet trempé dans le scandale de l'affaire Rivard, à la fin de 1964. La longue et pénible enquête avait d'ailleurs dégoûté bien des gens de la politique fédérale.

aux médias d'information, comme le peuple, du reste, qui souffre de sa situation d'exploité et de colonisé sans pouvoir l'exprimer publiquement. Un groupe composé de financiers et de politicailleurs contrôle, en fait, ces médias et en protège l'accès. On retrouve les mêmes propos dans le journal clandestin *La Cognée*[12] de 1964.

S'ils ont quitté le RIN, c'est qu'ils étaient de plus en plus convaincus de sa marginalité, de son absence de rayonnement médiatique et de son manque de ressources matérielles. Devant un processus électoral « bloqué » et des médias inaccessibles, ils ont abandonné l'idée de combattre le système en s'intégrant à un parti. La viabilité de celui-ci se trouve, selon eux, minée par l'arithmétique électorale dès le départ car, du nombre total de comtés, au Québec, il faut, pour évaluer les chances qu'aurait un nouveau parti d'être élu, soustraire les comtés anglo-saxons protégés par la Constitution [propos recueillis en 1968], retrancher les fiefs de l'*establishment* — Westmount, Outremont et Notre-Dame-de-Grâce — et éliminer également les comtés où les machines électorales des « vieux » partis se sont implantées. Soit ,pour reprendre les termes des individus interviewés, les partis auxquels appartiennent les Canadiens français vendus, les valets du capitalisme nord-américains, les partis de droite, composés de vieux corrompus ●, d'imposteurs, d'incompétents, qui gagnent leurs élections en utilisant des méthodes frauduleuses et même fortement intimidantes : « Les rouges et les bleus sont les deux jambes d'une même culotte, une culotte aux poches bourrées d'argent par les capitalistes. La seule alternative aux élections inutiles est la révolution[13]. »

Le parti indépendantiste n'entrevoit donc, à cette époque, disposer d'aucune chance d'obtenir la majorité des voies et de siéger au Parlement du Québec ; de toute manière, sur le plan idéologique, le RIN aurait risqué, en cas de victoire électorale — par les concessions ou les compromis qui auraient été sans doute inévitables, pensent-ils, car le vote n'aurait pu être unanime —, de retomber dans le système actuel ou de voir rapidement neutralisée l'action du parti.

Les terroristes justifient dès lors leur violence en s'appuyant sur celle que les Anglo-Saxons ont exercée eux-mêmes à l'endroit des Québécois depuis deux cents ans. Si tout était à refaire, disent-ils, presque à l'unanimité, ils recommenceraient[14].

Invités à dire s'ils étaient favorables ou non à une juridiction spéciale en ce qui concerne les délits politiques et à un traitement de faveur pour les prisonniers politiques, ils divergent alors d'opinion : neuf seraient en faveur d'une juridiction spéciale et d'un traitement correspondant en prison, sept sont contre, ces derniers estimant qu'ils n'ont rien à attendre d'une justice de type britannique, qu'ils doivent combattre. Les mêmes personnes reconnaissent d'ailleurs que c'est uniquement par tactique publicitaire qu'elles avaient antérieurement réclamé une juridiction spéciale ; quant à la vie en prison, elles jugent qu'on doit y améliorer les conditions de vie pour tout le monde et ne veulent pas être traitées différemment des autres prisonniers, car, disent-elles, « [elles se battent] pour le bien de tous les Québécois, y compris celui des prisonniers ».

Sources d'inspiration

Quelles œuvres ont pu orienter de quelque manière les convictions ou les gestes des terroristes interrogés ?

Tous semblent avoir lu *Les damnés de la terre* de Frantz Fanon ; au cours de son procès, Georges Schoeters, présumé leader de la première vague, avait d'ailleurs refusé de prêter serment sur la Bible, préférant le faire sur ce livre de l'idéologue noir. Il faut mentionner que Fanon modifie profondément la vision de Marx ; pour ce porte-parole des « damnés de la terre », la décolonisation est toujours un phénomène violent, car elle implique le remplacement d'un type d'homme, l'homme colonisé, par un autre : l'homme libéré.

À ce titre, la violence révolutionnaire facilite déjà la construction d'une nation, car elle pousse les colonisés vers ce point de non-retour où ils ne pourront plus retomber dans leur aliénation ; elle unit les colonisés et les jette dans une « seule direction à sens unique[15] » ; mais, avant tout, la violence désintoxique, elle crée un homme nouveau. Elle débarrasse l'homme ancien de son complexe d'infériorité, de ses attitudes contemplatives ou désespérées pour le rendre intrépide et le réhabiliter à ses propres yeux[16]. Le changement psychologique devient ici plus important que la stratégie révolutionnaire. Cette conception de la violence diffère de la conception marxiste en ce sens qu'elle fait de la violence un instrument privilégié (non plus seulement nécessaire) de libération individuelle.

La pensée de Fanon a sûrement exercé une influence capitale chez nos terroristes ; comment, en tant que Québécois, pouvaient-ils ne pas s'identifier à tous ceux qui se sont sentis bafoués dans leur être ! Comment les actes de violence dont faisait état le livre ne pouvaient-ils pas les réhabiliter eux-mêmes, en tant que terroristes, à leurs propres yeux !

Le portrait du colonisé d'Albert Memmi (tous l'avaient lu), *Le manifeste du Parti communiste* de Karl Marx (5 l'avaient lu), les écrits de Fidel Castro et de Che Guevara sur la violence et la guérilla (9 disent les avoir lus) semblent avoir retenu l'attention d'un bon nombre d'entre eux. Les positions de Raymond Barbeau et de Marcel Chaput sur l'indépendance et *Technique du coup d'État* de Malaparte ne semblent connus que par un des sujets interrogés. D'autres ont lu Sartre, Malraux, Duverger et Simone Weil[17]. Le docteur Morf — fort étrangement — produit une autre liste[18] de lectures qui comprend Marcuse, Camus, Kafka, (Bertrand) Russell, Toynbee (nous y ajoutons cependant peu de foi) ; bien intentionné comme toujours, il ajoute même, en fin de relevé, les biographies de Hitler et Goering ! Le procédé est un peu gros...

Milieu d'appartenance : classe sociale, religion, profession, âge

Parmi les 16 felquistes interrogés, 7 viennent de la classe ouvrière, 6 de la classe bourgeoise et 3 de la classe moyenne ; on peut donc conclure à une assez grande disparité sociale chez les felquistes[19]. Un plus vaste relevé, que nous avons établi personnellement, nous permet de confirmer cette grande variété : sur 90 personnes que nous avons énumérées comme étant reliées aux activités terroristes, nous avons pu noter, de notre côté, que les fonctions qu'occupaient les pères de ces activistes étaient celles de juge, médecin éminent, avocat renommé, professeur d'université, notaire, haut-fonctionnaire fédéral, agent d'assurances, artisan, ébéniste, mécanicien, ouvrier (de l'Alcan, et des usines Angus de la CPR), cultivateur ou cultivateur et bûcheron (alternativement), manœuvre, journalier et débardeur.

Géographiquement, les terroristes viennent de tous les coins du Québec : un peu plus de la moitié sont originaires de Montréal et de sa banlieue, tandis que le reste vient soit de Québec ou de Sherbrooke, soit de la campagne, à savoir la Gaspésie, la Beauce, le Lac-Saint-Jean, la région de Valleyfield, celle de Saint-Jérôme, etc.

Compte tenu de cette *disparité sociale et géographique*, il est donc difficile de définir globalement le statut social des terroristes.

Avant qu'ils ne se joignent au mouvement, les felquistes interrogés ont exercé les occupations les plus variées : beaucoup étaient des étudiants du secondaire, on compte aussi quelques universitaires, des militaires (au moins six), des journalistes, des professeurs, une technicienne en radiologie, une bibliothécaire, une script-assistante, un dessinateur industriel, un apprenti électricien, un discothécaire, un sténographe judiciaire, un vendeur, un agent de sécurité, un employé de laboratoire photographique, un nettoyeur, un machiniste imprimeur, quelques chauffeurs de taxi (au moins trois) et des journaliers.

Quant aux emplois qu'ils ont occupés après la période de leur incarcération, on découvre qu'ils ont été chef d'information ou encore correcteur d'épreuves dans un journal, caméraman, vendeur ou technicien en cytogénétique humaine dans un hôpital[20]. On sait que Jacques Rose travaillait dans un garage et que Pierre Vallières a occupé un poste important au *Devoir*. Plusieurs anciens terroristes ont entrepris à ce moment-là [rappelons que l'interview a eu lieu en 1968] des études universitaires. On a pu apprendre, par exemple, que Jean Lasalle, qui avait fait auparavant de brillantes études en science politique, s'est spécialisé, par la suite, aux États-Unis, en administration des affaires.

Cette grande diversité chez les terroristes complique la détermination de la classe sociale sous laquelle on pourrait être tenté de les regrouper ; il nous semble toutefois que leur degré de scolarité, supérieur à la moyenne, nous autorise à situer l'ensemble des membres dans la catégorie de ceux qui disposent de plus de possibilités que la majorité des Québécois pour en arriver à occuper un poste influent et recevoir un salaire intéressant. Certains membres du mouvement terroriste appartenant, par ailleurs, à des milieux défavorisés et jouissant eux-mêmes de peu de mobilité sociale, on ne saurait vraisemblablement situer les felquistes tout en haut de l'échelle ; il serait plus logique de placer l'ensemble du groupe des terroristes dans la classe moyenne inférieure (*lower middle class*).

Les vastes études des politicologues américains sur l'histoire mondiale des révolutions et des coups d'État démontrent que la classe moyenne constitue l'épine dorsale des révolutions[21], qu'elle fournit aux mouvements contestataires à la fois leurs leaders et leurs membres actifs. Croire que les révolutionnaires proviennent des échelons les plus bas de la société constitue un préjugé et un mythe assez répandu ; les autorités politiques en place ont parfois intérêt à propager l'idée qu'ils sont des déchets sociaux.

Les conditions de vie intolérables et la misère ne

suffisent pas, en elles-mêmes, à expliquer la violence
politique. Certains hommes ont un taux de tolérance plus
élevé que d'autres ; ainsi, en Inde, des milliers d'hommes sont résignés à des conditions économiques qui, en
Amérique ou en Europe de l'Ouest, seraient jugées tout
à fait inadmissibles. En d'autres mots, la faim peut pous-
ser un homme à se rebeller, mais si la famine devient
permanente et semble inéluctable, elle lui enlèvera toute
énergie ou toute volonté de se battre[22]. En ce sens, le
prolétariat que les marxistes considèrent comme le moteur
des révolutions, est souvent trop occupé à tenter de
survivre, à assurer ses besoins vitaux élémentaires, au
primo vivere, en somme, pour se livrer à des activités
révolutionnaires. Marx et Lénine, puis, par la suite, les
politicologues Brinton (1956), Tilly (1964) et Johnson
(1966) ont pu démontrer que les plus déshérités étaient
rarement les premiers à se révolter et que les révolutions
ne constituaient jamais une stratégie de la dernière chance
pour les gens qui n'avaient plus rien à perdre.

Ainsi, les moins nantis de notre société, plus particulièrement ceux de Montréal[23], vivent essentiellement
dans l'instant présent et cherchent peu à planifier leur
avenir. N'ayant pas de conscience de classe ni un sens
précis de l'histoire, ils ne sont pas politisés dans le sens
d'un engagement. Ils gardent cependant un sens critique
aigu envers les institutions et témoignent une méfiance
profonde envers l'autorité et les dirigeants. Marc
Carbonneau, si l'on en juge par sa biographie, était un
parfait spécimen de cette culture de la pauvreté. À ce
titre, il constitue une exception dans le groupe des
felquistes interviewés.

Les révolutionnaires proviennent souvent d'une
classe qui *commence* à acquérir de la puissance, très
rarement de la classe opprimée[24] ; ils font partie de la
classe moyenne, qui aspire à une ascension mais s'en
voit bloquer la voie. Depuis le XIXᵉ siècle, avec l'ex-
pansion du socialisme, la démocratisation de l'éducation
et la croissance des mouvements ouvriers, quelques leaders révolutionnaires ont surgi des classes inférieures

rurales et urbaines, mais, de façon prédominante, le chef révolutionnaire est issu de la classe moyenne ; les groupes sur lesquels il s'appuie (l'épine dorsale de la révolution) proviennent aussi majoritairement de cette couche de la société.

De même, en Amérique latine, la direction politique des trois grandes révolutions sociales (Mexique, Bolivie et Cuba) est venue surtout des strates moyennes, composées d'avocats, de professeurs, de bureaucrates, de politiciens et de petits propriétaires terriens. Que ce soit au Moyen-Orient, en Asie ou en Amérique latine, ce sont toujours des éléments de la classe moyenne qui entreprennent les coups d'État[25].

La situation politique dans la plupart des sociétés au sein desquelles germent les cellules terroristes est à cet égard éclairante. La classe supérieure se satisfait du statu quo, qui, habituellement, lui profite ; le prolétariat, lui, reste aux prises avec trop de problèmes matériels pour prendre le temps d'établir les assises d'un mouvement ; la paysannerie, de son côté, a tendance à ne pas appuyer au départ la révolution et si, pour diverses raisons, il lui arrive d'accorder occasionnellement son support à une révolution, elle perd intérêt dès qu'elle a obtenu les avantages terriens qu'elle recherchait et redevient le château-fort du conservatisme, car son principal intérêt est la possession et la libre exploitation de la terre. (À cet égard, le cas de la Chine et, jusqu'à un certain point, celui de la Russie, font partie des exceptions.) Notons qu'en général on peut arriver facilement à mobiliser les travailleurs *urbains* (depuis le XIXᵉ siècle) s'ils sont bien organisés et encadrés. *La classe moyenne reste donc le lieu où s'exprime le plus la belligérance et l'esprit révolutionnaire.*

Le groupe de terroristes québécois sur lequel repose toute l'analyse de ce chapitre est composé, en grande partie, d'étudiants, ce qui est très significatif. Les étudiants qui appartiennent souvent à la classe moyenne sont perméables à l'influence idéologique, dans les sociétés qui souffrent d'instabilité. Soucieux de leur propre avenir, ils réagissent mal devant les perspectives limitées qu'ils entrevoient ; mus par le sens des responsabilités en tant qu'élite éduquée, motivés par le nationalisme dans des pays économiquement dépendants, ils constituent fréquemment le centre même du ferment révolutionnaire. En Amérique latine[26], ce sont souvent des étudiants qui ont provoqué la chute de leurs gouvernements. Dans les pays où la situation devient alarmante, où le mécontentement populaire est profond et répandu — comme dans la France de 1848, la Hongrie de 1956 ou le Guatemala de 1944 —, les étudiants peuvent faire jaillir l'étincelle d'où naîtront les flammes de la révolution.

Pierre-Paul Geoffroy a pris à son compte une quantité invraisemblable de délits pour couvrir des compagnons. *Canapresse*.

Nos terroristes correspondent donc assez bien au prototype du révolutionnaire de la classe moyenne. On affirme, à juste titre[27], que *ce sont toujours des hommes jeunes qui mènent à terme les révolutions*.

À l'aide des multiples sources que nous citions au début de ce chapitre, nous avons dressé la liste la plus complète possible de toutes les personnes reliées au terrorisme, en indiquant l'âge qu'elles avaient au moment où elles ont commis un délit. (Voir Appendice II : cette liste, qui comprend 90 noms d'activistes, ne couvre cependant pas tout le terrorisme de la décennie 1962-1972, car elle ne contient que les noms de ceux qui ont subi un procès. Il est assez vraisemblable que certains membres du FLQ n'aient pas été touchés par l'appareil de répression, bref, qu'ils s'en soient tirés ; nous savons que certains actes de terrorisme isolés n'ont pas pu être imputés à des personnes précises et que certains felquistes — Pierre-Paul Geoffroy, entre autres — ont pris à leur compte une somme invraisemblable de délits pour couvrir certains de leurs compagnons. Plusieurs individus, quelques centaines peut-être, ont dû aussi encadrer les terroristes, veillant à la rédaction des tracts, de *La Cognée* et de toute la propagande ; d'autres les ont sans doute appuyés en les aidant financièrement, en les transportant d'un lieu à un autre, en les cachant, etc.)

La moyenne d'âge qui ressort de cette liste se situe

Gabriel Hudon, un des piliers du premier réseau felquiste.

Au moment de ses premières actions terroristes, Jacques Lanctôt n'a que 17 ans.

à vingt-quatre ans. On peut cependant observer chez les présumés leaders (Schoeters, Schirm, Collin, Vallières, Gagnon, [Paul] Rose) un âge supérieur à la moyenne, bien qu'il ne dépasse jamais trente-trois ans ; l'âge est un facteur d'autorité parmi d'autres. Mais, dans l'ensemble, le groupe se situe à un âge où l'idéalisme est habituellement très fort.

Il est intéressant de noter que quelques noms seulement apparaissent dans deux réseaux successifs — ce qui n'empêche pas les liens informels entre les réseaux — et que des liens familiaux semblent relier les membres des réseaux terroristes d'une « vague » à l'autre. Pas moins de 14 personnes accusées d'activité terroriste avaient un parent au premier degré ou un conjoint dans le mouvement : un leader du deuxième réseau, Robert Hudon, est le frère de Gabriel Hudon, un des piliers du premier réseau ; François Lanctôt, du deuxième réseau, est le frère de Jacques Lanctôt et de Louise Lanctôt, du onzième réseau. Par ailleurs, des liens idéologiques semblent s'être établis entre quelques réseaux puisqu'en octobre 1970 les cellules Libération et Chénier réclamaient l'élargissement de membres incarcérés qui appartenaient à tous les réseaux antérieurs.

Traits de caractère

Altruisme et goût du combat

Si la majorité des membres disent ne pratiquer aucune religion, en invoquant le rôle de « lavage de cerveau joué par l'Église catholique du Québec », la plupart d'entre eux, cependant, se définissent comme étant sociables, altruistes. Ils avoueront aussi être assez impulsifs, et avoir le goût de l'action et du combat.

On ne s'étonnera pas alors d'apprendre que beaucoup d'entre eux ont été tentés, dès leur plus jeune âge, par l'expérience militaire : Georges Schoeters a été résistant et maquisard, François Schirm est un ancien légionnaire ; Cyriaque Delisle et Marcel Tardif ont respectivement fait partie de la marine et de l'aviation royales canadiennes ; Gaston Collin est un ancien combattant ; Marc Carbonneau a fait un stage dans l'armée[29].

Chez ceux qui ont connu l'expérience militaire, le retour à la vie civile cause souvent un traumatisme psychologique, qui rend leur adaptation difficile, car l'armée constitue un monde en vase clos où l'on entretient l'idéal et le goût de l'aventure (à des fins d'efficacité) ; la vie civile, en comparaison, est moins exaltante et vient souvent affaiblir brutalement l'idéalisme et l'estime de soi. Schoeters, un résistant plein de mérite, pourtant, doit travailler comme aide dans un restaurant[30] ; Schirm, ancien légionnaire et commando, sergent à la tête d'une compagnie de soldats vietnamiens, moniteur parachutiste en Algérie, doué d'une intelligence bien au-dessus de la moyenne[31], est forcé d'exercer les métiers de briqueteur, verrier et agent de sécurité (pour 1,05 $ l'heure, moins les déductions pour l'uniforme !). L'humiliation ainsi que le sentiment d'exploitation et d'aliénation ne sont pas des facteurs à négliger dans l'analyse des causes de la révolte chez ces individus.

Instabilité et idéalisme déçu

Une mise en garde d'abord...

Quand on tente de présenter certains traits caractéristiques de la personnalité des criminels (ou déviants) politiques, il faut se garder d'adopter l'attitude paternaliste du docteur Morf, qui considère que notre société est trop permissive et que la jeunesse, aujourd'hui, n'est plus ce qu'elle était[32]... , qu'elle n'a plus les qualités morales, la discipline, le sens du devoir et le goût de l'effort de la jeunesse d'autrefois... En plus d'être difficilement démontrables, de telles conclusions constituent un jugement moral très peu scientifique — pour le moins. On peut sérieusement se demander si les auteurs qui expriment ce type de critiques ne transposent pas sur le plan « scientifique » leur propre difficulté à

● Ce fut invoqué pour les frères Rose, dont la mère assistait générale- ment à tous les procès et approuvait tous les gestes.

▲ Si l'on se fie aux écrits de Mario Bachand, le FLQ comptait une minorité d'individus atteints de troubles émotifs, frustrés sexuellement et en proie au désir de se viriliser ou de se venger d'une humiliation subie dans l'enfance. Pour retenir des considérations de ce genre, il faudrait aussi examiner alors la part d'anomalie qui oriente les actions des policiers, des politiciens, etc.

accepter la jeunesse qu'ils côtoient. À l'inverse, on pourrait très bien suggérer que l'esprit révolutionnaire et le fait de privilégier les qualités de l'esprit et du corps aux dépens de celles du cœur ont toujours été l'apanage de la jeunesse de toutes les époques.

Une autre attitude, assez fréquente chez les criminologues, consiste à proclamer que les déviants politiques sont des déviants comme les autres, qu'ils rencontrent les mêmes problèmes de personnalité et sont motivés essentiellement par un besoin de se faire valoir face à leur milieu, souvent même face à leur mère ●. Bref, ils nient leurs visées altruistes. À notre avis, si on fait planer un tel doute sur les motivations profondes des criminels politiques, on doit également, en toute justice et en toute logique, le faire pour tous les hommes, que ce soit les hommes d'État les plus consciencieux, les saints, les mystiques, les hommes les plus dévoués, les mères de familles les plus généreuses, etc. : tous ne sont-ils pas susceptibles d'entretenir et de satisfaire des besoins psy- chologiques occultes, masqués par une dialectique et un mode d'action apparemment nobles ?...

Autant les criminologues peuvent enrichir la con- naissance du phénomène de la déviance et de ses acteurs, autant ils risquent de ne pas rendre justice aux terroristes en les rangeant systématiquement du côté des malades, des détraqués▲, des schizophrènes, ou en évoquant les traumatismes sexuels qu'ils ont pu subir antérieurement, leurs actes de violence étant alors interprétés comme une simple transposition, sur une scène plus vaste (*acting out*), de ces problèmes. Pour Rothstein[33], qui a tenté en 1972 d'isoler les traits caractériels de l'assassin politique, celui- ci ferait face avant tout à une crise d'identité sexuelle, de nature œdipienne surtout. Au Québec, le docteur Jacques Lazure a jugé fort sommairement le FLQ en disant que son « action dévastatrice » illustre de façon éclatante une « peur de la castration pas encore éliminée » et « un complexe d'Œdipe insuffisamment dépassé [34] ». C'est faire peu de cas des motivations idéologiques qui sous- tendent leurs actions ! Dépeindre comme un psychopathe

criminel le déviant politique est une attitude fort dangereuse car elle risque fort de faciliter le jeu des politiciens
démagogues qui exploitent le manichéisme populaire
pour éviter qu'on conteste sérieusement l'ordre social.

Il faut sérieusement analyser la valeur de la contestation du déviant politique ; il apparaît trop facile de
conseiller simplement aux terroriste de plaider coupable ●, pour qu'il obtienne une sentence moindre ou pour
faciliter sa réhabilitation. Cette réintégration dans le système peut souvent équivaloir à un lavage de cerveau[35] et
à un renforcement du système politique.

Les criminologues se doivent donc de considérer
autant la nature particulière des individus dont ils s'occupent que l'idéologie qui motive leurs actes. Sans cette
préoccupation honnête, leur science — qu'on qualifie, à
juste titre, de dynamique et d'avant-gardiste — risque de
faire d'eux les serviles protecteurs du système.

Ces réserves importantes étant faites, poursuivons
l'analyse des traits de personnalité particuliers aux
déviants politiques qui font l'objet de notre étude.

Nous avons constaté, au cours de nos recherches et
de la lecture de leurs biographies, une certaine impatience
et, souvent, une faible tolérance à la frustration chez les
terroristes. Ils paraissent assez fréquemment instables
dans leurs choix ; beaucoup entreprennent des tâches ou
des études qu'ils abandonnent en cours de route, à la
suite d'un ennui ou d'un accroc mineur. La société et ses
aspects déshumanisants semblent souvent à l'origine de
cette instabilité.

Si on recherche, dans la biographie de chacun des
terroristes, le moment où il s'apprêtait à plonger dans le
mouvement, on constate qu'ils formulent alors, pour la
plupart, un constat de demi-échec. On pourrait même
parler d'une tendance suicidaire chez certains : Vallières
avoue avoir été au bord du suicide[36] lors d'un voyage en
Europe ; Gagnon admet avoir éprouvé, lui aussi, la même
tentation, au cours d'un voyage de Rimouski à Montréal[37]. Des analystes voient un lien direct entre les fan-

● Le docteur Ferron emploie le terme ironique de « Szaboton », une référence au professeur de criminologie Denis Szabo. (Journal *Le Canada français*, 17 au 24 octobre, 1972, p. 5).

tasmes de suicide et l'action terroriste. En février 1964, Pierre Maheu[38] écrivait dans *Parti Pris* : « Les Effelquois savaient, devaient savoir qu'ils seraient pris. Il y avait dans leur démarche un désespoir qui caractérise la situation pré-révolutionnaire... » Ce désespoir envahissait-il le psychisme de nos terroristes ou était-il l'aboutissement de circonstances imposées par la société ? Il est très difficile d'en juger. Il serait malhonnête et partial, néanmoins, de rejeter du revers de la main la démarche humaine et idéologique des déviants politiques, sans se poser au préalable des questions sur le bien-fondé de cette démarche. Pour être honnête, ne faudrait-il pas aussi faire un relevé comparatif de la fréquence des impulsions suicidaires chez les gens dits normaux ou ordinaires ?

Nous refusons, pour notre part, de croire a priori que tous les terroristes sont des malades mentaux, des impatients chroniques sans raison et des suicidaires pathologiques, projetant sur d'autres les conséquences de leur propre échec[39]. Si tel était le cas, le système judiciaire qui les a condamnés serait gravement fautif. Nous préférons croire qu'il s'agit d'individus malheureux, certes, mais qui ont usé de leur liberté de façon radicale, intransigeante — en accord avec eux-mêmes. Jusqu'à preuve du contraire, nous ne pouvons mettre sur un même pied l'idéalisme désespéré et la démence.

Le déviant politique et le criminel de droit commun : points de ressemblance et d'opposition

Admettons que les terroristes présentent des traits de caractère assez particuliers. Reconnaissons que leurs actions criminelles ont beaucoup de points communs avec celles des déviants ordinaires : elles surviennent par vagues, suivant même une certaine loi « thermique », puisque les incidents violents se produisent surtout au printemps, en été et à l'automne, rarement en hiver ; aussi, comme dans la criminalité ordinaire, plusieurs membres d'une même famille s'y trouvent impliqués ; concédons également qu'ils ont recours, comme les autres criminels, à la violence — à des degrés divers, bien sûr.

Les déviants politiques présentent cependant des différences fondamentales par rapport aux criminels ordinaires.

Leurs techniques sont tout à fait différentes de celles de ces derniers. Il utilisent de préférence les explosifs, de façon à ne pas être en contact direct avec leur victime, comme c'est le cas dans le crime barbare où l'on fait usage du poignard ou de la hache ; la mort du ministre Laporte constitue, de ce point de vue, la seule exception à leurs pratiques habituelles — exception assez obscure, du reste. En outre, ils ne désirent pas attenter directement à la vie ou à l'intégrité corporelle, les bombes visant surtout la destruction de la propriété ; les nombreux appels d'avertissement démontrent un certain souci de ne pas détruire inutilement la vie.

Les attentats à la bombe, qui sont demeurés la forme privilégiée de violence politique des terroristes québécois dans la décennie 1962-1972, constituant 48 pour 100 des 174 incidents de violence au cours de cette période[40] (les manifestations comptant pour 30 pour 100), étaient symboliquement dirigés contre des personnes morales[41], que ce soient des stations de radio, des stations de télévision, des organismes policiers, des organisations militaires, des compagnies d'assurances, des ministères (Postes), des corporations municipales (hôtel de ville de Westmount), des compagnies de chemin de fer, des manufactures (La Grenade — Dominion Textile), des partis politiques, des organisations financières (la Bourse), l'Imprimeur de la Reine, etc. Sur un total d'environ 90 attentats à la bombe (chiffre qui concorde avec les constatations du groupe de recherche dirigé par M. Latouche, avec le relevé de M. Pelletier et avec nos propres observations), nous trouvons 4 morts accidentelles, c'est-à-dire imprévues, quoique non imprévisibles. Ajoutons au passif du FLQ les 27 blessés (dont 3 grièvement) de l'explosion à la Bourse de Montréal et le cas du désamorceur Walter Leja, devenu invalide pour la vie.

Jacques Rose

Bien sûr, d'un point de vue strictement humain, et considérant chaque cas individuel, ce bilan est absolument horrible et le nombre de victimes (morts et blessés) paraît énorme. Il est important de signaler que ces malheureuses personnes ont, dans la plupart des cas, été victimes d'une négligence malencontreuse à la suite d'un appel à la bombe. Dans l'ensemble, toutefois, si l'on compare numériquement les actes radicaux qui atteignent à la vie des individus et les attentats dans leur totalité (90), on peut conclure à *un terrorisme relativement violent* (modéré même, de ce strict point de vue), soucieux de ne pas verser de sang et d'éviter la violence purement gratuite, comme en témoigne ce passage du journal officiel du FLQ, *La Cognée* :

> Une bombe a été déposée près de l'édifice de la CECM, en guise de protestation. De plus, une dizaine d'enfants se seraient trouvés près du lieu du danger. Non seulement nous déplorons, mais nous rejetons ce terrorisme gratuit[42].

Certains actes contre la personne figurent, néanmoins, parmi leurs attentats. Les hold-up, d'abord : on en compte huit avant 1967 mais davantage vers 1970 ; leur nombre reste, par contre, plutôt réduit et ils ont fait très peu de victimes. Le fait de les attribuer en entier au FLQ est peut-être une erreur, par contre, ou le fruit de l'attitude peu objective de gens qui prennent leurs désirs pour des réalités. Les vols à main armée, quant à eux, ont fait deux victimes, dans des circonstances qui nous semblent vraiment accidentelles, même si elles étaient prévisibles d'un strict point de vue légal et entraînaient une lourde responsabilité criminelle.

Ces actes, en plus d'être marginaux, s'inscrivent dans la logique de la nécessité de l'organisation matérielle propre aux mouvements politiques clandestins.

S'ajoutent deux enlèvements et le meurtre de Pierre Laporte, actes à caractère exceptionnel, comme nous l'avons mentionné, et (comme les hold-up) qui ne furent pas commis pour des satisfactions personnelles. Jacques

Lanctôt[43] a d'ailleurs révélé que la cellule Libération avait tenté de communiquer avec la cellule Chénier par la voie des stations de radio, le matin du 17 octobre, jour même de la mort du ministre Laporte, mais il semble que la police ait saisi le communiqué en question (n° 10) dont le contenu, s'il avait été diffusé en ondes, aurait pu empêcher la mort du ministre. En voici un passage essentiel :

Francis Simard

> Le FLQ déclare que la sentence de mort contre James Cross est suspendue indéfiniment [...] Quant à Pierre Laporte, la cellule Chénier étudie présentement son cas et fera connaître sa décision sous peu[44].

Le jour de son départ pour Cuba, Jacques Lanctôt a confié à Me Bernard Mergler[45] qu'il croyait, alors, que ce communiqué servirait d'exemple et indiquerait à la cellule Chénier la conduite à suivre — comportement plutôt rare chez les criminels ordinaires.

Mentionnons enfin que *les déviants politiques n'ont pas, en général, de dossier judiciaire* et ne peuvent pas, par conséquent, être considérés comme des récidivistes. Si certains ont pu être arrêtés antérieurement, c'est pour s'être comportés de manière agressive lors d'une manifestation, bref, pour des délits mineurs, habituellement à caractère idéologique. Nous avons vu que les déviants politiques proviennent de milieux extrêmement variés ; ils sont issus également, le plus souvent, de familles socialement bien intégrées et sans antécédent criminel[46].

Lorsqu'on examine les origines des criminels de droit commun, on trouve très fréquemment, à travers plusieurs générations, des familles socialement tarées[47], sous des formes diverses : infériorisation psychopathique, alcoolisme, prostitution, criminalité. En somme, les criminels ordinaires sont des individus situés au bas de l'échelle sociale, que les difficultés de la vie et une certaine faiblesse intellectuelle et morale laissent désarmés contre les tentations du chemin rapide, du raccourci vers les satisfactions personnelles ; de plus, la crimina-

lité juvénile est souvent chez eux un important symptôme de la criminalité ultérieure. Mentionnons, à ce
propos, qu'aucun des sujets de l'expérience menée par
M. Mokolo n'avait comparu en Cour juvénile[48].

Les déviants politiques ne sont donc pas des déviants
comme les autres : à cette différence de nature devrait
normalement correspondre, en conséquence, une différence de traitement.

Photo de la page
précédente : Paul Rose
après son arrestation,
le 28 décembre 1970.
C'est la fin des
Événements d'octobre.
Canapresse.

NOTES

1. Gustave Morf, *Le terrorisme québécois, op. cit.* ; il utilise l'anonymat pour protéger les familles.

2. Jacques Lacoursière, *Alarme citoyens!, op. cit.*, Louise Riel, « Le terrorisme au Québec », article cité, Jean-Claude Trait, *FLQ 70 : offensive d'automne, op. cit.*, Claude Savoie, *La véritable histoire du FLQ, op. cit.*, Gustave Morf, *op. cit.*, Pierre Vallières, *Nègres blancs d'Amérique, op. cit.*, John Saywell, *Québec 70, op. cit.* De plus, Ron Haggart et Aubrey E. Golden, *Octobre 70, un an après,* traduction de *Rumours of War*, adaptation française par Jean-V. Dufresne, Jean-Pierre Fournier, Jean Paré, Armande Saint-Jean, Montréal, Hurtubise HMH, 1971, et enfin Huguette Carbonneau, *Ma vie avec Marc Carbonneau*, Montréal, Éditions du Jour, 1972.

3. Thèse présentée en 1968, en vue de l'obtention de la maîtrise ès arts en criminologie, à l'Université de Montréal.

4. *Ibid.*, p. 97.

5. Gustave Morf, *op. cit.*, p. 16.

6. *Ibid.*, p. 45.

7. *Parti Pris*, vol. 2, n° 1, sept. 1964, p. 57.

8. Gaspard Mokolo, *op. cit.*, p. 85.

9. *Ibid.*, p. 69.

10. Louis Martin, « Les terroristes », *Le Magazine MacLean*, avril 1967, p. 74.

11. Gaspard Mokolo, *La criminalité par idéologie politique au Québec, op. cit.*, p. 75.

12. Jean-Marc Piotte, « La pensée politique du FLQ-ALQ », *Parti Pris*, vol. 3, n°s 1-2, sept. 1965, p. 72.

13. Mathieu Hébert, *La Cognée*, cité dans Jacques Lacoursière, *op. cit.*, p. 72.

14. Gaspard Mokolo, *op. cit.*, p. 94.

15. Frantz Fanon, *Les damnés de la terre*, Paris, Maspero, 1966, p. 69.

16. *Ibid.*, p. 70.

17. Gaspard Mokolo, *op. cit.*, p. 73.

18. *Ibid.*, p. 19.

19. *Ibid.*, p. 63.

20. *Ibid.*, p. 59.

NOTES (SUITE)

21. Carl Leiden et Karl M. Schmitt, *The Politics of Violence : Revolution in the Modern World*, *op. cit.*, p. 95.

22. Brian Crozier, *The Rebels : A Study of Post-War Insurrections*, London, Chatto & Windus Ltd., 1960, p. 9.

23. Marie Letellier, *On n'est pas des trous-de-cul*, (étude sociologique), Montréal, Parti Pris, 1971, p. 194, 196 et 197.

24. Godfrey Elton, *The Revolutionary Idea in France*, 1789-1871, New York, Longmans, Green & Co. Inc., 1923, p. 11.

25. Carl Leiden et Karl M. Schmitt, *op. cit.*, p. 92.

26. *Ibid.*, p. 87-88.

27. *Ibid.*, p. 86.

28. Gaspard Mokolo, *op. cit.*, p. 68.

29. Huguette Carbonneau, *op. cit.*, p. 14.

30. Gustave Morf, *op. cit.*, p. 16

31. *Ibid.*, p. 45.

32. *Ibid.*, p. 173 à 176 et 214.

33. Cité par Daniel Latouche, « *Les études sur la violence, où en sommes-nous ?* », travail académique inédit sur les ouvrages américains consacrés à la violence, septembre 1972, p. 6.

34. Jacques Lazure, *La jeunesse du Québec en révolution*, Montréal, Les Presses de l'Université du Québec, 1970, p. 49.

35. M. Szabo est très conscient du problème. Voir Jean Louis Beaudouin, Jacques Fortin et Denis Szabo, *Terrorisme et justice*, *op. cit.*, p. 19 à 67.

36. Pierre Vallières, *Nègres blancs d'Amérique*, *op. cit.*, p. 263.

37. Charles Gagnon, « Je venais de loin quand j'arrivai à Montréal en septembre 1960 », *Le Magazine MacLean*, juillet 1970, p. 45.

38. Cité par Louis Martin, article cité, p. 16.

39. Jacques Lazure, *op. cit.*, p. 49.

40. Daniel Latouche, *Violence in Quebec : Some Preliminary Morphological Findings*, *op. cit.*, p. 9.

41. Gaspard Mokolo, *op. cit.*, p. 90.

42. Dans *La Cognée*, n° 40, 1er août 1963, p. 7.

43. Reproduite dans *Québec-Presse*, 6 décembre 1970.

NOTES (SUITE)

44. *Québec-Presse*, 9 septembre 1973.

45. *La Presse*, 7 décembre 1970.

46. Gaspard Mokolo, *op. cit.*, p. 60.

47. *Ibid.*, p. 46, résumant de grands auteurs en criminologie : Ritter (1936), Lévy-Bruhl (1960) et Seelig (1956).

48. *Ibid.*, p. 68. Cette instance porte aujourd'hui le nom de Tribunal de la Jeunesse.

CHAPITRE VIII

La répression

Pas plus qu'on ne doit reléguer la violence dans la pathologie ou la confondre avec la déviance criminelle ordinaire, on ne saurait prétendre régler la question, une fois pour toutes, en affirmant simplement qu'elle constitue un phénomène marginal. Ce serait faire abstraction d'une partie de la réalité et laisser entendre implicitement que le pouvoir n'a rien à voir avec les phénomènes de violence et que, de ce fait, l'analyse n'a pas à en tenir compte. Or les travaux des commissions américaines comme la simple observation de la scène politico-sociale au Québec démontrent que la violence du pouvoir est bien réelle et qu'elle représente même souvent une forme majeure de provocation ■.

Sous prétexte que l'analyse de la répression pose des problèmes de recherche et de quantification insurmontables, il serait facile de s'en tenir aux actes de violence effectivement posés par les individus et les groupes. Les problèmes de méthodologie ne doivent cependant pas nous amener à minimiser son rôle et, par le fait même, à sous-estimer les implications, sur le plan idéologique, d'un tel parti pris. S'il nous paraît aussi absurde d'additionner les projets de loi répressifs, les injustices notoires devant les tribunaux et les brutalités policières que de compter un à un les hold-up, les émeutes

■ Chez nous, le rapport Duchaîne sur la Crise d'octobre fit état, en 1981, d'un gonflement de la liste des suspects et de l'exploitation des mesures de guerre dans le but d'administrer un « choc psychologique » à la population. Voir : *Rapport sur les événements d'octobre 1970*, par Jean-François Duchaîne, ministère de la Justice du Québec, 1981.

● Allocution au Château
Laurier devant le Club
Richelieu d'Ottawa, citée
dans *Le Devoir*, 29 octobre
1970.

et les attaques à la bombe, nous croyons néanmoins que ce serait adopter un point de vue partial que de rappeler la violence verbale de Vallières, Gagnon et Chartrand sans évoquer, par ailleurs, les propos de Réal Caouette souhaitant que ces trois contestataires soient « exécutés un à un de façon à permettre au suivant de dévoiler ses secrets● ».

Le régime de justice et de réhabilitation accordé aux déviants politiques

Comment l'appareil répressif règle-t-il le problème des déviants politiques ?

Sur le plan de la réhabilitation, il semble qu'un certain travail ait été amorcé. Ainsi, Georges Schoeters, un leader du premier réseau, qui avait été condamné à dix ans d'incarcération (pour des attentats contre cinq bâtiments fédéraux), ne purgea, en fait, qu'une peine de quatre ans, puisqu'il bénéficia d'une libération conditionnelle ; son dossier d'ancien résistant l'aurait, semble-t-il, beaucoup aidé dans cette affaire[1]. Nous savons également que Jean Lasalle a pu refaire sa vie et entreprendre une carrière à la mesure de ses capacités. Mais tous n'ont pas été aussi chanceux. « Je peux pas étudier, moi, je n'ai pas mon papa pour m'aider. Je ne peux guère travailler, parce que la Gendarmerie vient voir le patron et lui dit : celui-là, c'est un ancien FLQ... Ça aide, ça ! Alors tout ce que j'ai à faire c'est de travailler pour une société meilleure[2] », déclare un des terroristes interviewés.

L'analyse des voies de la réhabilitation est cependant loin d'être terminée et l'application de méthodes adéquates se heurte encore aux réticences que certains démagogues entretiennent dans le public face aux réformes criminologiques profondes. Contrairement à ce qu'on a pu laisser croire, s'il existe, parmi les déviants de toutes sortes qui croupissent dans les institutions correctionnelles et pénitentiaires, des individus qui possèdent des aptitudes intellectuelles et une capacité d'engagement au-dessus de la moyenne, ce sont bien les criminels politiques. Leur ardeur même ne peut-elle pas être mise à contribution dans certains secteurs d'activité ? Quand on sait ce qu'il en coûte pour maintenir un détenu en prison, la réhabilitation des déviants politiques — qui reposerait sur un examen objectif des motivations, de l'idéologie et de la critique sociale qui ont sous-tendu leur action terroriste — n'est-elle pas une façon plus sensée, pour une société, d'utiliser toutes les ressources dont elle peut disposer ?

C'est sur le plan de l'attribution de la responsabilité pénale, surtout, que notre système paraît réticent à accorder un régime particulier aux déviants politiques ; juridiquement, en effet, les déviants politiques sont considérés comme des criminels de droit commun. Que peut-on suggérer alors à cet égard ? Une juridiction particulière pour les déviants politiques ? Une législation spéciale concernant les délits politiques ?

Chez nous, les juristes dressent contre ces deux suggestions une barrière d'arguments presque incontournable[3]. La base de cette argumentation repose sur la tradition juridique anglaise, qui a institué une seule et même loi pour tous, se refusant à créer à la fois des tribunaux — et un droit — administratifs et des tribunaux politiques accompagnés d'une législation appropriée. Il est vrai qu'avant 1641 le droit criminel britannique avait connu les horreurs de la *Star Chamber* (Chambre étoilée), cour instaurée en 1487, qui visait à extirper du royaume les éléments indésirables qui s'y infiltraient mais qui est devenue, en réalité, un instrument politique entre les mains du roi, qui lui imposait ses propres décisions.

Un autre argument invoqué pour contester l'utilité de tribunaux particuliers et d'une législation spéciale est le fait qu'historiquement la notion de crime politique, loin d'avoir amené un assouplissement du régime pénal, a plutôt été un instrument de domination politique justifiant la délimitation de nouvelles infractions ou l'élargissement des causes d'incrimination ainsi qu'une

Le juge Roger Ouimet étonna en exonérant Michel Chartrand et ses co-accusés. *Archives nationales du Québec à Montréal, fonds Québec-Presse.*

● *Le Devoir*, 11 janvier 1971 : M. Ryan cite à ce moment-là un jugement de la Cour d'appel du Québec de 1965.

répression plus sévère. En URSS, par exemple, le Code pénal sévit de façon beaucoup plus radicale contre le crime politique qu'à l'égard du crime de droit commun.

Selon les juristes, dans tous les cas où la notion de crime politique est utilisée par un régime autoritaire, loin de ménager le délinquant, elle constitue, au contraire, une arme puissante et efficace pour brimer les libertés démocratiques et écraser toute opposition au régime. Dans un système où la justice politique est manipulée — sous tout régime dictatorial, en somme — on retrouve les crimes[4] les plus vagues : « atteinte à la dignité nationale », « atteinte à la pureté du sang aryen allemand », « fait de traiter avec mépris la nation italienne », etc. Voilà des accusations qui visent à réprimer bien plus des attitudes que des actes précis. Pour une société dite démocratique, comme la nôtre, les juristes ont tendance à croire que l'institution d'un régime spécial ferait subir au prisonnier politique les fluctuations du régime. En période calme, on jouira d'un adoucissement, alors qu'en temps de crise la répression sera plus aiguë. Telle semble avoir été, en tout cas, l'expérience qu'on a vécue en France.

Certains des arguments des juristes québécois paraissent recevables. Il reste, néanmoins, que notre système judiciaire de droit commun, ayant à statuer dans le cadre d'une législation criminelle qui s'applique systématiquement à tous les citoyens, a fait des acquittements tout à fait étonnants : on pense à l'exonération prononcée par le juge Roger Ouimet, magistrat dont Michel Chartrand — avec la violence verbale qui lui est coutumière — avait contesté l'impartialité. Chartrand, qui, lors de ses premières comparutions, avait pourtant été trouvé coupable d'outrage au tribunal à la suite de quoi ce juge l'avait condamné à un an de prison (de façon fort impulsive et expéditive, disons-le, en usant de « pouvoirs qu'un juge ne devrait utiliser qu'avec angoisse »●, pour reprendre les mots de Claude Ryan), n'en avait pas moins été acquitté — en même temps que Me Robert Lemieux, Jacques Larue-Langlois, Charles

Michel Chartrand fut accusé puis acquitté de conspiration séditieuse. *Archives nationales du Québec à Montréal, fonds Québec-Presse.*

Gagnon et Pierre Vallières — du chef d'accusation principal de conspiration séditieuse qui pesait contre lui — et cela, par le juge Ouimet lui-même !

On songe également à l'acquittement de Jacques Rose, quant aux accusations d'enlèvement et de meurtre portées à son endroit ; il avait alors remercié les jurés en leur disant qu'ils s'étaient comportés « comme de vrais patriotes », oubliant — ou feignant d'oublier — qu'il devait sa liberté non pas aux convictions politiques des jurés, mais au système judiciaire qu'il combattait, et grâce auquel il avait pu exploiter le doute raisonnable qui lui avait permis de recouvrer sa liberté. De la même manière, Pierre Vallières a réussi à faire réviser son procès pour homicide involontaire dans le cas de la mort de Thérèse Morin ; cette révision fut faite par la Cour d'appel du Québec, qui ordonna un nouveau procès, au cours duquel Vallières fut condamné à trente mois de prison plutôt qu'à la détention à perpétuité[5]. Paradoxalement, Pierre Vallières doit l'annulation de son premier jugement et, donc, sa liberté subséquente, à des lois et à un système qu'il a décriés plus d'une fois dans ses écrits[6] et qu'il visait à renverser▲.

Les juristes sont moins convaincants toutefois quand

▲ En pratique, au niveau de la peine, le caractère politique du délit mérite très souvent à un auteur une sentence plus élevée que pour un délit de droit commun, du moins suivant la tendance des tribunaux du Québec. De même, la libération conditionnelle est parfois plus difficile à obtenir dans un tel contexte.

Pendant la Crise d'octobre, la panique des pouvoirs publics a fait connaître aux prisonniers politiques un régime spécial : on leur imposa alors un système de sécurité maximum, qui les obligeait à demeurer vingt-trois heures par jour en cellule, et qui les privait de tout droit de visite, de tout accès au téléphone et de toute consultation d'un avocat.

■ Cela a souvent conduit les services policiers à confondre dissidence et subversion.

■ L'une d'elles serait de réduire encore davantage le nombre des nominations politiques. Même si, à cause des concours et des consultations du Barreau, le nombre d'anciens députés, candidats ou organisateurs diminue chez les juges, la tendance aux nominations partisanes persiste. Les travaux du professeur Guy Bouthillier restent éloquents là-dessus.

ils nient toute valeur à la suggestion d'une législation particulière sur le délit politique. Le fait que les régimes totalitaires aient abusé de ce genre de législation ne démontre en rien pourquoi, sous d'autres cieux, il serait totalement impossible de formuler des lois bien conçues et bien rédigées. De telles lois ne devraient pas connaître de changements majeurs suite aux fluctuations d'un régime politique et elles seraient assez précises pour que chaque délit politique soit assujetti à des normes préexistantes, qui permettraient de le définir et de le réprimer selon l'objectivité qui convient à un tribunal judiciaire. Sous cet aspect, on ne peut pas dire que notre droit commun soit impeccable, car on y relève certaines imprécisions et un manque de clarté dans les définitions■, surtout en ce qui regarde le délit d'opinion.

On ne saurait, par contre, souhaiter la création de tribunaux spéciaux pour juger des crimes politiques ; en tant que gardiens de l'orthodoxie idéologique, ces cours deviendraient vite une inquisition. Par ailleurs, une législation spécifique, adroite et intelligente, pourrait constituer la source majeure où nos magistrats pourraient puiser les principes des décisions qu'ils ont à prendre. On éviterait ainsi tout l'odieux des lois d'urgence rétroactives et on écarterait, du même coup, l'application d'une réglementation inappropriée.

Si une législation habile et préparée avec la meilleure technique de rédaction légale paraît possible, nous doutons fort, toutefois, qu'il soit opportun de créer une juridiction spéciale pour les crimes politiques. Il doit exister des façons plus directes de dépolitiser la fonction judiciaire■. Car il est indécent, au départ, que les déviants politiques soient jugés par des amis notoires du régime. Les présumés felquistes n'ont d'ailleurs pas tardé à mettre le doigt sur cette inconvenance, sur ce conflit d'intérêt entre une justice honnêtement rendue et le désir de favoriser un régime auquel tous les antécédents des juges les reliaient. L'idée d'invoquer, par exemple, le passé du juge Ouimet en tant qu'ancien candidat libéral au niveau provincial[7] était loin d'être futile. L'extrait suivant du

Procès des 5, donne une idée du ton de ce débat :

PIERRE VALLIÈRES. — La plupart des juges sont d'anciens députés ou d'anciens organisateurs.

LE JUGE OUIMET. — Ah non, ah non, il y en a très peu.

PIERRE VALLIÈRES. — Je peux vous en nommer une série.

LE JUGE OUIMET. — Très peu, à la Cour supérieure, je ne sache pas qu'il y en ait un seul d'ailleurs.

PIERRE VALLIÈRES. — Le juge MacKay était pas l'ancien organisateur d'un candidat libéral ?

LE JUGE OUIMET. — Vous avez dit *député*[8].

Les mécanismes législatif, policier et judiciaire de répression

Dès que le pouvoir politique se trouve contesté, il a tendance à se raidir et à employer des méthodes extraordinaires. À divers niveaux, nos gouvernements ont tenu, face à la violence politique, à modifier les règles du jeu.

Sur le plan législatif, la décennie 1962-1972 nous en a fait voir de toutes les couleurs ! Après la manifestation contre le projet de loi numéro 63, qui affectait dangereusement le statut de la langue française dans le système scolaire à Montréal, les autorités municipales (Jean Drapeau et Lucien Saulnier) firent adopter, en 1968, un règlement (n° 3926) interdisant toute manifestation. Soulignons, en passant, que ce règlement a déjà été jugé anticonstitutionnel puisqu'il empiète sur la juridiction fédérale en matière de droit criminel.

La Crise d'octobre nous a valu la remise en vigueur par Ottawa d'une loi d'urgence — la Loi sur les mesures de guerre —, assortie de règlements particuliers, les Règlements de 1970 concernant l'ordre public, autorisant des arrestations et des perquisitions sans mandat, de longues détentions sans comparution et la suppression des cautionnements ; l'« insurrection appréhendée » justifiant, selon ces règlements, de déclarer le FLQ hors

● Assemblée nationale du Québec, projet de loi numéro 51 : Loi modifiant la Loi de la police. Cette loi, sanctionnée le 8 juillet 1972, accroît les pouvoirs de la Commission de la police, notamment pour les perquisitions, les saisies et l'audition plus commode des délateurs, « dans la lutte contre le crime organisé ou la subversion ».

la loi, on procéda à l'arrestation expéditive d'environ 450 personnes, partout à travers le Québec — ce qui demeure assez stupéfiant, il faut le dire, quand on considère que la violence politique, comme on l'a déjà vu, est un phénomène presque exclusivement montréalais ! Sur le plan géographique, la réaction était donc absolument exagérée.

Ce dispositif légal (en vigueur le 15 octobre) fut remplacé par une loi un peu moins rigoureuse, la Loi de 1970 concernant l'ordre public (mesures provisoires), qui demeura en vigueur jusqu'au 30 avril 1971.

L'été de 1972 devait voir apparaître ensuite une loi provinciale pour contrer le terrorisme et le crime organisé● et le début de l'hiver 1973 révéler l'existence et les termes d'une entente secrète entre les radiodiffuseurs et les services policiers — entente inadmissible selon le président national du CRTC, Pierre Juneau.

Telles sont, dans les grandes lignes, les modifications apportées aux règles du jeu par les divers paliers gouvernementaux.

Il importe aussi de savoir que les pouvoirs en place ont utilisé tout ce qui était à leur disposition pour gagner — légalement — la bataille contre la contestation politique violente. Au cours de ces dix ans, la *répression policière* s'est faite de plus en plus rigoureuse. Les Québécois ont vu s'allonger graduellement la longueur des matraques des policiers (au sens propre comme au sens figuré). Les techniques de contrôle des foules se sont systématiquement améliorées, et l'équipement, modernisé ; le recours aux chevaux (manifestation Gordon) et aux motocyclettes (manifestation McGill français), qui s'enfonçaient dans la foule inconsidérément, ont graduellement disparu, pour laisser place à des attitudes plus défensives. Au lieu de brandir leur revolver (comme ils l'avaient fait lors de la Saint-Jean en 1968), les policiers porteront aussi masques et boucliers pour se protéger. Comment ne pas mentionner ici la présence intimidante et quasi grotesque de l'armée (en vertu de la Loi de la défense nationale), à l'automne 1970...

Sur le plan judiciaire, les pouvoirs publics ont également employé toutes les tactiques possibles. Pendant la Crise d'octobre, on passa littéralement par-dessus la tête des procureurs réguliers de la Couronne pour nommer des procureurs *ad hoc* (à 300$ par jour, au dossier). On eut recours aussi au *preferred indictment*, procédure qui permet d'envoyer directement les prévenus à leur procès, c'est-à-dire sans enquête préliminaire. Les procès sont d'ailleurs apparus au rôle très rapidement, ce qui laisse perplexe quant à la nécessité absolue — du moins, proverbiale — des lenteurs de la justice (qu'on avait invoquée trois années durant contre Pierre Vallières, Charles Gagnon et Robert Lévesque après la vague de 1966) !

Pierre Bourgault, en mauvaise posture lors de la manifestation à la Saint-Jean-Baptiste de 1968.

L'illégalité de certaines mesures de répression

Non seulement les pouvoirs publics ne se sont-ils pas contentés de modifier les règles du jeu et d'en tirer tous les avantages, mais ils ont également triché à certaines occasions, allant ainsi à l'encontre de leurs propres règles. En effet, au cours des années soixante et au début de 1970, la répression s'est souvent faite dans la grisaille de l'incertitude légale sinon carrément dans l'illégalité.

Personne n'a pu systématiser les informations recueillies à ce sujet, ni fournir de statistiques sur les excès de violence des corps policiers, mais nous savons que des accusations nombreuses d'abus de force et de brutalité policière ont entouré la manifestation Gordon (1962), la visite de la Reine (1964), la Saint-Jean-Baptiste (1968) et la grève de *La Presse* (1971). Lors de l'arrestation des membres du premier réseau felquiste, la police de Montréal afficha un mépris total des lois et des libertés fondamentales des individus. Comme le disait Gérard Pelletier dans un vigoureux éditorial, « au moment où l'action contre les attentats se corsait, on a eu l'impression que la violence et l'illégalité avaient changé de camp. C'est aujourd'hui la police qui s'en rend coupable, au vu et au su de tous, sans vergogne ni aucun malaise apparent[9]. »

● Lettre de Me Gilles Duguay, Me Guy Guérin et Me Claude-Armand Sheppard au chef de police de Montréal, Adrien Robert, dont copie fut envoyée à tous les quotidiens, le 6 juin 1963.

Les prévenus étaient arrêtés sans mandat, détenus *incommunicado*, à l'insu de leurs proches et sans le secours possible de leurs avocats. Le premier ministre Lesage justifia[10] ces méthodes policières en invoquant la Loi des coroners, qui permettait au magistrat d'ordonner la détention, avec ou sans mandat, de toute personne ou de tout témoin dont il pouvait avoir besoin et dont il pouvait craindre la négligence ou le refus d'assister à l'enquête. Or l'utilisation de ces méthodes ne peut être qu'exceptionnelle, l'économie générale du Code criminel interdisant de détenir un accusé plus de quarante-huit heures sans le faire comparaître. Jean Lesage déclara que les prévenus « avaient droit à l'habeas corpus s'ils croyaient que la police agissait illégalement ». Comment pouvaient-ils y recourir s'ils étaient cachés et privés des conseils de leurs avocats !...

Il semble aussi, selon plusieurs témoignages[11], que les activistes de la première vague auraient abominablement été torturés. Un suspect, du nom de Michel Massicotte, intenta par la suite des procédures en rapport avec ce mauvais traitement●. Un autre prévenu, Jacques Lanctôt (le même qui participera aux enlèvements de 1970), arrêté à la fin de l'été 1963, déclara devant le juge Tellier que les policiers l'avaient menacé et frappé[12]. Si on se reporte à la Crise d'octobre 1970, il semble que les méthodes ne devaient pas tellement changer par la suite : les journaux rapporteront assez régulièrement des cas de citoyens[13] qui auront été espionnés, ennuyés, grossièrement molestés ou encore arrêtés (Lise Rose), déshabillés, humiliés et battus. Certes, il n'est pas facile, dans chacun de ces cas, de faire la preuve de la violence policière (les policiers prennent un minimum de précautions, tout de même...) ; il faut sans doute aussi faire la part de l'imagination dans le récit de pareils événements.

La brutalité policière, dans les périodes de répression du terrorisme, reste néanmoins une réalité dont beaucoup d'observateurs ont perçu l'étendue et la fréquence. Les rapports de l'Ombudsman sur la Crise d'octobre confirment d'ailleurs (comme si cela était nécessaire...) le comportement illégal de plusieurs policiers, donnant ainsi raison à plusieurs plaignants.

Le droit sacré du citoyen aux conseils de l'avocat de son choix devient souvent une farce en temps de crise politique. Lors de l'arrestation du premier réseau, en 1963, les avocats Gilles Duguay, Guy Guérin et Claude-Armand Sheppard se plaignirent du fait qu'une fois établi (de peine et de misère) le contact avec leur client, les policiers demeuraient présents lors des conversations qui se tenaient entre avocat et prévenu — ce qui constitue une violation totale du secret professionnel. À l'ouverture de l'enquête du coroner, Me Jean Bienvenue, le procureur spécial mandaté par Jean Lesage lui-même[14], alla jusqu'à recommander que les rencontres entre les avocats de la défense et leurs clients fussent interdites :

> Je ne vois aucune raison à ce que les avocats de la défense visitent leurs clients — sinon pour leur réconfort, et cela, ça peut aller à plus tard — à moins qu'ils ne les encouragent à dire la vérité. Ils doivent dire la vérité, sinon ils sont passibles des peines prévues ; et s'ils refusaient de dire la vérité, ils seraient coupables d'outrage au tribunal. Mais je ne puis imaginer qu'ils [les avocats de la défense] puissent donner à l'un ou l'autre [des détenus] des conseils mauvais ou à l'encontre des lois. Je crois, Votre Seigneurie, qu'il y a avantage à ce que les visites n'aient pas lieu[15].

Cette demande fut mise à exécution[16] ; le coroner Trahan retira, de surcroît, aux avocats des prévenus le droit de parole au cours de l'enquête ; seule l'accusation pouvait alors intervenir. En octobre 1970, on observera des opérations du même genre. Me Robert Lemieux, principal défenseur des déviants politiques, verra ses dossiers saisis par la police, au mépris de toutes les lois et dans l'ignorance de toute notion du secret professionnel ; en outre, il sera lui-même arrêté puis incarcéré,

▲ Pierre-Paul Geoffroy
fut condamné plus de 100
fois à la prison à
perpétuité, avec 25 années
additionnelles.

sous l'inculpation fumeuse de conspiration séditieuse, et on lui refusera le droit de défendre son client, Paul Rose.

Très rusé, l'appareil judiciaire, mettant en œuvre toutes les procédures légales qui lui permissent d'aller à l'encontre de l'économie d'ensemble de notre système de droit criminel, obtint des condamnations sans qu'on pût accuser le Ministère ni les juges d'illégalité sur un point précis▲. L'esprit du système judiciaire se trouva alors complètement faussé. L'enquête sur le premier réseau de 1963 et celle que l'on mena sur les enlèvements d'octobre 1970 sont deux cas flagrants où l'enquête du coroner — qui est, en théorie, une sorte de procédure préliminaire visant non pas à condamner un accusé, mais à retenir la responsabilité criminelle de certains témoins importants pour ensuite les mettre en accusation — fut utilisée pour vider la preuve complètement et, ainsi, suggérer au public (faire germer dans l'esprit des futurs jurés) des convictions préalables. Dans le premier cas, les avocats de la défense se trouvèrent exclus, seule l'accusation ayant le droit d'intervenir. Dans le second, on diffusa dans les médias le contenu d'une confession écrite non signée et sans preuve de voir-dire — laquelle détermine si la confession a vraiment été libre et volontaire ; étant donné que les prévenus n'avaient pas, dans ce cas, les moyens financiers de se payer des défenseurs qui eussent pu se mesurer au bataillon de procureurs *ad hoc*, ils se trouvaient nécessairement en position d'infériorité.

La guérilla judiciaire

Certains révolutionnaires connurent, plus que quiconque, les lenteurs de notre système judiciaire. À propos d'un attentat commis le 5 mai 1966, à la manufacture La Grenade, Pierre Vallières et Charles Gagnon furent détenus pendant quatre mois à la Manhattan House of Detention, de septembre à janvier (pour entrée illégale aux États-Unis, a-t-on prétendu, bien qu'ils fussent munis de passeports valides...) et ramenés à Montréal le 16

Pierre Vallières et Charles Gagnon sont arrêtés en janvier 1967 et poursuivis conjointement pour leur implication dans l'affaire La Grenade.
Canapresse.

janvier 1967. L'enquête préliminaire conjointe s'ouvrit
à Montréal en février 1967 et on fixa au 18 mars la date
du procès, lequel fut remis au mois de mai, d'abord, puis
en septembre, pour être reporté de nouveau au mois de
novembre et, enfin, à janvier 1968 ! Pendant tout ce
temps, Vallières et Gagnon, toujours incarcérés, ten-
taient vainement d'obtenir le procès-verbal de l'enquête
préliminaire[17]. Au moment où ils comparurent, le 26
février 1968, soit après un an de poursuite conjointe, la
Couronne réclama des procès séparés. Le procès de
Vallières put donc enfin commencer, tandis que Gagnon
vit le sien remis encore à plus tard ; avant d'être jugé
pour meurtre, il dut attendre encore dix-huit mois, pendant
lesquels on lui refusa tout cautionnement. Son procès
finit par s'ouvrir en août 1969, soit près de trois ans
après son arrestation à New York. (Robert Lévesque, un
autre militant felquiste relié au même réseau, qui avait
été arrêté le 15 juin 1966, ne fut jugé, pour sa part, qu'à

▲ Robert Lévesque
détient le record de
détention préventive sans
cautionnement pour tout
le Commonwealth !

la fin du mois de juin 1968 : dans l'intervalle, on le garda en prison▲.)

De plus, le procès de Vallières est rempli d'erreurs et d'irrégularités imputables tant au juge qu'au procureur de la Couronne. Après que fut faite la preuve de la poursuite, le juge, de son propre chef, changea l'acte d'accusation, passant de « l'intention de faire exploser une bombe » au crime d'avoir « conseillé, entraîné ou encouragé par ses attitudes, gestes, écrits ou autrement » l'explosion d'une bombe à la manufacture de chaussures ; cette manœuvre irrégulière avait pour but d'adapter l'accusion à la preuve déposée par la Couronne, plutôt que l'inverse[18]. L'avocat de la Couronne adressa au jury un plaidoyer démagogique et passionné ; citant un écrit de Vallières disant que le temps était venu d'agir («... il faut maintenant passer à l'action[19] »), le procureur de la Couronne fit une pause, se tourna face au jury et déclara : « Messieurs, acquittez Vallières et vous savez ce qui arrivera. » Cet appel aux passions compensait la faiblesse de la preuve. On cherchait à soulever la peur dans le but de distraire le jury de sa responsabilité première, celle de décider si Vallières avait ou non participé au meurtre de Mlle Morin.

La Cour d'appel finit par annuler le procès, alléguant que la Couronne avait tenté indûment de convaincre le jury que c'était de son devoir de protéger la société contre les idées révolutionnaires de Vallières ; or, même si ces idées constituaient un autre délit en vertu du Code pénal, elles ne constituaient pas le crime dont Vallières était alors accusé. La Cour d'appel ajouta aussi que le juge de première instance était venu « dangereusement près de conseiller » au jury de condamner Vallières pour ses idées, et ordonna un nouveau procès. Avec le recul, cette utilisation qu'on a faite de ses idées subversives pour essayer de le faire condamner pour meurtre est, pour le moins, étonnante. Voici comment il réagit au cours de son premier procès :

Il n'y a aucune raison de parler de la révolution russe de 1917 dans l'affaire La Grenade, pas plus que de la révolution algérienne, cubaine ou chinoise, ni de l'organisation du FLQ, de l'organisation d'aucun parti politique, de la structure de la machine électorale, de celle des partis politiques traditionnels, de l'organisation des grèves ou du piquetage. Diable ! Qu'est-ce que cela vient faire dans ce procès[20] ?

Pierre Vallières devait être condamné finalement à trente mois de détention ; il en appela de ce second jugement et fut libéré sous cautionnement, en mai 1970. Il avait, de délai en délai, passé plus de trois ans et demi en prison.

Les tactiques de la Couronne et du ministère de la Justice furent différentes dans le cas de Charles Gagnon. Le révolutionnaire devait répondre d'une accusation de meurtre et de plusieurs autres délits de moindre importance ; les procureurs de la Couronne demandèrent alors que les procès pour les délits secondaires soient entendus avant le procès principal pour meurtre. L'accusation de meurtre étant maintenue en suspens, Gagnon se voyait privé de la possibilité d'obtenir un cautionnement. Il finit par être acquitté à l'issue de son deuxième procès pour meurtre, à la fin de 1969, soit après quarante et un mois de détention ; la Couronne avait laissé tomber 11 des 13 accusations qu'elle portait contre lui[21].

La tactique adoptée par le ministère de la Justice, les procureurs de la Couronne et les tribunaux lors des procès qui suivront la Crise d'octobre, sera beaucoup plus avisée : on s'en tiendra alors au strict plan de la responsabilité légale, sans invoquer les motivations politiques. Cette fois-ci, ce sont les accusés felquistes qui les soulèveront, dans le but de faire reconnaître la politique de leurs procès. Cela, cependant, donnera lieu à des violences verbales dont la justice sortira certainement éclaboussée.

La guérilla judiciaire, nous pouvons le dire mainte-

● Voir à ce sujet l'excellent article de E. Brodeur et M. Roland, « L'enjeu de la crise d'octobre : la population québécoise », *Le Devoir*, 5 janvier 1971, p. 5.

nant, a réussi à démontrer le caractère inadéquat de certaines procédures dans le choix des jurés, la discrimination alors exercée envers les femmes dans les jurys et l'usage extrêmement abusif qu'on pouvait faire de l'accusation d'outrage au tribunal. En outre, les procès ont transposé, sur le plan des tribunaux, le dialogue de sourds● qui s'était engagé dans les médias entre le FLQ (par le manifeste) et le gouvernement (lors du discours de Trudeau à la télévision) : dans le manifeste, les accusations du FLQ se situaient au niveau des faits, alors que le discours du gouvernement, lui, les récusait au niveau des principes ; devant les tribunaux, les juges citaient des actes précis, dits criminels, et les felquistes se défendaient en invoquant leur idéologie politique ; puis la spirale se redéployait, les juges invoquant alors les principes de l'ordre social et du droit, tandis que les prévenus dénonçaient, dans les faits, la collusion entre le pouvoir judiciaire et le pouvoir exécutif. Deux violences désespérés s'affrontaient.

Quand on ne veut pas prêter l'oreille à celui qui conteste violemment le pouvoir, il n'est pas étonnant que surgissent les mots grossiers, qui amèneront les condamnations pour outrage au tribunal, et ainsi de suite. Un exemple tiré du *Procès des 5* montre bien le combat typique que représentent ces dialogues de sourds et l'impasse à laquelle ils mènent :

> PIERRE VALLIÈRES. — Je suis devant une cour politique.
> LE JUGE OUIMET. — Vous êtes devant une cour de justice.
> PIERRE VALLIÈRES. — Politique.
> LE JUGE OUIMET. — Qui n'est pas politique.
> PIERRE VALLIÈRES. — Politique.
> LE JUGE OUIMET. — Bon, vous allez retirer ces paroles-là ou je m'en vais être obligé de vous trouver coupable, vous savez de quoi[22].

Les procès qui ont suivi la Crise d'octobre ont donné lieu à l'affrontement de deux idéologies, sans qu'il y ait vraiment échange entre le juge et l'accusé (comme dans un procès ordinaire) ; en fait, l'un et l'autre tentait de faire prévaloir sa propre lecture de la société. (Le tableau IV tente de schématiser cette opposition.)

TABLEAU IV
Opposition entre la vision sociale des tribunaux et celle du FLQ

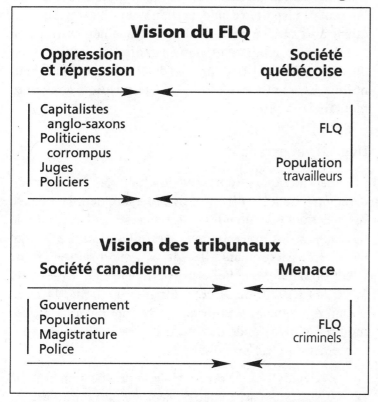

Bien sûr, chacune de ces visions s'exprime dans des vocabulaires différents, qui s'excluent mutuellement : ce qui est une motivation raisonnable pour l'un n'est que rationalisation et fourberie pour l'autre. Devant le tribunal se déroule donc une lutte idéologique sans issue dont l'enjeu réel est la population, chacun des combattants en présence essayant de conquérir sa légitimité par le consensus. Malgré les tentatives des tribunaux pour convaincre les citoyens de la réalité de leur « dépolitisation », cette lutte transforme néanmoins les procès, en leur donnant une signification hautement politique.

La logique répressive

Les discours de Pierre Elliott Trudeau, les écrits de Gérard Pelletier, les déclarations de Jean Marchand et les éditoriaux de journalistes qui les appuyèrent à l'époque laissent transparaître une certaine logique du pouvoir quant à l'exercice de la violence. Nous découvrons, en fait, avec le recul dont nous bénéficions maintenant, deux grandes justifications — que nous jugeons, pour notre part, contradictoires — de la position gouvernementale à ce propos.

Duplicité et paranoïa

La « logique » répressive du pouvoir présente un caractère écartelé : elle grossit démesurément la menace insurrectionnelle quand il s'agit de justifier l'ampleur de la réaction des gouvernements et elle minimise l'objet de la répression quand elle veut s'assurer de ses effets. L'éditorial de Jean Pellerin, paru dans *La Presse* du 19 octobre 1970, trahit cette étrange duplicité. Dans la première colonne, l'éditorialiste se met en frais de démontrer le bien-fondé des mesures extrêmes que le gouvernement a été forcé d'adopter :

> Depuis 1963, l'escalade de la provocation et de la sédition s'accentue. En sept ans, les terroristes du FLQ ont fait sept morts et perpétré 250 attentats à la bombe. Une des dernières charges de dynamite aurait pu, selon les spécialistes, démolir tout un pâté de buildings du centre-ville. Selon M. Jean Marchand, le FLQ dispose de milliers de fusils, carabines et mitraillettes, ainsi que d'au moins 2000 livres de dynamite. La Gendarmerie royale assure que le FLQ compte maintenant 22 cellules, 130 membres actifs et 2 000 sympathisants[23].

Dans l'autre colonne, le même éditorialiste évalue les effets de la répression. Sous cet angle, elle lui apparaîtra alors bénigne :

> Il reste que les droits civils se trouvent provisoirement suspendus. Mais ils se trouvent suspendus surtout pour les forts en gueule, et pour ceux qui tiennent toujours à se trouver dans le panier à salade des martyrs. Plus de 99% de la population ne sentira pas l'action répressive du gouvernement dans les circonstances[24].

Sans nous en prendre aux chiffres, remarquons l'habileté extrême du procédé : dans un premier temps, on cite des faits frappants pour apeurer la population et justifier la présence de l'armée ; ensuite, on rassure la population en affirmant que, relativement à la masse des silencieux, le FLQ et ceux qui contestent sans violence l'ordre social restent très marginaux.

Gérard Pelletier adopte une démarche plus nuancée, plus réfléchie, mais son discours trahit la même incohérence. D'une part, il affirme que, si l'on a entrevu à Montréal un risque d'insurrection, « ce n'était pas alors celui d'une insurrection populaire[25] ». Il reconnaît que le FLQ n'a pas tenté de prendre le pouvoir au Québec à la faveur de la Crise d'octobre[26]. Bref, selon lui, le mouvement terroriste ne pouvait provoquer un véritable soulèvement populaire au Québec :

> Le FLQ a-t-il vraiment supposé qu'à la suite de la publication de son manifeste, la population québécoise allait descendre dans la rue ou, pour le moins, participer à un mouvement de protestation massive contre le gouvernement, en déclenchant, par exemple, une grève générale ?... Si tel est le cas, leur erreur stratégique aura été de taille[27].

Cependant, tout en niant la probabilité d'un soulèvement populaire, tout en affirmant que le peuple ne pourrait aucunement appuyer le FLQ, il démontre qu'il y avait danger d'insurrection. D'abord, parce que, selon

▲ En 1970, la Compagnie des jeunes canadiens avait été expurgée de ses éléments révolutionnaires et les comités de citoyens n'appuyaient pas le FLQ. Mais, vraisemblablement, les comités ouvriers auraient pu le faire.

lui, on assistait alors à une escalade de la violence : les terroristes étaient de plus en plus violents, de mieux en mieux équipés et leurs méthodes devenaient de plus en plus efficaces[28]. Dans ce contexte, les enlèvements n'étaient pas des phénomènes isolés et ils auraient justifié la ligne dure dans les négociations avec les ravisseurs, la venue de l'armée et la remise en vigueur de la Loi sur les mesures de guerre. Pelletier va encore plus loin dans son désir de légitimer la répression lorsqu'il souligne la menace que représentaient les felquistes, invoquant le fait qu'ils étaient entourés de personnes qui les aidaient techniquement et financièrement[29], qu'ils avaient l'appui implicite des groupements extrémistes (comme le Front de libération populaire, la Compagnie des jeunes canadiens, le Mouvement pour la libération du taxi, le Mouvement syndical-politique étudiant, les comités de citoyens▲, le Mouvement de défense des prisonniers politiques au Québec[30]) et celui des chefs syndicaux. Ses craintes les plus vives, à l'époque de la Crise, sont la possibilité d'un soulèvement étudiant[31] et d'un coup d'État provoqué par les groupes qui, « sous un parapluie de même couleur, flirtent avec la violence sans encore coucher avec elle[32] ».

Bref, dans un premier temps, il déclare que le peuple n'est pas assez fou pour appuyer le FLQ et, dans un deuxième, il énumère l'immense appui dont bénéficie le mouvement ; les gens qu'il nomme proviennent d'un si grand nombre de secteurs qu'on s'étonne qu'il puisse les exclure de ce qu'il appelle « la population » ...

L'argumentation de Pelletier n'est pas répartie sur deux colonnes distinctes (il est plus subtil que cela...), mais les deux types de raisonnement s'entremêlent. Toutefois, quand ses démonstrations mènent au cul-de-sac, il a l'honnêteté d'admettre son impuissance :

> Personnellement, je ne suis pas convaincu que des troubles graves se seraient automatiquement produits si des mesures exceptionnelles n'avaient pas été prises[33].

Ce qui serait arrivé sans les mesures d'exception, nul ne le saura jamais. Le conditionnel passé n'explique rien, en histoire[34].

Parmi ceux qui ont dramatisé la présence du FLQ et lui ont donné des proportions alarmantes, on peut compter aussi Jean Marchand, qui dénonça « l'omniprésence du FLQ dans les institutions québécoises[35] ». Voici comment le journal des débats rapporte ses propos, pour le moins paranoïaques :

Gérard Pelletier déclare que le peuple n'est pas assez fou pour appuyer le FLQ, mais affirme tout de même qu'il y a danger d'insurrection. *Archives nationales du Québec, fonds Québec-Presse.*

> Je sais une chose, c'est qu'ils [les membres du FLQ] se sont infiltrés dans tous les endroits vitaux de la province de Québec, dans tous les postes clés où il se prend des décisions importantes[...]
> Le FLQ est monté par cellules de deux ou trois, qui ne se connaissent pas les unes les autres, qui n'agissent pas nécessairement de concert et qui sont reliées, à l'heure actuelle, simplement par des messages codifiés qui sont transmis gratuitement par l'intermédiaire de nos postes de radio[...]
> Nous savons qu'il y a une organisation qui a des milliers de fusils, de carabines et de « machine guns » entre les mains, des bombes entre les mains, et de la dynamite entre les mains, à peu près 2000 livres, pour faire sauter le cœur de la ville de Montréal.

Des récents vols de dynamite par des activistes pouvaient justifier Jean Marchand d'avancer une quantité aussi importante. Mais lorsqu'au cours de sa déclaration, il évaluait en plus le nombre de felquistes à 3000, là, il se fourvoyait.

Plus tard, le ministre Marchand devait tenir aussi des propos fort révélateurs :

> Si nous n'avions pas agi aujourd'hui, si dans un mois ou dans un an, la séparation s'était produite, je sais très bien ce qu'on aurait dit en cette enceinte[36].

Le Devoir et *La Gazette* laissèrent entendre, dans

leurs titres d'articles, que ce que le ministre craignait par-dessus tout, c'était moins la violence en elle-même que l'éventuelle séparation du Québec, ou que, du moins, il utilisait ce spectre devant le Parlement canadien. Jean Marchand se rendant compte de sa lourde bévue, tenta de fournir des explications[37]. Mais c'était un peu tard...

Bipolarité

Une des caractéristiques de la logique répressive est d'imposer un dilemme, de réduire systématiquement tout conflit social à la simple opposition de deux valeurs[38], attitude qui ne rend pas compte de la réalité sociale, car plusieurs forces entrent habituellement en jeu dans un conflit politique, et c'est vraisemblablement dans une redistribution des pouvoirs qu'il trouvera son nouvel équilibre. La logique politique répressive substitue à l'ensemble réel des composantes sociales une dichotomie simpliste (tout facteur inclassable dans l'une des deux catégories imposées passant nécessairement dans l'autre) qui travestit les faits sociaux et politiques dont elle devrait rendre compte. Car la vie politique concrète n'a pas un caractère binaire mais reste infiniment complexe et variée. Une question exprimée sous forme de « ou bien... ou bien... », en matière politique, est faussement décisive.

À titre d'exemple, on peut citer un article du frère Jean-Paul Desbiens, alors éditorialiste en chef de *La Presse* qui y lançait un « appel aux Québécois » le 19 octobre 1970:

> 5 — Qui voudrait être gouverné par les membres du FLQ ? Car il n'y a pas d'autres choix que le gouvernement ou le FLQ.
>
>   . . .
>
> 13 — Le peuple doit être avec le gouvernement, ou bien il tombera sous la coupe du FLQ[39].

Le type de dilemme que l'éditorialiste tente ici de

mettre en évidence est tout à fait représentatif de la
logique répressive, qui substitue des concepts simplistes
au réel (sans la moindre visée spéculative) sur le mode
de l'opposition binaire — qu'on pourrait, par analogie,
appeler aussi manichéenne, puisqu'elle divise le monde
en deux, ceux qui favorisent l'ordre social et ceux qui
veulent le renverser par des méthodes criminelles. Lorsqu'elle est renforcée par la menace d'incarcération et la
présence de l'armée, cette logique, croyons-nous, contribue directement à imposer le silence à ceux qui, en
d'autres circonstances, nuanceraient ce type de discours.
Elle est donc, d'une certaine manière, « militante ». En
disloquant la réalité sociale en éléments antagonistes par
le biais d'une catégorisation des plus grossières — qui
oblige les contestataires éventuels à se situer dans l'une
ou l'autre des deux seules « cases » que l'univers politique semble alors lui offrir —, elle amène tout groupe de
pression (et, a fortiori, toute force d'opposition) à déva-
luer la portée de toute action revendicatrice. Cette tactique est d'autant plus meurtrière que l'une des deux
« cases » est, en réalité, bloquée : quiconque s'y retrouve
est susceptible de subir la répression du système. Ce
type de violence figure donc parmi les formes de la
violence sourde et institutionalisée dont nous parlions
dans la première partie de cet ouvrage.

On connaît la malencontreuse erreur de Jean Marchand (décidément, c'était son année...) qui l'amena, à
cause de son manque de connaissance de la langue anglaise (dit-il après coup), à confondre le FRAP (un parti
politique municipal reconnu) avec le FLQ ! Jean Drapeau, dont l'élection était pourtant presque assurée, sen-
tit alors le besoin d'affirmer dans un français limpide
que le FRAP *était* le FLQ. Dans un univers politique
qu'une logique bivalente scindait en deux forces opposées, l'une étant celle du gouvernement, l'autre celle des
terroristes, le FRAP se trouvait ainsi à être présenté
comme un parti d'opposition ; du simple fait que ce
mouvement n'était pas du côté du gouvernement, il fut
alors associé au FLQ et, par voie de conséquence, des-

saisi de toute rentabilité électorale auprès des masses (qu'on avait bel et bien de cette manière, réussi à terroriser[40]). Jean Drapeau fut élu avec un pourcentage de voix qui dépassait les 90 pour 100, ce qui rappelle étrangement le type de majorité qu'obtiennent les régimes dictatoriaux ou — analogie plus cinglante encore — l'appui que les masses terrorisées accordèrent aux nazis après les violences attribuées aux gens de la gauche (l'incendie du Reichstag).

On pourrait objecter ici que la logique terroriste tend elle aussi à être binaire. *Nègres blancs d'Amérique* impose en effet constamment au lecteur des dilemmes tranchants, à l'intérieur d'une réalité bipolaire. Mais, alors que la logique terroriste s'affiche ouvertement comme pensée violente, qui mène à l'action violente, la logique du pouvoir, elle, est voilée et plus difficile à démasquer.

La déviance : argument massue du pouvoir

Un autre procédé de l'argumentation répressive consiste à invoquer la déviance de l'adversaire et à souligner son caractère marginal. Nous avons vu comment un éditorialiste et deux ministres, après avoir démontré l'importance de la menace terroriste, insistaient pour mettre en évidence son caractère marginal et pathologique. « ...Des jeunes gens, qui n'ont probablement jamais gagné leur vie, viennent de tuer le ministre du Travail », dit encore Jean-Paul Desbiens[50] . La page éditoriale de *La Presse* du 27 juin 1971, consacrée à la violence, révèle une attitude réductrice lorsqu'elle renvoie la question des poseurs de bombes aux psychiatres — véritable détournement de l'opinion publique.

Ce qui est en question, ici, fondamentalement, c'est un grand malaise social mais ce dont les gens en position d'autorité discutent, c'est du psychisme des terroristes. La violence révolutionnaire est l'expression éclatante du désarroi qui envahit soudain, brutalement, une société ; cela devrait normalement, en pratique, suggérer la nécessité de modifier le complexe politico-social qui engendre une telle violence. Mais les pouvoirs publics s'accomodent souvent fort bien de la détérioration de la situation sociale ; et les décisions qui s'avéreraient indispensables dans pareil cas leur répugnent car elles les forceraient à abandonner certains avantages déjà acquis. On sait, par exemple, tout le temps que les gouvernements québécois ont mis à remanier la carte électorale et le financement des partis politiques !

La violence révolutionnaire constitue une réalité absolue qui appelle des solutions pratiques ; en la renvoyant aux psychiatres, on ne lui attribue qu'un caractère problématique et on se dissocie de toute recherche de solutions pratiques. Tant que les spéculations sur la violence reposeront sur la présupposition que c'est essentiellement un phénomène de déviance, les explications qu'elles pourront fournir en dernier ressort ne régleront nullement les problèmes sociaux et politiques qui sont à la source du terrorisme. L'exemple du docteur Morf est, pour le moins, convaincant à ce propos.

La stratégie la plus courante consiste à présenter les déviants politiques comme des criminels de droit commun. Nous avons déjà fait allusion à cette attitude. Dans son fameux discours où il proclamait l'application des mesures de guerre, le premier ministre Pierre Elliott Trudeau pêchait par pétition de principe en s'autorisant de l'énumération des méfaits des felquistes détenus pour conclure qu'ils étaient des bandits, alors que c'était précisément la question de savoir si leurs actes constituaient ou non des manifestations de banditisme qui faisait l'objet du débat. *Qui* étaient ces détenus, ces « prisonniers politiques », dont le FLQ réclamait la libération ? Telle était la question. Voici la réponse que le premier ministre avait formulée alors :

> Qui sont-ils ces individus qu'on voudrait nous faire passer pour des patriotes et des martyrs ? Je vais vous le dire. Trois d'entre eux ont été condamnés pour meurtre ; cinq autres ont été mis en prison pour homicide involontaire[42]... [Etc.]

Pierre Elliott Trudeau présuppose, dans son discours, que les felquistes sont des bandits.

● Le discours du ministre de la Justice Jérôme Choquette, le 10 octobre 1970, se situe tout à fait dans cette lignée.

Les discours que prononcèrent Bourassa, Choquette et Trudeau au moment de la Crise d'octobre, se montrèrent souvent assez réducteurs ; ils se bornaient surtout à évoquer la nécessité de sauvegarder les lois et les institutions ●, en omettant systématiquement de souligner les raisons (économiques et politiques) qui étaient à l'origine de la remise en question sous-jacente à ce conflit sociopolitique, ce qui était une habile façon de déplacer la question. Bien antérieur au problème d'ordre social qu'ils soulevaient était d'ailleurs celui de la justice sociale, toujours non résolu.

Me Jérôme Choquette souligna à quelques reprises qu'il existait des façons légales de contester et de faire valoir ses opinions[43]. C'était fort habile, mais on pourrait rétorquer que les felquistes percevaient notre système politique comme étant absolument fermé et que ce constat d'impuissance était précisément la cause de leur désespoir.

*　　*　　*

Nous avons tenté de démontrer par cette analyse de la répression que les pouvoirs publics modifient les lois, utilisent les lois, trichent avec les lois, par le biais d'une rhétorique souvent fallacieuse, et mettent tout en branle — corps policiers, armée et juges — pour réprimer la violence révolutionnaire. Toutes ces manœuvres sont efficaces, semble-t-il.

Avec réalisme, nous devons reconnaître que l'État canadien et l'État québécois se sont appuyés sur un mélange de consensus, de fraude et de violence lors des événements dont nous venons de parler. (Le consensus renvoie à la représentativité — limitée — du système électoral et à la nécessité, donc, pour les gouvernements, d'expliquer leur point de vue, d'instaurer des mesures sociales et d'accorder des gratifications pour conserver l'adhésion populaire ; la fraude, ici, réside dans leurs discours tendancieux, et la violence, dans la répression légale et illégale exercée.)

Jérôme Choquette, alors ministre de la Justice du Québec, avec un des communiqués felquistes.

● Pierre Elliott Trudeau, *Les cheminements de la politique*, Montr al, ditions du Jour, p. 40 et 41. (Ce texte, paru dans le 1er trimestre de 1970, daterait, en fait, de 1958.)

Face à tout cela, on serait tenté de rappeler ici les paroles d'un ancien « révolutionnaire » :

> Aucun gouvernement ni aucun régime n'a un droit absolu à l'existence [...] C'est donc un devoir pour les citoyens d'interroger leur conscience sur la qualité de l'ordre social qui les lie et de l'autorité politique qu'ils acceptent. Si cet ordre est pourri et si cette autorité est perverse, c'est un devoir pour les citoyens d'obéir à leur conscience plutôt qu'à l'autorité. Et si le seul moyen sûr de rétablir un ordre juste, c'est de faire la révolution contre l'autorité tyrannique et illégale, eh bien ! il faut la faire ● .

NOTES

1. Gustave Morf, *Le terrorisme québecois*, *op. cit.*, p. 20.

2. Cité par Louis Martin dans « Les terroristes », *op. cit.*, p. 76.

3. Voir à ce sujet Me Jean-Louis Baudouin et Me Jacques Fortin, « Le terrorisme : crime politique ou crime de droit commun », *L'Actualité*, novembre 1970, p. 54, et Me Claude Gagnon, « Les tribunaux politiques à la lumière du droit et de l'histoire récente », *Le Devoir*, 31 décembre 1969.

4. Me Jean-Louis Baudouin et Me Jacques Fortin, article cité, p. 56.

5. Ron Haggart et Aubrey E. Golden, *Octobre 70, un an après*, adaptation française de *Rumours of War*, *op. cit.*, p. 124-129.

6. Pierre Vallières, *Nègres blancs d'Amérique*, *op. cit.*, p. 322.

7. *Le procès des 5* (Extraits de notes sténographiques du procès des cinq accusés de conspiration séditieuse), Montréal, Les Éditions Libération, 1971, p. 46.

8. *Ibid.*, p. 48.

9. Gérard Pelletier, *La Presse*, le 6 juin 1963.

10. Claude Savoie, *La véritable Histoire du FLQ*, *op. cit.*, p. 88.

11. *Ibid.*, p. 91.

12. Jacques Lacoursière, *Alarme citoyens!*, *op. cit.*, p. 47.

13. *Point de Mire*, « Spécial Québec Octobre 1970,» vol. 2 n° 1, novembre 1970, p. 33, 48, 49 et 59.

14. Jean-V. Dufresne, *La Presse*, 11 juin 1963.

15. Jacques Lacoursière, *op. cit.*, p. 43.

16. Jean-V. Dufresne, article cité.

17. Ron Haggart et Aubrey E. Golden, *op. cit.*, p. 125.

18. *Ibid.*, p. 127.

19. Pierre Vallières, « Qu'est-ce que le FLQ ? », article cité.

20. Ron Haggart et Aubrey E. Golden, *op. cit.*, p. 126.

21. Jacques Lacoursière, *op. cit.*, p. 111.

22. *Le procès des 5*, *op. cit.*, p. 75-76.

NOTES (SUITE)

23. Jean Pellerin, « Ottawa a fait ce qu'il fallait », *La Presse*, 19 octobre 1970.

24. *Ibid.*

25. Gérard Pelletier, *La Crise d'octobre*, *op. cit.*, p. 157.

26. *Ibid.*, p. 59

27. *Ibid.*, p. 63.

28. *Ibid.*, p. 87, 89, 91.

29. *Ibid.*, p. 91.

30. *Ibid.*, p. 127.

31. *Ibid.*, p. 135 à 139.

32. *Ibid.*, p. 131.

33. *Ibid.*, p. 141.

34. *Ibid.*, p. 129.

35. Jean Marchand, dans *La Presse*, 17 octobre 1970.

36. *Id.*, *Le Devoir*, 19 octobre 1970.

37. *Ibid., Le Devoir*, 19 octobre 1970.

38. Jean-Paul Brodeur, « Petite rhétorique de la répression », *Québec occupé*, Éditions Parti Pris, coll. « Aspects », n° 9, 1971, p. 222.

39. Jean-Paul Desbiens, *La Presse*, 19 octobre 1970.

40. Jean-Paul Brodeur, *op. cit.*, p. 224.

41. Jean-Paul Desbiens, « Appel aux Québécois », article cité, p. 4.

42. Dans *Le Soleil*, 17 octobre 1970.

43. Texte de la déclaration du ministre de la Justice Jérôme Choquette, *Le Devoir*, 13 octobre 1970.

CHAPITRE IX

Une autre version d'octobre 1970

Une crise provoquée par l'État ?

En compilant certains faits, plutôt troublants, le docteur Jacques Ferron[1] est parvenu à édifier une théorie qui mérite d'être examinée avec le plus grand soin. Certes, bien des personnes ont été tentées de rejeter ses affirmations, de prime abord, à cause de certaines facettes de sa personnalité ; on se rappellera que le médecin-écrivain fut jadis l'initiateur de cet immense canular politique qu'était le parti Rhinocéros. N'oublions pas non plus, cependant, que Jacques Ferron, un résident de la Rive-Sud, a connu intimement, grâce à ses activités médicales et littéraires, certains felquistes et qu'il fut appelé à négocier la reddition des frères Rose et de Francis Simard.

Jacques Ferron a découvert un des éléments clés de son argumentation à la lecture d'un reportage de Georges Bain, publié dans le *Globe and Mail* du 23 décembre 1971. On y affirmait, avec preuves à l'appui, que le gouvernement fédéral avait mis sur pied, le 7 mai 1970, un comité interministériel pour étudier les dispositions à prendre au cas où la Loi sur les mesures de guerre serait mise en application, advenant une insurrection ; deux jours auparavant, soit le 5 mai 1970, le Comité du Cabinet sur les priorités et la planification avait discuté d'« une analyse préliminaire des circonstances dans lesquelles des demandes de changements sociaux seraient accompagnées d'un comportement criminel, avec ou sans violence », pour reprendre les termes dans lesquels le ministère de la Justice avait délimité le sujet.

Cela se passait une semaine après l'élection au cours de laquelle le Parti québécois avait remporté 23 pour 100 du vote populaire au Québec et exactement cinq mois avant la Crise d'octobre : pour Jacques Ferron, cela suggère que l'État central aurait préparé d'avance son processus de terrorisation sociale afin d'écraser complètement la gauche québécoise.

Bien sûr, ces circonstances peuvent laisser croire qu'on visait d'ores et déjà à neutraliser les indépendantistes. Par ailleurs, la loi tant critiquée pouvait se trouver justifiée, aux yeux des autorités, par l'intensité croissante du terrorisme, notamment par la très récente découverte d'un complot — dans lequel Pierre Marcil et Jacques Lantôt se trouvaient impliqués — visant à enlever le consul d'Israël, M. Golem.

En elle-même, la mise sur pied du comité du 7 mai 1970 prouve peu de choses, mais il se trouve qu'elle était entourée de circonstances pour le moins étranges. Certains faits cités par Ferron tendent à démontrer que la CIA s'est vivement intéressée au mouvement séparatiste, au point même que l'agence d'espionnage américaine aurait songé à utiliser le Québec comme terrain d'expérimentation pour observer la maîtrise des conflits sociaux et du terrorisme dans un pays latin[2].

Ferron cite à l'appui un reportage de Tom Butson, paru dans le *Toronto Star* du 26 février 1966, où l'on signalait que plusieurs Canadiens, y compris des universitaires, avaient pris part à une étude pour le compte d'une agence militaire américaine, dans le but d'analyser le séparatisme québécois qui avait commencé à se manifester en 1962. En 1963, affirme le *Toronto Star*, le Bureau de recherche des opérations spéciales de l'armée américaine s'était vu confier une nouvelle étude, sous le nom de code d'« opération Camelot », dont le but était de prévoir et de prédire les causes d'une révolution dans les régions sous-développées du monde et de chercher des moyens pour les éliminer ou les contrôler. Ce projet devait coûter entre quatre et six millions de dollars, durer trois ou quatre ans et couvrir vingt-deux régions du globe politiquement troublées. Mais, le 14 avril 1965, était survenue une entente préliminaire sur la necessité de mener une étude détaillée de la situation québécoise.

Après ce reportage, la nouvelle du projet s'était répandue en Amérique du Sud, où elle avait soulevé l'indignation et la colère, particulièrement au Chili. Une protestation officielle avait même été logée auprès de l'ambassadeur américain à Santiago. L'assistant-directeur du Bureau de recherche des opérations spéciales de l'armée américaine à Washington, M. William Lybrand, avait prétendu alors que la partie québécoise de la recherche avait été éliminée par les autorités militaires américaines. Lybrand avait ajouté que le but de l'opération *Camelot* était d'étudier le dynamisme propre à une révolution et que la province de Québec avait été suggérée parce qu'elle semblait offrir l'exemple d'une région où la protestation sociale était, certes, présente mais ne pouvait atteindre, par escalade, les plus hauts sommets de l'échelle.

Leslie J. Bennet[3], qui aurait été directeur de toutes les opérations de contre-espionnage pour le compte de la Gendarmerie royale du Canada pendant la Crise d'octobre (on ne saurait trop insister, disons-le en passant, sur l'importance, en octobre 1970, de ce corps policier, qui est parvenu à dépister, à espionner et à traquer les terroristes de la rue des Récollets[4]), devait révéler plus tard que des blindés américains et du matériel lourd avaient été massés à la frontière américaine, et étaient donc disponibles pour une invasion du Canada en octobre 1970, au cas où le gouvernement du Québec aurait été incapable d'assurer la protection des intérêts américains dans la voie maritime du Saint-Laurent. Le déplacement massif a pu être dissimulé sous le couvert de manœuvres d'entraînement.

M. Bennet ajoute que la métropole canadienne était infiltrée par un grand nombre d'agents de la Central Intelligence Agency (CIA) ; les policiers de la Gendarmerie royale devaient, en conséquence, assigner tout leur personnel disponible à la recherche de ce que la CIA pouvait bien mijoter. Il semble d'ailleurs que celle-ci comptait toujours, dans les années soixante-dix, un homme en poste aux quartiers généraux de la GRC à Ottawa, en vue de l'échange de renseignements et de personnel. À ce sujet, les propos que tint alors M. Bennet sont lumineux : « Lorsqu'éclata la crise, quelqu'un sonna l'alerte à Washington et nous fûmes inondés d'agents américains. Ils étaient partout et ils travaillaient pour les intérêts de Washington, pas pour les nôtres. »

Cette interprétation fut cependant niée par les porte-parole officiels qui, tout en confirmant les fonctions de celui-ci au sein de la GRC, n'apportèrent à ses dires que des dénégations formelles, sans contre-preuve. Le doute reste donc entier.

Les témoins de la Crise d'octobre rapportent[5] qu'on avait mis sur pied, à Ottawa, un Centre d'opérations d'urgence, dans l'aile est du parlement, tout près des bureaux de M. Trudeau. Ce centre était en activité vingt-quatre heures sur vingt-quatre. Chose surprenante, malgré la bonne entente qui régnait entre les divers corps policiers, à ce moment-là, alors qu'ils étaient unifiés sous une même direction, ni le ministre de la Justice du Québec, ni la direction de la Sûreté du Québec n'avaient accès aux informations qu'avait accumulées le Centre d'opérations d'urgence — l'un des cénacles de la répression.

Le journal *Québec-Presse* qualifia la théorie de Jacques Ferron de véritable psychose du colonisé[6] : celui-ci construirait dans son esprit un adversaire si puissant qu'il n'arriverait jamais, faute de moyens, à avoir raison de lui ; il serait condamné alors à la démobilisation, à l'impuissance.

Le défenseur des felquistes, Me Robert Lemieux, tint régulièrement des propos à ce sujet, en prenant soin, à chaque fois, de respecter avec beaucoup de vigueur l'image héroïque que ses clients se faisaient d'eux-mêmes. L'avocat transmit d'ailleurs, un jour, à la presse une lettre ● dans laquelle son client, Paul Rose, affirmait que les événements d'octobre 1970 étaient québécois « pure laine, de A à Z, de la tuque aux mitaines » et que la pègre, pas plus que le gouvernement ou la police, n'était intervenue de quelque façon, au niveau de la conception ou du déroulement des actions terroristes.

Pour diverses raisons, expliquées antérieurement, nous sommes portés à croire en la bonne foi de la majorité des felquistes à tout le moins ; cela ne nous empêche pas cependant de nous demander s'ils n'auraient pas été utilisés, manipulés à leur insu. Certains observateurs[7] se permettent même de douter que les légitimes tactiques de défense de Me Lemieux aient servi la vérité historique. Dans le même sens, on reste perplexe devant les réfutations de *Québec-Presse*, qui se bornent à répéter la version officielle des faits. S'il faut éviter de sombrer dans la psychose du colonisé, il est également bien avisé de scruter à fond les événements, afin de ne pas construire, non plus, de mythes car il n'est pas impossible que des activistes sincères se soient fait rouler. Il faut admettre que subsiste une série d'interrogations auxquelles on n'a pas encore répondu.

Des spécialistes ont suggéré que les gouvernements fédéral et provincial auraient été pris de court à cette occasion. En ce sens, le rapport Dare[8], basé sur une étude comparative de 12 situations d'urgence au Canada, souligne l'aspect harmonieux des relations entre Ottawa et les provinces durant ces crises, mais il laisse aussi entendre, en termes voilés, que le comportement du gouvernement fédéral pendant la crise d'octobre 1970 n'aurait pas été adéquat : mal préparé, précipité au cœur des événements, il aurait choisi une ligne d'action sans pouvoir en apprécier au préalable les effets. Victime d'une perception fautive du temps, le gouvernement aurait perdu le sens des perspectives, ce qui l'aurait amené à croire la situation urgente et, de ce fait, à prendre trop

Me Robert Lemieux, avocat de plusieurs felquistes, défend avec vigueur l'image héroïque de ses clients. *Archives nationales du Québec à Montréal, fonds Québec-Presse.*

● Conférence de presse du 7 février 1974, couverte par tous les médias.

▲ Signalons qu'en 1969 les felquistes Pierre Charrette et Alain Allard, avec l'aide des Panthères noires, avaient détourné un avion vers Cuba.

rapidement certaines décisions. Devant un nombre apparemment restreint de solutions, il aurait surestimé les capacités de l'adversaire et sous-estimé les siennes ; il aurait exagéré le péril et se serait montré pessimiste dans l'évaluation de ses propres chances.

Toutes ces considérations ne permettent cependant pas d'exclure que le gouvernement fédéral ait pu avoir été manipulé de son côté. Quelles informations Me Michel Côté, chef du contentieux de la Ville de Montréal, a-t-il transmises aux divers paliers de gouvernement ? N'était-il pas en position d'amplifier la menace ? On sait que, depuis qu'il avait préparé un dossier complet sur l'infiltration par le FLQ de la Compagnie des jeunes canadiens, Jean Drapeau et Lucien Saulnier avaient mis en lui toute leur complaisance.

L'affolement d'une de nos « colombes », plus précisément Jean Marchand, ne prouve en rien que la CIA, qui nous a habitués à des comportements bien plus étranges encore, ne soit pas intervenue au Québec. La découverte d'un complot pour enlever M. Burgess, le consul américain, aurait dû être de nature à susciter l'intérêt de l'agence, à la saisir du dossier québécois — si ce n'était déjà fait▲. Que M. Marchand, totalement apeuré, ait dénombré 3000 felquistes, n'explique pas pour autant ce qui a amené le gouvernement central à décider d'intervenir aussi tôt.

Gérard Pelletier a indiqué, pour sa part, dans un article passé presque inaperçu[9], que l'opinion du Cabinet fédéral s'était alors cristallisée très rapidement ; il a avoué s'être vite rangé du côté du premier ministre Trudeau : des mesures d'urgence devaient être prises dans les vingt-quatre heures qui suivaient l'enlèvement du diplomate britannique James Cross, le 5 octobre, et le gouvernement ne pouvait se permettre de négocier avec les terroristes. Le 6 octobre, la décision de ne pas négocier et de décréter des mesures d'urgence était bel et bien arrêtée. Pourquoi, alors, ces pseudo-hésitations jusqu'au 15 octobre ?...

On sait que les liaisons entre Québec et Ottawa

VILLE DE MONTRÉAL

CANADA

HÔTEL DE VILLE

CABINET DU PRÉSIDENT
DU COMITÉ EXÉCUTIF

Le 15 octobre 1970.

Le Très Honorable Pierre-Elliott Trudeau, c.p., c.r.
Premier Ministre du Canada
Edifice du Parlement
Ottawa, Canada

Monsieur le Premier Ministre,

Le Directeur du Service de la Police de Montréal
nous informe que les moyens à sa disposition s'avèrent insuffi-
sants et que l'assistance des gouvernements supérieurs est devenue essentielle pour protéger la société du complot séditieux et
de l'insurrection appréhendée dont les enlèvements récents ont
marqué le déclenchement.

Nous vous communiquons de toute urgence ce rap-
port qui décrit l'ampleur de la menace et l'urgence de renforcer
les mécanismes pour la combattre.

Nous requérons, Monsieur le Premier Ministre,
toute l'assistance que le gouvernement du Canada jugera utile et
désirable pour mener à bien la tâche de protéger la société et la
vie des citoyens dans ces heures difficiles.

Le Président du Comité exécutif   Le Maire de Montréal

étaient à cette époque plus qu'étroites. Marc Lalonde, conseiller spécial de M. Trudeau, était au parlement de Québec le soir de l'adoption de la Loi sur les mesures de guerre[10]. Pourquoi — alors qu'une ligne dure avait déjà été décidée par Ottawa, qui était d'ailleurs en position de force pour l'imposer — M. Bourassa avait-il nommé un avocat à titre de négociateur et porté la tension à un point exaspérant ?

M. Pelletier précise que le premier ministre québécois était « entièrement conscient des conséquences que pouvait apporter cette décision », qu'il était certain que M. Cross serait libéré, ce qui n'était pas le cas de Pierre Laporte. Il appert donc que la décision ait été prise et assumée très tôt. Mais, dans le cas de Pierre Laporte, comment a-t-on pu prendre un tel risque, se demandera plus tard, avec effroi, René Lévesque[11].

Ces circonstances nous font voir sous un jour différent les concessions et les contorsions des deux gouvernements. Sous des négociations extrêmement tendues se cachait une horrible certitude qui ne pouvait qu'amener une mort tragique — pressentie d'avance — et une répression dont les mécanismes avaient déjà été orchestrés. Le ministre fédéral de la Défense, Donald MacDonald, déclara, en effet, au lendemain de la mise en vigueur des mesures de guerre, que celles-ci avaient pour but d'« exacerber les éléments violents du Québec[12] ».

Infiltration des cellules terroristes ?

Qu'on le veuille ou non, des circonstances étranges entourent la Crise d'octobre. Jacques Lanctôt fut relâché bien rapidement sous cautionnement après qu'on eut retenu contre lui une simple accusation de possession illégale d'armes. Pourtant, dans ce cas précis, on avait trouvé dans la camionnette conduite par le prévenu des papiers compromettants et des indices qui révélaient le projet d'enlèvement du consul d'Israël ; de plus, la possession d'un fusil à canon scié constitue une infraction grave car elle est révélatrice d'un dessein criminel — surtout chez un ancien felquiste▲. Comment se fait-il qu'on ait tardé à lancer contre lui un nouveau mandat pour une accusation d'enlèvement ? Ne préférait-on pas le garder à l'œil ? On peut logiquement penser que si la montée du terrorisme nécessitait un comité spécial pour étudier les mesures d'urgence, elle valait bien une filature !

Alors qu'une descente venait d'être effectuée à un chalet de Prévost, dans les Laurentides, et à une ferme de Sainte-Anne-de-Larochelle (qui devait servir de « prison du peuple » et d'infirmerie), on s'étonne, à la suite de ces brillants coups de filet, que les policiers aient mis autant de temps à trouver la maison de la rue Armstrong, où serait mort Pierre Laporte.

Les techniques d'espionnage électronique sont couramment utilisées par les corps policiers : on a déjà espionné des criminalistes, la femme d'un avocat en instance de divorce, la Société Saint-Jean-Baptiste, l'Agence de presse libre... Comment expliquer que les corps policiers n'aient pas été tentés de se renseigner de la même manière sur les activités du FLQ, dont ils avaient, par ailleurs, repéré les membres ? Les noms de la presque totalité d'entre eux (FLQ 1970) ne figuraient-ils pas déjà, de façon notoire, dans des dossiers de recherche policière ? La Crise d'octobre était donc, en partie prévisible▲.

Le père de Jacques Lanctôt et de Louise Cossette-Trudel, Gérard Lanctôt, étant un extrémiste de droite, un des dirigeants du parti fasciste canadien, une des chemises brunes d'Adrien Arcand, était sans doute totalement opposé aux idées de ses enfants ; est-il plausible qu'il n'ait aucunement tenté d'informer les gouvernants et la police de leurs activités ? Est-il concevable que les services policiers n'aient pas pensé, de leur côté, observer de plus près la famille Lanctôt ?

Le simple bon sens nous amène alors à supposer que le FLQ, comme beaucoup d'autres organisations, a fini par être infiltré. La Maison du pêcheur aurait-elle

À sa mort, Pierre Laporte fut présenté par son gouvernement comme un martyr de la démocratie.

▲ Jacques Lanctôt s'est terré par la suite dans trois cachettes successives.

▲ Certains membres de la cellule Libération affirment maintenant qu'on les observait depuis plusieurs semaines. La Gendarmerie royale avait même réussi à s'installer dans le logement au-dessus de celui où Cross était détenu.

▲ Que le montant de 300 000 $ contienne ou non une part de surestimation, les préparatifs d'enlèvement suivis d'une retraite cachée et de déplacements coûtent cher. La vente des meubles des Cossette-Trudel n'aurait certes pu y suffire...

● Il s'agit de Nick Auf der Maur, « L'affaire Laporte », *The Last Post*, septembre 1973, vol. 3, n° 5, p. 25.

● On croit qu'il s'agirait de Pierre Vallières.

vraiment été un nid d'informateurs ? Est-ce un hasard qu'on y ait entrevu la fille de James Cross au cours de l'été précédant l'enlèvement de son père ? Quelle que fussent leurs façons de procéder, les corps policiers et, surtout, la CIA, ont vraisemblablement dû tenter de surveiller l'organisation de l'intérieur. Déjà, en 1965, Michelle Duclos et trois Noirs américains avaient vu leur complot terroriste éventé par l'infiltration d'un agent du FBI...

La déclaration de Mme Tremblay-Prieur, compagne de Michel Viger (celui qui a fourni un refuge aux felquistes traqués), paraît tout aussi significative[13]. Elle mentionne plusieurs fois que les frères Rose et Francis Simard avaient très peur d'être trahis ou simplement abattus par des gens qui avaient infiltré le FLQ. D'étranges soupçons ont pesé aussi contre son mari, l'ex-policier Jean Prieur[14], qui aurait fourni 300 000 $ au FLQ▲, à même les produits d'une fraude perpétrée à l'aide de fausses cartes de crédit — pour laquelle il n'aurait d'ailleurs pas été poursuivi ultérieurement ; par contre, il semble qu'on aurait déjà constitué sur lui un dossier judiciaire pour fraude et usage de faux. En 1970, il aurait même fourni aux cellules felquistes des papiers falsifiés et des permis de conduire ; et il ne serait pas étranger, non plus, à l'achat des voitures qui ont servi aux deux enlèvements. Mêlé, selon *Le Devoir*, à l'entourage des truands de J. A. Rémillard, il aurait été un agent de liaison entre le FLQ (qu'il aurait approvisionné), la pègre (avec qui il aurait collaboré au niveau des méthodes) et les forces répressives (avec lesquelles il aurait maintenu des contacts).

Des liens avec la pègre ?

Un journaliste bien informé du monde interlope et des milieux subversifs● soutient que trois jours après l'enlèvement de Laporte, un activiste lié au FLQ● aurait reçu la visite d'un homme qu'il semblait connaître, lequel aurait précédemment été brièvement détenu par la

● Il s'agirait, croit-on, d'un homme de Frank Cotroni, par surcroît ancien membre du RIN.

Au premier plan, le premier ministre Robert Bourassa, suivi de Me Robert Demers (en complet pâle), responsable des négociations avec le FLQ, au plus fort de la crise d'octobre 1970.

police, en rapport avec le complot du groupe de Prévost pour enlever le consul américain. Le visiteur aurait affirmé que des gens du milieu des cabarets voulaient voir cet activiste, puis qu'on l'aurait amené ensuite au club de nuit où l'attendait un membre de la pègre. L'homme du syndicat du crime●, plutôt soucieux, aurait exprimé vivement son déplaisir à propos d'une phrase du manifeste du FLQ où l'on aurait fait allusion à « la victoire des faiseurs d'élections Simard-Cotroni », phrase qui pouvait suggérer qu'on enlèverait aussi des chefs de la mafia ; et il aurait souligné que ceux-ci pourraient faire un mauvais parti aux terroristes qui étaient déjà en prison.

À cela, le felquiste aurait répondu qu'il était plus facile de placer des bombes dans les bars qu'à la Bourse et que, pour l'industrie du cabaret, cela s'avérait beaucoup plus dangereux que les raids policiers. Le membre de la pègre aurait suggéré un compromis selon lequel on

● Fait révélé au cours de l'Enquête sur le crime organisé.

éviterait dorénavant toute mention de noms reliés au crime organisé dans les communiqués et les manifestes. La réunion se serait enfin terminée sur une entente spécifiant que si le FLQ acceptait ce compromis, aucun contact ne serait rétabli par la suite.

Rappelons-nous aussi que, le soir même de la mort de Pierre Laporte, ses organisateurs électoraux, René Gagnon et Jean-Jacques Côté, rencontraient Frank d'Asti, homme de confiance de Frank Cotroni●. Est-ce un pur effet du hasard que des terroristes qui habitaient la Rive-Sud aient kidnappé un politicien de la même région ? Ou que la grosse et la petite pègre de la Rive-Sud aient été mêlées à l'affaire ?

Le ministre Choquette a fini par admettre qu'on l'avait déjà informé des fréquentations dangereuses de Pierre Laporte, mais qu'il n'avait pas jugé bon de poursuivre l'enquête à ce sujet, ni de prévenir ce dernier. Il avait cependant mis le premier ministre Bourassa dans le secret avant la formation de son cabinet. M. Bourassa qualifiera plus tard d'« imprudents » les gestes de son ancien ministre du Travail — épithète plutôt euphémique dans les circonstances !

L'on peut dès lors se demander si, dans ses négociations avec le FLQ, le gouvernement du Québec, influencé par les fortes pressions du cabinet fédéral, n'aurait pas instinctivement fait bon marché de la vie d'un homme encombrant pour ensuite exploiter sa fin tragique dans un concert d'éloges funèbres. À moins que le gouvernement Bourassa ne se soit simplement effondré devant l'attitude autoritaire du gouvernement fédéral et de Jean Drapeau ou les menaces de démission de Me Jérôme Choquette ? Ce triste écroulement aurait alors indirectement contribué à la mort d'un homme.

La thèse d'une *provocation* des événements d'octobre n'est pas démontrée jusqu'à plus ample information. Ce qu'on peut toutefois retenir, c'est qu'on exploita la Crise au niveau politique et mit en œuvre un processus susceptible de produire un choc psychologique (une fois qu'elle eut été ébranlée), de manière à ce qu'Ottawa pût la retourner à son avantage. L'on ne saurait cependant, en cette matière, être trop vigilant car il faut bien se dire que ce chapitre de notre histoire est loin d'être clos.

NOTES

1. Jacques Ferron, « Historiettes », *Le Canada français*, du 19 septembre 1972 au 31 janvier 1973 (série d'articles).

2. Robert Mackenzie, « U.S. and Ottawa Created FLQ Crisis : Quebec Author », *Toronto Star*, 30 août 1973.

3. Dans le *Montréal-Matin*, lundi 24 septembre 1973 et *Le Devoir*, lundi 24 septembre 1973.

4. Brian Moore, *The Revolution Script*, Toronto, McClelland and Stewart Ltd., 1971.

5. Jacques Lacoursière, *Alarme citoyens!, op. cit.*, p. 136.

6. « La Crise d'octobre et la psychose du colonisé », *Québec-Presse*, 9 septembre 1973.

7. John Grube, de Toronto : voir lettres ouvertes au *Devoir*, datées du 1er septembre 1973 et du 25 janvier 1974.

8. Rapport du général M. R. Dare, dans sa version expurgée soumise aux Communes le 12 mars 1974, p. 23.

9. Gérard Pelletier, *La Presse*, 3 février 1971.

10. Selon Claude Morin, *La Presse*, mardi 23 octobre 1973.

11. Voir le *Journal de Montréal*, 4 février 1971.

12. Voir le *Journal de Montréal*, 17 octobre 1970.

13. Voir Ronald Lebel, *Toronto Star*, 30 août 1973.

14. Voir *Le Devoir*, 30 août 1973.

QUATRIÈME PARTIE

Vers une théorie de la violence politique au Québec

(APPLICATION DE THÉORIES SCIENTIFIQUES AUX DONNÉES RECUEILLIES)

CHAPITRE X

Éléments pour une analyse des causes politico-sociales du terrorisme québécois

Jalons théoriques

Les limites de ce livre ne nous permettent pas de présenter ici toutes les thèses élaborées par les théoriciens de la violence. Nous retiendrons donc uniquement celles qui nous semblent les plus utiles pour comprendre la réalité québécoise, étant conscient, par ailleurs, que la science politique connaît une évolution constante et que notre étude ne saurait englober tout le savoir qui a été recueilli sur la question de la violence politique.

L'approche biologique

Certaines explications, venues des sciences qu'on qualifie généralement d'« exactes », suggèrent qu'un instinct de violence serait inhérent à la nature biologique de l'homme. Konrad Lorenz, par exemple, décrit l'agressivité comme « un ressort du comportement animal et humain en soi tout aussi vital et tout aussi indépendant que la faim, la peur et la sexualité[1] ».

Pour le biologiste français Henri Laborit, l'instinct d'agression chez l'homme[2] lui viendrait de son mésencéphale, c'est-à-dire de son cerveau reptilien, qu'il aurait en commun avec les autres animaux ; quand l'homme se livre à la violence, il obéirait aux pulsions venues des parties les plus anciennes de son cerveau. L'homme moderne, enfermé dans un système social oppressif, ne pourrait avoir recours aux tactiques d'évitement que lui suggère son système lymbique de mammifère supérieur pour faire face à l'agressivité. Il la subirait donc ou s'adapterait dans la névrose ou encore s'évaderait dans la psychose. Enfin, il aurait la possibilité innée d'entrer en conflit par la violence individuelle ou collective[3].

La science politique peut difficilement tirer profit de cette approche biologique — instinctuelle —, car les études qui ont été menées dans ce champ de recherche se basent avant tout sur l'observation d'espèces animales[4]. Bien sûr, les oiseaux manifestent des comportements agressifs pour défendre leur territoire, mais on ne peut simplement transposer ces constatations sur le plan de l'espèce humaine, l'homme ayant une nature infiniment plus complexe que les volatiles. Ces observations, qui suggèrent que l'homme ne serait pas le seul être capable de violence, ne permettent pas, néanmoins, de conclure à une similitude entre les hommes et les animaux quant aux causes profondes de leurs manifestations de violence.

L'approche criminologique

Nous ne nous attarderons pas non plus à la théorie criminologique d'une sous-culture de la violence selon laquelle elle serait toujours le fait d'individus appartenant ou ayant appartenu à des groupes dans lesquels la violence est tolérée et même encouragée ; l'apprentissage social et le milieu familial influeraient sur le déviant au point de lui faire accepter plus facilement l'usage de la violence. Les familles tarées et les classes sociales inférieures engendreraient des individus nettement plus portés aux comportements agressifs[5].

Nous avons vu que les déviants politiques présentent des caractéristiques différentes des criminels de droit commun ; il apparaît donc dangereux de leur appliquer intégralement une pareille théorie. Si l'on peut parler de sous-culture de la violence dans le cas des terroristes, il ne s'agit pas, ainsi que la sociologie criminelle[6] décrit le phénomène, d'une sous-société dont les membres utiliseraient entre eux la violence par entente implicite, comme dans la mafia par exemple ; c'est sur la base d'un commun accord, auquel ne participent pas ceux qui sont extérieurs à leur sous-groupe — et, de ce fait, susceptibles de s'opposer à eux —, que les terroristes l'emploient, pour leur part. Toutefois, si l'on considère qu'ici, vu leur âge et leurs aspirations intellectuelles, les actes de nos terroristes étaient liés souvent à une crise d'adolescence et qu'ils faisaient partie d'un phénomène de remise en question plus général, on peut dire qu'ils participaient à une certaine contre-culture. ●

● La sociologue Andrée Benoist a employé le terme « sous-culture adolescente » dans son expertise sur le cas d'Edmond Guénette (qui fut condamné pour meurtre), expertise que le tribunal a d'ailleurs refusé d'entendre : « Le dossier Schirm-Guénette », *Parti Pris*, vol. 3, n°s 3-4, novembre 1965, p. 36.

L'approche psychologique

Des concepts que nous a légués la psychologie nous retiendrons surtout celui de frustration, en tant que cause de la conduite agressive ; par contre, nous ne l'appliquerons pas au diagnostic d'individus dont nous voudrions scruter la personnalité, mais plutôt à des groupes que nous situerons à l'intérieur des structures et du fonctionnement de la société. Nous aborderons alors un secteur de la science politique qui offre une quantité innombrable de théories, dont il sera difficile de rendre compte en entier. Nous retiendrons celles qui, malgré leurs limites, nous auront semblé les plus fécondes (loin de nous l'idée de rejeter les autres !)

L'approche marxiste

Enfin, nous devons nous demander dans quelle mesure le marxisme donne une explication globale satisfaisante du phénomène la violence politique, si elle présente vraiment « le cadre d'analyse le mieux adapté pour atteindre une compréhension véritable du phénomène de la violence[7] », comme semble le croire Daniel Latouche en 1972. S'il semble fondé de croire que le marxisme fournit, en tant que théorie du socialisme scientifique, des explications d'une grande valeur — la violence comme conséquence d'une lutte pour l'obtention des postes de commande dans la structure du pouvoir et comme partie intégrante de la stratégie de la lutte des classes —, nous nous interrogeons sur les dangers possibles d'une adhésion aussi totale au marxisme, qui est, ne l'oublions pas, une idéologie au même titre que les autres. De plus, c'est celle même du FLQ.

Il peut être imprudent de tenter d'expliquer un mouvement en adoptant complètement, au départ, son idéologie. L'adhésion à *une* idéologie politique reste, jusqu'à un certain point, un acte de foi, attitude que les esprits cartésiens acceptent bien difficilement. Même si le marxisme trahit un grand effort de lucidité, de réalisme et de créativité, il doit quand même subir l'épreuve de la critique scientifique.

Ne convient-il pas d'ajouter au phénomène si important de la lutte des classes les transformations politiques, le degré d'oppression et de répression ainsi que les mutations sociales et économiques de toutes sortes ?

La théorie de Davies : la courbe en J ou la frustration anticipée

La théorie de Davies constitue une « brillante synthèse[8] » des vues de Tocqueville et de Marx. La plupart des auteurs américains y font référence et reconnaissent sa valeur à la fois comme explication et comme moyen de prédiction.

Dans le *Manifeste du Parti communiste*, Marx et Engels annonçaient une dégradation progressive des conditions de vie de la classe ouvrière qui engendrerait un niveau de désespoir si bas que la révolte naîtrait spontanément[9]. Or, pour diverses raisons, ce pourrissement de la société capitaliste ne s'est pas réalisé automatiquement (dans les pays dits communistes, les autorités ont dû intervenir dans le processus) : l'idéologie démocratique, en se répandant, a forcé les gouvernements à mettre en vigueur des lois pour améliorer le niveau socio-économique de la masse ; ensuite, l'exploitation coloniale des pays du tiers monde a permis au capitalisme de pallier économiquement à ses contradictions.

Cependant, il faut savoir que, dans un essai moins connu[10], Marx a déjà suggéré une tout autre interprétation, qui semble, à première vue, contradictoire : il a entrevu la possibilité que survienne une révolution au moment où le malaise généralisé, favorisant la manifestation de la brèche révolutionnaire, prendrait force, non pas à la faveur d'une dégradation progressive des conditions d'existence du prolétariat, mais par la prise de conscience du décalage important qui apparaîtrait progressivement entre, d'une part, la condition économique et le bien-être des ouvriers (malgré que leur vie matérielle se serait grandement améliorée) et, d'autre part, les conditions de vie des capitalistes.

Selon Alexis de Tocqueville, par contre, les révolutions ne résultent pas toujours du déclin économique et social[11] ; pour lui, ce sont souvent les nations qui subissent, patiemment et presque inconsciemment, l'oppression la plus sévère, qui se révoltent brusquement contre ce joug au moment même où celui-ci devient plus léger et où les conditions de bien-être commencent à s'améliorer ; le régime que ces nations détruisent par la révolution aurait été plus clément et plus ouvert dans la période prérévolutionnaire qu'en aucun autre temps auparavant. Les mauvais traitements sont toujours endurés patiemment lorsqu'ils semblent inévitables, mais, lorsqu'apparaît un jour la possibilité d'y échapper, ils deviennent intolérables. Du simple fait qu'on ait remédié à certains abus, l'attention se fixe aussitôt sur les autres, qui, souvent, paraissent plus criants encore.

Il faut dire que la théorie de l'historien s'applique aisément à la Révolution française. Au sommet de sa puissance, l'absolutisme royal n'inspira jamais autant de haine qu'au moment de son éclipse ; sous le régime de l'infortuné Louis XVI, les moindres coups d'épingle du pouvoir arbitraire causèrent beaucoup plus de ressentiment que le despotisme constant de Louis XIV n'en avait soulevé lui-même ; et le bref emprisonnement de Beaumarchais occasionna plus d'émoi à Paris que les dragonnades de 1685. La France de 1789 était le plus grand et le plus puissant pays d'Europe et elle connaissait une sensible amélioration du niveau de vie de sa population ; ces facteurs, ajoutés à la circulation d'idées sur la perfectibilité de l'homme et sa possibilité de progrès continuel (grâce aux philosophes, à l'Encyclopédie et à une certaine vogue), provoquèrent chez le peuple français une sorte d'éblouissement à l'idée de pouvoir goûter dans un avenir rapproché un bonheur jamais éprouvé jusqu'alors, puis l'amenèrent finalement à sous-évaluer les améliorations sociales réelles et à précipiter les événements.

En quoi la thèse de Marx et celle de Tocqueville peuvent-elles s'appliquer au Québec ?

Les Québécois francophones, cette minorité qui « mange bien », dit-on, ce groupe ethnique dont le niveau de bien-être s'est accru de façon notable, auraient-ils (dans la décennie que nous étudions) connu une situation favorable à l'éclosion d'une violence révolutionnaire ?

Oui, répondrait Marx[12] (selon sa deuxième théorie) car le niveau de vie des anglophones et de certains Néo-Québécois s'accroît encore plus vite ; oui, répondrait également Tocqueville, car les mauvais traitements et l'oppression que les Québécois ont subis patiemment, depuis deux siècles, ont ancré en eux un sentiment de frustration qui ne les a portés que très rarement à l'action, le poids de ces contraintes leur étant souvent apparu trop lourd.

Il faudrait également mettre en lumière le rôle du clergé québécois dans le développement de cette attitude de résignation. Il reste que, vers le milieu du XXe siècle, les circonstances ont commencé à changer : le niveau de vie des Québécois s'est amélioré ; on a cessé d'identifier le Canada à un simple dominion, à une simple possession britannique, mettant ainsi fin à un statut juridique humiliant. Plusieurs exemples, ailleurs dans le monde, leur ont aussi permis d'entrevoir qu'ils pouvaient se soustraire à la domination capitaliste et colonialiste : plus les attentes se font pressantes, plus l'oppression devient intolérable. (Cela répond peut-être aux questions que se posait le journaliste Jean Daniel, du *Nouvel Observateur*[13], à propos du Québec.)

À la lumière des explications précédentes, essayons maintenant de voir en quoi consiste la fameuse théorie de Davies, telle qu'on la trouve dans le rapport de la National Commission on the Causes and Prevention of Violence[14], en l'appliquant, cette fois, non pas à des situations étrangères, telles que la Révolution française, la guerre civile américaine de 1861, la révolution rétrograde nazie de 1933, la rébellion noire de 1960, les contestations étudiantes américaines de 1950 à 1960, la Révolution russe[15] ou la Révolution égyptienne, comme le fait Davies, mais au contexte québécois de la décennie 1960-1970.

À la suite de la chute du régime duplessiste en 1960, d'une intensification des efforts pour améliorer le système d'éducation (celle-ci se devant d'être, par définition, génératrice de grandes aspirations), et à la faveur de la popularité des slogans autonomistes de la Révolution tranquille et d'un certain boom économique, accompagné d'idées de nationalisation, le nombre et l'intensité des aspirations sociales des Québécois devaient croître rapidement. *Plus lentement*, cependant — quand elles n'étaient pas simplement stationnaires —, s'accroissaient, à l'époque, les capacités du système (aux niveaux politique, social et économique) de satisfaire ces aspirations. Pour décrire la situation que cela allait entraîner, Davies parlerait ici de « *revolution of rising expectations* » : le mécontentement occasionné ensuite par la frustration de voir ces aspirations peu à peu réduites à néant aurait été assez important pour entraîner certains individus, plus désespérés que d'autres, à utiliser des moyens violents pour s'attaquer à ce qu'ils considéraient alors comme la source de toutes leurs frustra-

TABLEAU V
La montée des aspirations collectives comme cause de la violence

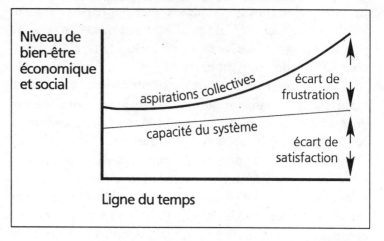

tions : le colonialisme anglo-saxon. (Voir le graphique du tableau V.)

Une deuxième version de la théorie de Davies, plus nuancée, celle-là, correspond peut-être davantage à la réalité québécoise. Selon cette variante, la violence politique résulterait moins de l'existence d'un fossé entre les aspirations actuelles et leur satisfaction immédiate que de l'anticipation d'une frustration accrue dans l'avenir. C'est la théorie que les politicologues spécialisés appellent communément « *anticipated frustration gap* ». Ainsi que tente de l'illustrer le tableau VI, les groupes ont recours à la violence non seulement quand le système en place ne répond plus à leurs besoins (ce que tente de schématiser le tableau V) mais aussi lorsqu'ils prévoient — après avoir noté une baisse dans la progression des capacités du système — que ce dernier sera de moins en moins apte à combler dans l'avenir leurs attentes. À la frustration vécue viendrait alors s'ajouter la frustration anticipée, ce qui expliquerait l'augmentation des actes de violence.

Le tableau V pourrait rendre compte de la première flambée de violence, en 1963, alors que le tableau VI servirait surtout à décrire la fin de la décennie. Selon

TABLEAU VI
La montée de la frustration
anticipée comme cause de la violence

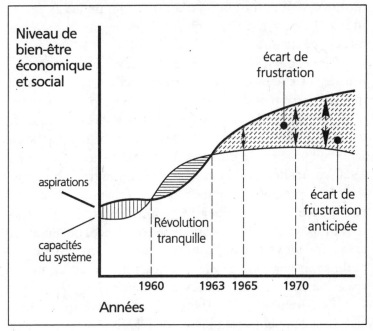

l'hypothèse que l'on pourrait formuler à partir du second schéma, il semblerait que, jusqu'en 1960, à peu près, le système aurait réussi à répondre aux expectatives — qui n'étaient pas très grandes, semble-t-il — des Québécois, ce qui aurait créé une situation d'équilibre et de stabilité.

À partir de 1960, nous assistons à une augmentation de la capacité de nos institutions (on pourrait même aller jusqu'à penser qu'entre 1960 et 1963 cette capacité se trouvait nettement supérieure aux besoins exprimés par la population), qui aurait laissé croire, pendant trois ou quatre ans, aux Québécois, que tout était possible : ils se virent offrir coup sur coup la nationalisation de l'électricité (après referendum), la réforme de l'éducation, le contrôle de la sidérurgie (SIDBEC) et la Société générale de financement. On pourrait croire que c'est cette prodigalité soudaine qui donna à la Révolution tranquille son caractère si enivrant[16].

Tout au cours de la décennie, on note l'apparition de nouveaux ministères, comme les Institutions financières, les Affaires gouvernementales, les Affaires culturelles et l'Immigration ; d'autres, comme les Affaires municipales, l'Industrie et le Commerce, voient leur budget décupler.

Cependant, des besoins nouveaux devaient se manifester et s'accroître à un rythme accéléré, jusqu'à ce qu'on finisse par rattraper et même par dépasser rapidement la courbe de croissance des capacités de l'État. Il est intéressant de noter d'ailleurs que ce n'est pas en 1959, au moment le plus bas de la grande noirceur, ni en 1960, au lendemain du changement de régime, qu'éclatèrent les premières bombes, mais en mars 1963, quand commença à se dessiner le premier écart de frustration : l'aile radicale du Réseau de résistance, qui en avait assez des moyens pacifiques du mouvement séparatiste et du semi-vandalisme, décida alors de passer au terrorisme véritable et se baptisa elle-même FLQ.

Les années 1965-1966 voient apparaître une stabilisation, peut-être même une légère régression de la capacité du système québécois à combler les espoirs engendrés par le déblocage de la Révolution tranquille. Il faut rappeler qu'en 1960 les dépenses totales du gouvernement québécois avaient augmenté de 24,6 pour 100. Au cours de toute la décennie, l'augmentation annuelle ne représenta jamais moins de 10 pour 100. En 1965-1966[17], on constate un fléchissement graduel, qui est notable aussi dans d'autres secteurs : en effet, l'augmentation annuelle des investissements publics et privés au Québec s'amenuise à partir de 1965[18]. La stabilisation et la régression, vers 1965, apparaîtront sans doute avec plus d'évidence à la population quand aura décliné le sentiment euphorique entourant l'exposition universelle de 1967. Mais pendant ce temps, les aspirations n'auront pas cessé de croître.

N'avait-on pas déjà proclamé, en dévoilant du même coup un complexe de peuple colonisé, que *Québec sait faire* ? À ce moment-là, l'écart de frustration non seulement s'élargit mais il redouble à cause de la frustration que l'on anticipe. Plus tard, aux élections du 29 avril 1970, le Parti québécois, représentant 23 pour 100 de l'électorat, se verra octroyer un nombre dérisoire de sièges : la frustration vécue et la frustration anticipée augmenteront alors encore davantage.

Dans ce contexte, la montée du terrorisme — jusqu'à son apogée en octobre 1970 — s'explique aisément. À la télévision, le politicologue Gérard Bergeron déclarait prophétiquement, le soir des élections : « L'opposition va descendre dans la rue. » Six mois plus tard, le Québec faisait face à l'une des plus violentes crises de son histoire, et dont les répercussions allaient être mondiales.

Tandis qu'en 1963 et même en 1965 les gestes de violence trouvèrent leur origine dans une frustration à l'égard des structures économico-politico-sociales du moment, il apparaît qu'en 1970 les bombes, les enlèvements et le manifeste du FLQ traduisent le caractère désespéré d'un avenir où l'on ne peut lire que dépérissement et malheur individuel autant que collectif.

Rattachée à la question de la frustration (vécue et ensuite anticipée) est celle du niveau de modernisme d'un pays. Il serait trop simpliste d'affirmer que les changements industriels et technologiques suscitent nécessairement de la violence ; cette théorie est d'ailleurs très souvent contestée. Les spécialistes des études comparatives[19] ont remarqué que les pays où le taux de changement social est minime, graduel ou constant — là où on connaît une situation stable, en somme —, sont les moins susceptibles de voir apparaître des écarts entre les aspirations collectives et la possibilité qu'ils ont d'y répondre. En elle-même, la détérioration des conditions sociales ne suffirait pas à provoquer des comportements violents, si la détérioration est graduelle et constante (ce qui contredirait la première thèse de Marx). (Le tableau VII représente, de façon schématique, cette situation.)

■ Le terrorisme apparaît souvent lors de mutations sociétales. Dans l'Espagne post-franquiste qui s'industrialisait à un rythme effréné, les gens du pays Basque étaient plongés en plein désarroi. L'organisation terroriste ETA se composa d'ailleurs largement de campagnards œuvrant dans la petite industrie.

TABLEAU VII
Situation politique peu propice à la violence

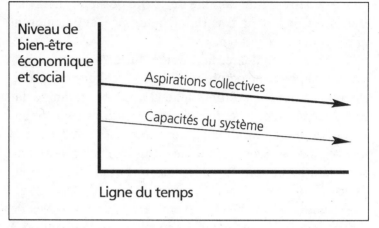

Cependant, une détérioration sociale très rapide aura bien souvent les conséquences postulées dans la théorie de la courbe en J de Davies. Les facteurs les plus propices au développement d'un écart favorable à l'éclosion de la violence sont la croissance économique discontinue — avec périodes alternatives de prospérité relative et de chute brusque —, les politiques contradictoires, simultanément ou subséquemment administrées et, enfin, la vacillation du régime entre la totale liberté et l'extrême répression.

Dans une étude faite pour le compte de la National Commission on the Causes and Prevention of Violence, qui portait sur 84 pays, entre 1948 et 1965, les mêmes spécialistes[20] ont démontré que les pays situés aux deux extrémités de l'échelle socio-économique étaient, en général, moins sujets aux explosions de violence politique que les pays situés à mi-chemin sur la même échelle. À partir de cette observation, on peut facilement conclure que le caractère transitoire ■ de ces sociétés les rendrait particulièrement vulnérables au terrorisme : cela expliquerait peut-être la violence politique québécoise. Dans une société en mutation, certains membres aspirent aux bénéfices du modernisme, mais la voie leur est souvent bloquée par ceux qui soutiennent les valeurs de la société traditionnelle.

Dans cette perspective, le Québec aurait eu à faire face, simultanément, à la crise provoquée par son passage d'une société traditionnelle à une société moderne, à celle qui a accompagné son adhésion progressive à ce nouvel espace de vie et aux idéologies qu'il véhicule puis, finalement, à la crise qu'a amorcée « son entrée timide — peut-être même involontaire — dans la société post-industrielle[21] ». Statistiquement, en tout cas, des changements importants se vérifient au cours de cette période : par exemple, le taux de natalité, de 28,2 pour 1000, qu'il était en 1959, est passé à 16,2 en 1969 (il est maintenant l'un des plus bas de toutes les provinces canadiennes, et inférieur, même, à celui de plusieurs pays européens[22]) ; de 1956 à 1966, le taux d'urbanisation de la population québécoise a augmenté de 8,3 pour 100 (la plus forte augmentation depuis 1861)[23] ; dans le secteur de l'éducation, le pourcentage de la population inscrite au secondaire a doublé entre 1958 et 1970 et a presque triplé[24] au niveau universitaire. Cette phase transitoire de la société québécoise est décrite dans le tableau VIII.

TABLEAU VIII
Processus de transition
de la société québécoise

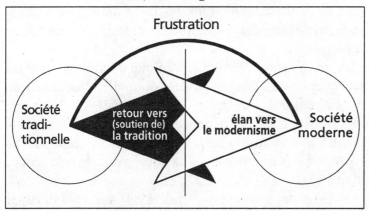

● M. Gérald Bernier, professeur de science politique à l'Université de Montréal, a rédigé une thèse de doctorat sur la modernisation, en particulier sur les effets qu'elle a eus sur la rébellion de 1837.

L'examen attentif de ce schéma montre que la ligne centrale du processus de transition est le moment où l'intensité des conflits et la frustration engendrée par le système sont à leur plus haut niveau. Comme le démontre la comparaison entre les situations politiques de divers pays, à mesure qu'on se rapproche des deux pôles, la frustration diminue ; les deux flèches symbolisent, d'un côté, l'élan vers la société moderne et, de l'autre, le retour ou le soutien des valeurs traditionnelles, lesquels se renforcent ou diminuent selon qu'on approche du but visé ou, au contraire, qu'on en est éloigné. Plus un pays est exposé au modernisme en même temps que son taux de développement est bas, plus grand pourra être l'écart entre les aspirations d'une partie de sa population et la capacité qu'a le système d'y répondre. Rappelons aussi que plus la modernisation se fait rapidement, plus grand est le danger de voir apparaître brusquement un immense écart de frustration entre les aspirations collectives de plusieurs citoyens et la possibilité pour le nouveau système social de les satisfaire.

Affirmer que la Révolution tranquille a totalement fait passer le Québec d'un stade traditionnel à une forme d'État moderne constituerait cependant une simplification dangereuse. Il semble plutôt, selon certaines recherches ●, que le Québec ait *subi* plus qu'il n'ait assumé son développement économique ; en ce sens, le colonialisme n'aurait pas eu que des inconvénients. Pendant que le développement du Québec se trouvait assuré par l'apport de capitaux extérieurs, les institutions et les structures, de leur côté, persistaient au-delà de leur stade fonctionnel.

Le développement économique a entraîné chez les Québécois des changements de domicile, d'occupation, de cadre social, de relations de travail, de rôles, de façons d'agir et d'expériences. De nouveaux processus mentaux se sont graduellement formés par leur identification à des groupes et par la découverte de leur propre identité.

On note, surtout à partir de 1960, une mobilisation

sociale importante. Or les aspirations nouvelles que fait naître ce phénomène de mobilisation[25] ne sont pas seulement incompatibles avec les formes de gouvernement archaïques, mais également avec les institutions politiques, inspirées du libéralisme économique et de la doctrine du laisser-faire, que l'on a héritées du XVIIIe siècle ; le passage vers la société moderne exige alors un État plus interventionniste et préoccupé davantage du bien-être de ses citoyens.

Les gens, en changeant de cadre et de modèle de vie, aspirent à de bonnes conditions de logement et d'emploi ainsi qu'à la sécurité en cas de maladie et en prévision de la vieillesse ; ils veulent de plus être à l'abri des risques d'accidents causés par le nouvel équipement industriel et être protégés contre le chômage saisonnier, les hausses abusives de loyer et les fluctuations des prix de leur biens de consommation. En somme, un vaste système capable de fournir un grand éventail de services apparaît alors nécessaire.

Si un État ne s'acquitte pas de ces nouvelles charges, une proportion grandissante de la population risque de s'en dissocier, c'est-à-dire de s'opposer à ses objectifs et de dénoncer son idéologie. De même, les structures politiques doivent permettre aux citoyens qui aspirent à jouer un rôle social de participer à l'exercice du pouvoir, sinon elles susciteront le mécontentement populaire[26]. Les felquistes ont souvent dénoncé le gouvernement, en ce sens.

Le Québec a pu se moderniser rapidement sur le plan économique grâce aux capitaux étrangers, mais, cet afflux extérieur ne l'ayant pas obligé à adapter aussitôt ses institutions et ses structures sociales autant que politiques à cette nouvelle réalité, le dysfonctionnement ou la vétusté de ses institutions et de ses structures a fini par mettre en péril la continuité de son développement économique. La nécessité impérieuse de combler ce retard dona lieu à un éclatement qui prit le nom de Révolution tranquille. Aussitôt que celle-ci s'avéra insuffisante, la violence éclata.

Les facteurs de la montée des espoirs collectifs au Québec

Pour vérifier si la courbe de Davies s'applique vraiment au cas du Québec, essayons de voir quelle était l'ambiance qui a entouré la montée des espoirs collectifs au cours de la période qui nous occupe.

L'idéologie a sûrement été le facteur déterminant de cet engouement. Le séparatisme de droite, prêché par Raymond Barbeau, fondateur de l'Alliance laurentienne, n'était guère pris au sérieux en 1957 ; la *Revue Socialiste* (pour l'indépendance et la libération prolétarienne des Canadiens français) et le parti politique qui avait pour nom l'ASIQ (Action socialiste pour l'indépendance du Québec), qui gravitaient tous deux autour de Raoul Roy en 1959, avaient, quant à eux, une existence assez marginale et ne touchaient pas les masses populaires. Il n'en demeure pas moins que les membres du réseau felquiste initial circulaient dans ces milieux extrêmement politisés, soit en collaborant à la rédaction et à la distribution de la revue, soit en militant dans le RIN (Rassemblement pour l'indépendance nationale), deuxième parti indépendantiste fondé par Marcel Chaput en 1960.

L'idéologie politique québécoise commençait alors à s'enrichir de modèles extérieurs ; il serait trop facile de faire ici le jeu de la droite réactionnaire et de prétendre (comme le fera Alban Flamand en 1969 et en 1970, dans ses désormais célèbres éditoriaux télévisés) que tout ce qui est révolutionnaire est importé, fomenté par des conspirateurs, étranger aux Québécois ; nous ne tomberons pas dans ce piège ! Il n'en demeure pas moins que l'idéologie marxiste et indépendantiste québécoise s'est alimentée à des sources étrangères, tout en les adaptant au Québec. On n'a qu'à lire, pour s'en convaincre, la description admirative que fait Raoul Roy, en 1960, de la révolution cubaine[27] ; on se rappellera aussi que Georges Schoeters, un des fondateurs du premier réseau, avait rencontré personnellement Castro et avait vécu à Cuba et en Algérie. Au début des années soixante, l'idéologie de gauche au Québec s'inspirait donc de modèles préexistants ou, en d'autres mots, elle était devenue perméable aux influences venant d'ailleurs. Cette identification à un courant révolutionnaire international sera réaffirmée vers 1966-1967, quand Pierre Vallières établira les liens avec les Panthères noires. Il serait sans doute exagéré de parler ici de complot international mais on peut, à tout le moins, faire état d'un appui moral et idéologique de la part de certains révolutionnaires étrangers.

Si les bases de l'idéologie révolutionnaire avaient déjà été jetées et si celle-ci avait commencé à fermenter sous l'impulsion d'activistes de l'extérieur, au moment où le gouvernement Lesage prit le pouvoir avec son « équipe du tonnerre », elle prit encore plus de vigueur quand se produisit le réveil nationaliste et les changements administratifs qu'on appellera ensuite la Révolution tranquille. Toute l'ambiance de la société québécoise favorisant un regain d'espérance, l'utilisation du slogan *Maîtres chez nous* par la nouvelle équipe libérale de l'époque ne pouvait qu'avoir un effet persuasif sur les Québécois.

Certaines décisions politiques devaient aussi leur donner le goût de l'indépendance politique et de l'autogestion : on peut citer, parmi d'autres, la création d'une Maison du Québec (et la visite du premier ministre) à Paris, les conférences fédérales-provinciales et les ultimatums lancés en faveur d'une plus grande autonomie financière de l'État du Québec ainsi que l'annonce de la préparation d'un plan quinquennal de développement économique du Québec.

Vers la fin de la décennie de nouveaux facteurs vinrent stimuler l'enthousiasme populaire : l'expression d'un nationalisme plus exigeant, par la voix de Daniel Johnson et de la Société Saint-Jean-Baptiste, qui dénoncèrent les incohérences de la constitution canadienne ; le « Vive le Québec libre » du général de Gaulle, lancé du haut du balcon de l'hôtel de ville de Montréal au moment le plus intense de l'Exposition universelle, phrase qui fit vibrer de nombreuses cordes sensibles chez les Québécois et se répercuta à toute la planète ; les États généraux du Canada français, organisation à prime abord non partisane, qui se prononcèrent en faveur de l'indépendance du Québec. La politisation des syndicalistes, leur appui de plus en plus évident à la cause du socialisme et leur approbation formelle de l'indépendance — qui allaient devenir officiels en octobre 1970, au moment où les chefs des centrales syndicales approuveraient le contenu du manifeste du FLQ — devaient donner aussi un sérieux coup d'épaule.

Mais les bonds gigantesques[28] que fit au cours de cette décennie le système d'éducation sont sûrement, selon nous, le facteur le plus déterminant de cette transformation de la conscience québécoise. Si l'on admet, avec les théoriciens du développement[29], que l'école est la plus importante source de modification des valeurs et de création des besoins, il ne faut pas s'étonner alors que, par voie de conséquence, les jeunes Québécois, stimulés par les nombreux désirs qu'avait fait naître ce nouveau système d'éducation, aient eu recours à la violence lorsqu'ils réalisèrent que l'État était incapable de les satisfaire.

Les facteurs de frustration (réelle et anticipée)

Pour expliquer la frustration que les Québécois ont vécue et anticipée au cours de la dernière décennie, certains analystes, comme le criminologue André Normandeau, ont essayé de démontrer[30] qu'elle aurait été provoquée par la baisse des investissements anglo-américains au Québec — les financiers étrangers ayant perçu des « *wrong noises* » au sujet de la Révolution tranquille et de sa nature dite socialiste ou exagéré l'importance des actes de terrorisme —, baisse qui aurait, semble-t-il, suscité ensuite une fuite des capitaux et un marasme économique. À notre avis, cette théorie n'est qu'à demi vérifiable. Il y a un fondement de vérité indéniable dans l'effet négatif des rumeurs ; nous sommes forcés d'admettre que lorsque les hommes considèrent certaines situations comme réelles, celles-ci risquent d'entraîner des conséquences néfastes tout aussi réelles. De nombreuses sources ont démontré effectivement l'inquiétude des capitalistes anglo-saxons à cette époque : l'édition du 8 février 1964 du *Financial Post*, journal financier publié à Toronto, consacra plusieurs articles au Québec, laissant entendre que le radicalisme menaçait la « belle province » ; de même, une importante conférence réunissait, le 4 mars de la même année, à l'hôtel Reine-Élizabeth, les membres de l'Advertising and Sales Executives Club de Montréal, où M. Michael Barkway, éditeur du *Financial Times of Canada*, présenta une causerie intitulée : « Est-il sain d'investir au nouveau Québec ? » (Cinq ans plus tard, soit en 1969, la même inquiétude devrait se refléter dans le journal *Business World* [31].)

Mais la baisse réelle des investissements reste difficile à mesurer, car elle se greffe à des notions d'histoire hypothétique. En d'autres termes, on ignore quelle est la dimension dudit « marasme » qu'aurait causé la peur des investisseurs, et si cette baisse ne se serait pas manifestée, de toute façon, compte tenu de la force d'attraction qu'exerçait l'Ontario, province qui connaissait alors une montée impressionnante au niveau économique. On peut également croire que le milieu de la décennie a amené un essoufflement normal des capacités du système politique et économique du Québec : entre 1967 et 1968, les revenus du gouvernement provenant de l'impôt personnel et des corporations n'y ont guère augmenté [32], et la part des investissements québécois publics et privés au Canada [33], qui avait augmenté jusqu'en 1964, s'est mise à diminuer constamment après cette date. Il est donc probable qu'en 1965 ait commencé à se profiler un essoufflement des aptitudes du système québécois à combler les aspirations économiques des citoyens.

Il demeure difficile, cependant, d'établir si les terroristes étaient sensibles à cette chute économique ; peut-être désespéraient-ils davantage, à cette époque, de leurs possibilités de faire connaître et de propager leurs idées politiques, car, ce qu'ils voulaient avant tout, c'était influer sur le processus politique et modifier la conjoncture sociale. Adhérant à l'idéologie marxiste, ils visaient avant tout à changer les règles du jeu politique qui assure la distribution des biens et des services au sein de la collectivité québécoise ; bref, il nous semble qu'ils voulaient moins accroître les dimensions du « gâteau » que fonder sa division sur de nouvelles règles.

Une autre explication a été proposée plus récemment [juin 1973] par René Beaudin et Claude Marcil dans une analyse historique d'ailleurs fort intéressante[34] : selon ces deux auteurs, l'expulsion de Marcel Chaput du RIN et le schisme qui s'ensuivit au sein du mouvement indépendantiste auraient fait perdre confiance aux impatients, qui ne croyaient plus aux vertus des techniques électorales et des moyens légaux. Nous pensons, quant à nous, que cette interprétation doit être présentée sous réserve, car s'il est vrai que la scission des indépendantistes en deux partis politiques a affaibli stratégiquement leur cause, il reste que la disgrâce de Chaput, qui représentait tout de même une tendance de droite sur le plan social, n'a pas dû déplaire tellement aux indépendantistes marxistes.

Le meilleur bilan des frustrations québécoises éprouvées dans les années soixante a été dressé, selon nous, en pleine crise d'octobre 1970, par trois politicologues, MM. Benjamin, Bouthillier et Torelli[35]. Nous ne citerons ici que les facteurs les plus probants qu'ils ont relevés.

Parlons d'abord du poids de l'histoire. Depuis 1760, les Québécois souffrent d'un complexe de vaincus : les arrangements légaux et constitutionnels (l'Acte d'union, qui plaçait les Français sur un pied d'égalité avec les Anglais alors que les premiers étaient majoritaires, et la Confédération, qui fut établie au moment où les Français

Le FLQ dit vouloir purger le pays à jamais « de sa clique de requins voraces (...) qui ont fait du Québec leur chasse-gardée du cheap labor et de l'exploitation sans scrupules ».

● On décèle peut-être ici une soumission de nos règles de droit, sinon de notre système judiciaire, aux minorités possédantes et une certaine dépendance des législateurs face à ceux qui détiennent la force brutale.

devenaient minoritaires — et de façon à ce qu'ils le demeurent) les ont nettement tenus en échec et, à long terme, défavorisés ; les politiques d'immigration du gouvernement central et les pratiques linguistiques à travers tout le pays ont, elles aussi, nettement renforcé le statut de minorité des Canadiens français. Ils ont donc eu — et auront, sans doute — maintes occasions de se rendre compte qu'à tout moment leur volonté collective pouvait se trouver contrecarrée par la majorité anglaise. Comment auraient-ils pu prévoir quand cela cesserait ?

L'appartenance au Canada place le Québec face à une série de contradictions, qui n'ont pu qu'engendrer une grande frustration dans le Québec des années 1962-1972. Car, en fait, qu'est-ce que le Canada ? Un pays dont les dirigeants tentent de créer un nationalisme *canadian* en condamnant celui des Québécois qui serait, dit-on, raciste et de retardataire. Un pays où la minorité anglaise est protégée au Québec, mais où l'on autorise l'assimilation progressive des minorités françaises dans les autres provinces. Un pays où les policiers ont pu faire, le 7 octobre 1969, une grève illégale, alors que les travailleurs de Murdochville ont dû payer à leurs patrons, pour une grève illégale là aussi, des millions de dollars d'indemnité ●. Un pays enfin, où, dans la hiérarchie des revenus, le groupe francophone — dont les ancêtres ont pourtant fondé le pays — prenait place, il y a peu de temps encore, derrière tous les groupes d'immigrants, à l'exclusion des Italiens. Pareille situation ne peut exister sans une immense exploitation préalable.

L'appareil judiciaire, lorsqu'il condamne, par exemple, les travailleurs qui font valoir leurs droits par la force mais n'intente aucune poursuite à l'égard de certains propriétaires, qui, pour défendre leurs biens, tirent dans la foule, contribue aussi, par son inéquité, à provoquer la révolte chez le citoyen.

Faut-il s'étonner, dans ce contexte, qu'un chauffeur de taxi, comme Jacques Lanctôt, qui voit ses camarades exploités par un système de permis absolument exorbitant, et qui découvre les privilèges qu'en retirent les propriétaires de la Murray Hill commette des actes de terrorisme ? Faut-il se surprendre que Marc Carbonneau opte aussi définitivement pour cette voie radicale après que les « canardeurs » de la Murray Hill l'ont eu carrément criblé de plombs ?

Le lien entre la frustration vécue et la violence paraît ici très évident. Les contradictions inhérentes au système sont devenues encore plus flagrantes pendant la Crise d'octobre, où l'on a vu les gouvernements refuser — au prix d'une vie humaine — de céder aux demandes d'une minorité politique, alors qu'ils avaient pourtant cédé très souvent devant le chantage des minorités bien nanties.

Quand on ajoute à toutes ces données le fait que, depuis 1959, le taux de chômage[36] était plus élevé au Québec qu'en Ontario, qu'en Colombie-Britannique et que dans les Prairies (on y comptait, en moyenne, 37,2 pour cent du nombre total des chômeurs canadiens[37]) on ne doit pas s'étonner qu'un pareil contexte de malheur humain, d'humiliation réelle et de désespoir quant à l'avenir ait poussé certains activistes à choisir le terrorisme comme voie normale de la contestation radicale. Certains milieux anglo-canadiens, qui se sont empressés, pendant la Crise d'octobre, de jeter le blâme sur le général de Gaulle pour avoir exalté en 1967 les désirs les plus profonds des Québécois, demeurent, quant à eux, responsables d'avoir fait augmenter le taux de frustration de la population. Leurs explications tronquées et partiales ont donc, en ce sens, provoqué, elles aussi, une montée de la violence au Québec.

NOTES

1. Konrad Lorenz, avant-propos du livre de Friedrich Hacker, *Agression et violence dans le monde moderne*, Paris, Calmann-Levy, 1972, p. 11.

2. Henri Laborit, *L'agressivité détournée*, Union générale d'Éditions, coll. « 10/18 », Paris, 1970.

3. Jean Freustié, « La faute à l'hypothalamus », *Le Nouvel Observateur*, lundi 18 janvier 1971, p. 39 (Examen critique du livre de Laborit).

4. Konrad Lorenz, *Essais sur le comportement animal et humain*, Paris, Éditions du Seuil, 1970.

5. Marvin E. Wolfgang et Franco Ferracuti, *The Subculture of Violence*, London, Tavistock Publications Ltd., « Social Science Paper back », 1967, p. 154.

6. *Ibid.*, p. 159.

7. Daniel Latouche, *Les études sur la violence : où en sommes-nous ?* (Travail académique inédit, qui date de septembre 1972).

8. David V. J. Bell, *Resistance and revolution*, Boston, Houghton Miffin Compagny, 1973, p. 84.

9. James C. Davies, *When Men Revolt and Why* (ouvrage collectif), New York, The Free Press, Collier-MacMillan, 1971, p. 100 à 107.

10. Karl Marx et F. Engels, *Wage, Labour and Capital*, Selected works in two volumes, vol. 1, Moscow, Foreign Languages Publishing House, 1955, p. 94.

11. Alexis de Tocqueville, *The Old Regime and the French Revolution*, traduit par Stuart Gilbert, New York, Doubleday Anchor Edition, 1955, p. 174-177.

12. André Normandeau, « Une théorie économique de la révolution au Québec », *Cité libre*, avril 1964, p. 10.

13. Voir chapitre VI.

14. Hugh Davis Graham et Ted Robert Gurr, *The History of Violence in America*, tome I, New York, Bantam Books, 2ᵉ édition (révisée), 2ᵉ impression, 1970, p. 690 à 729.

15. James C. Davies, « Toward a Theory of Revolution », dans *Anger, Violence and Politics*, *op. cit.*, p. 67 à 84.

NOTES (SUITE)

16. Daniel Latouche, *La violence au Québec : l'entreprise de théorisation*, *op. cit.*, p. 25.

17. *Annuaire du Québec*, 1970.

18. *Private and Public Investment in Canada*, B.F.S., 61-205.

19. Ivo K. Feierabend, Rosalind Feierabend et Betty A. Nesvold, « Social Change and Political Violence : Cross-National Patterns », dans *Anger, Violence and Politics*, *op. cit.*, p. 107.

20. *Ibid.*, p. 632 à 680.

21. Daniel Latouche, *op. cit.*, p. 17.

22. *Annuaire du Québec*, 1970 et *Annuaire démographique des Nations-Unies*, 1969.

23. Daniel Latouche, *op. cit.*, p. 16.

24. Z. E. Zsigmond et G. J. Wenaas, *Enrolment in Educational Institutions by Province, 1951-52 to 1980-81*, Economic Council of Canada, Ottawa, 1970.

25. Karl W. Deutsch, « Social Mobilisation and Political Development », *The American Political Science Review*, 1961, vol. 55, p. 498.

26. Samuel P. Huntingdon, *Political Order in Changing Societies*, New Haven, Connecticut, Yale University Press, 1968, 4e édition, p. 55.

27. Raoul Roy, « La révolution de Cuba », *La Revue Socialiste*, été 1960, p. 41 à 52.

28. Z. E. Zsigmond et C. J. Wenas, *op. cit.*

29. T. R. Gurr, *Why Men Rebel*, Princeton, Princeton University Press, 1970.

30. André Normandeau, article cité, p. 12.

31. « Bombs Rattle Québec's Economy », *Business World*, 1er mars 1969, p. 845.

32. *Provincial Government Finance*, B.F.S., 68-207.

33. *Private and Public Investment in Canada*, B.F.S., 61-205.

34. René Beaudin et Claude Marcil, « Il y a 10 ans, le FLQ », *Magazine Perspectives*, 16 juin 1973, p. 4.

NOTES (SUITE)

35. Jacques Benjamin, Guy Bouthillier et Maurice Torelli, « Terrorisme au Québec », *L'Actualité*, novembre 1970, p. 37 à 42.

36. *Labour Force*, B.F.S., 71-001.

37. *Annuaire du Québec*, 1970 et *National Accounts, Income and Expenditure*, 1959, B.F.S., 13-201.

CHAPITRE XI

Analyse de l'efficacité de la violence politique au Québec

On peut penser que la violence est intrinsèquement désirable ; elle constituera alors une fin en soi plutôt qu'un moyen. Plusieurs auteurs contemporains ont proposé cette vision, Georges Sorel[1] et Frantz Fanon[2], par exemple. Au Québec, l'universitaire Daniel Latouche suggère lui-même, dans une étude de 1972, de situer le problème de la violence dans une perspective « fanonesque[3] ». Comme nous l'avons déjà dit précédemment dans cet ouvrage, pour l'auteur des *Damnés de la terre,* la décolonisation est essentiellement un phénomène violent, car elle implique la substitution radicale du colonisé par l'homme libéré. En ce sens, la violence révolutionnaire facilite déjà la construction de la future nation, car elle crée un homme nouveau, débarrassé « de son complexe d'infériorité, de ses attitudes contemplatives ou désespérées[4] » et, en le valorisant, rend l'homme plus audacieux et le réhabilite à ses propres yeux. Dans ce contexte, la violence devient un instrument privilégié, dont l'action est surtout psychologique et individuelle.

On ne saurait nier que le Québécois est un colonisé bafoué dans son être. Certaines déclarations des terroristes montrent combien la violence leur a permis de retrouver une certaine estime d'eux-mêmes. S'il reste vrai qu'en soi la violence peut avoir des effets bénéfiques pour l'individu frustré qui ressent le besoin de l'extérioriser pour se libérer, nous adopterons, pour notre part, un point de vue qui risque moins de nous enfermer dans un système idéologique particulier. Nous reconnaissons que le marxisme et le « fanonisme » ont apporté des contributions importantes à la science politique, mais ces deux théories ayant alimenté directement l'élaboration des dogmes et de la philosophie du FLQ, nous sommes en droit de nous demander s'il est scientifiquement objectif d'examiner la violence seulement sous l'angle des justifications idéologiques qu'en donne le FLQ. Encore une fois, nous rappelons qu'il est essentiel de vérifier, à chaque instant, le fondement objectif de cette idéologie.

Tentons donc maintenant de scruter les possibilités de réussite de la violence politique, non pas pour en édifier les normes mais pour juger de son efficacité réelle — en comparaison avec les autres moyens ou techniques (la non-violence, par exemple) — à la lumière des résultats obtenus.

Nous aurions tendance à croire que ce type d'exploration a déjà été entrepris — après 1970, vraisemblablement — par les anciens terroristes, quoique de façon intuitive chez certains d'entre eux. On peut imaginer, par exemple, comme le suggère le politicologue américain David V.J. Bell, que Pierre Vallières serait resté, pendant quelque temps, après 1970, en faveur de la violence mais que, compte tenu de la situation québécoise des années soixante-dix, il aurait craint que la violence n'appelât le dur contrecoup de la répression, si coûteuse pour les « forces progressistes ». Comme certains militants américains du mouvement des Panthères noires, il aurait peut-être décidé alors de sonder toutes les possibilités d'une stratégie non violente.

L'enjeu de la violence politique : provoquer une crise de légitimité

Certains croient que l'avènement du terrorisme signifie la fin de la vie politique, la force devenant à ce moment-là le seul arbitre en situation de conflit. Cette vue militariste de la politique oppose le processus normal (non violent) de gouvernement des sociétés aux processus particuliers qui impliquent l'usage de la force. Elle discerne, à juste titre, l'antinomie entre les moyens de la non-violence et ceux de la violence ; mais elle a le tort de ne pas admettre que, même lorsque des actes terroristes surviennent, la vie politique continue. Quand la violence fait irruption, un nouveau type de communication et de négociation apparaît des deux côtés ; cela paraît évident. Mais la tâche et l'enjeu réels des gouvernements demeurent (en période de violence comme de non-violence) le maintien, en toute légitimité — dans les pays à démocratie libérale, du moins — de l'autorité politique, le terme *légitimité* renvoyant ici au « consensus » et non à la légalité — confusion assez fréquente.

Lorsque se manifeste la violence, laquelle (supposément) signerait l'arrêt de mort de la vie politique, ce qui importe alors pour ceux que l'on pourrait appeler les « militaristes » est d'assurer avant tout la victoire des autorités dans des affrontements militaires et paramilitaires. Quand cette réussite devient un objectif majeur, quand le nombre de morts en vient à compter plus que le nombre de citoyens qui appuient ou non le régime, le but *politique* de l'usage de la violence se perd, bien sûr.

Le conflit, pourtant, fait partie intégrante de la politique ; en des temps plus calmes, par une distribution équitable des ressources — tant « symboliques » que matérielles — qui tient compte des demandes multiples qui lui sont faites, le gouvernement tente de conserver l'appui de la population, sa légitimité en quelque sorte, et l'adhésion de la majorité à des moyens pacifiques de pression. Mais, alors qu'en période calme cette distribution dépend de la communication et du marchandage, en temps d'agitation on tente plutôt d'influer sur le processus *politique* de la répartition par des actes d'agression. Mais, dans les deux cas, les objectifs majeurs du gouvernement demeurent les mêmes : maintenir ses appuis et sa légitimité.

Que visait le terrorisme au Québec, de 1963 à 1970 ? Le FLQ n'était pas apte, en lui-même, à présenter une alternative valable au gouvernement existant. Les propos que nous avons recueillis laissent croire que les felquistes n'espéraient nullement réussir un coup d'État ou la révolution à court terme, leur but étant plutôt, nous semble-t-il, du moins, de provoquer une grave crise de légitimité, de remettre en question les fondements du régime.

Avant que la fureur des minorités ne se manifeste, il faut que soit devenu évident l'échec du gouvernement, c'est-à-dire son impuissance à assurer sa légitimité et l'adhésion de la population à des moyens pacifiques. La contestation par les voies radicales est toujours le symptôme d'un malaise social ; à ce titre, elle ne doit jamais être négligée. Stratégiquement, en pareille posture, un gouvernement a avantage à se comporter de façon à ne pas accélérer le mouvement de désaveu qui commence à se manifester. Il a mieux à faire alors que d'éliminer quelques révolutionnaires, car, si l'appui populaire et, donc, sa légitimité sont en déclin, il ne se passera pas beaucoup de temps avant que de nouveaux activistes prennent la relève de ceux qui auront été liquidés.

Un gouvernement menacé par la violence politique ne doit donc pas perdre de vue ses buts *politiques*, sinon il se verra sans délai acculé à la catastrophe. Les erreurs ou les excès commis par les forces gouvernementales, au même titre que les tactiques des révolutionnaires — ainsi que l'a démontré une étude faite pour le compte de la National Commission on the Causes and Prevention of Violence[6] — peuvent précipiter la chute d'un régime politique. Le rapport Dare[7], préconisant la formation d'un Centre des crises, en 1974, définissait d'ailleurs comme principal objectif gouvernemental « le maintien de la légitimité de notre régime démocratique ».

L'analyse du problème du terrorisme repose sur deux concepts absolument fondamentaux : la *légalité* et la *légitimité*. Le fait de ne pas en avoir une idée claire et précise peut mener à des discussions bien stériles.

Les autorités politiques ont une tendance naturelle (on l'a vu en analysant la logique de leur discours) à interpréter les incidents de violence politique dans une perspective légaliste, c'est-à-dire à rappeler constamment les termes des lois qui gouvernent autant les relations politiques pacifiques que la conduite individuelle des citoyens. Or tout système national de droit public et de droit privé ne peut fonctionner de façon durable que s'il y a un consensus populaire, une légitimité, qui cautionne cet ensemble juridique. Le simple fait que la violence serve d'outil ou de moyen, dans ce contexte, indique — tout au moins — une brisure partielle du support consensuel. Par conséquent, définir les événements de violence politique exclusivement en usant des termes légaux classiques (comme MM. Trudeau et Choquette l'ont fait en octobre 1970) revient à ignorer systématiquement les fondements des attitudes politiques d'une partie du corps politique (ici : le FLQ et ceux qui appuyaient le contenu de leur manifeste). Dans une situation où le système juridique serait partiellement écroulé, il est absolument vital de déplacer les enjeux, en quittant le niveau de la légalité formelle pour aborder celui, sous-jacent, de la légitimité — réalité plus politique car elle se réfère à des appuis qui, bien qu'ils puissent être, en partie, élitistes, demeurent néanmoins toujours stratégiques.

Les tableaux IX et X nous permettront de simplifier la démonstration.

TABLEAU IX
Appréciation de la légalité
des actes de violence

	Actes de violence du gouvernement	Actes de violence du FLQ
légaux	I *perspective légaliste*	II
illégaux	III	IV

Dans une perspective légaliste, les actes de violence du gouvernement sont perçus systématiquement comme légaux, alors que ceux du FLQ sont définis comme illégaux.

· La violence politique prendra une importance stratégique au Québec quand un nombre croissant d'individus, reconnaissant l'illégalité des gestes du FLQ, les considéreront cependant *l gitimes* ou quand ces mêmes personnes reconnaissant la légalité des actions du gouvernement, les considéreront, par contre, *ill gitimes*.

TABLEAU X
Appréciation de la
légitimité des actes de violence

	Actes de violence du gouvernement	Actes de violence du FLQ
légitimes	I *gouvernemental* *révolutionnaire*	II
illégitimes	III axes	IV

En nous inspirant du tableau X, on pourrait définir les périodes de stabilité politique comme celles où les actes de violence sont perçus par la majorité selon l'axe I-IV ; mais, à mesure que s'accroît le nombre de personnes qui trouvent légitimes les gestes du FLQ et illégitimes ceux du gouvernement, la situation politique devient plus menaçante pour ce dernier. Le terrorisme (quel que soit son niveau) devient politiquement important quand les perceptions des citoyens se répartissent selon l'axe II-III. Ainsi, un renversement des attitudes populaires de l'axe I-IV vers l'axe II-III serait l'indice d'une situation révolutionnaire.

On pourrait résumer tout cela sous forme d'équation : la stabilité politique augmente directement en proportion du nombre de citoyens qui jugent selon l'axe gouvernemental (I-IV) et diminue en proportion de ceux qui jugent selon l'axe des révolutionnaires. Plus élevé est le taux de changement qui résulte du passage de l'opinion publique de l'axe gouvernemental vers l'axe révolutionnaire, plus rapide sera le déclin de la stabilité politique. Il semble donc que c'est la nature des perceptions — elles s'avèrent donc cruciales pour la stabilité d'un régime — et le nombre de personnes qui les partagent qui déterminent l'importance de la violence au niveau politique. Son intensité semble donc compter beaucoup moins, dans cette perspective, que son impact sur les masses. Mathématiquement, on pourrait exprimer la relation ainsi :

$$\text{stabilité politique} = \frac{\text{nombre de personnes en accord avec la perception gouvernementale}}{\text{nombre de personnes en accord avec la perception révolutionnaire}}$$

On comprend dès lors toute l'importance qu'accordaient les gouvernements fédéral et provincial aux télégrammes de soutien qu'ils recevaient de partout en octobre 1970, alors qu'en temps normal ils auraient été peu enclins à les invoquer.

Dans le domaine stratégique, il semble assez évident que les felquistes ne pouvaient pas espérer une révolution à court terme, même au moment de la Crise d'octobre. L'élection précédente ayant révélé qu'environ 23 pour 100 de la population du Québec avait voté en faveur d'un parti prônant l'indépendance par la voie électorale, il faut supposer que le nombre de personnes favorables à la violence pour obtenir l'indépendance était, à ce moment précis, sensiblement inférieur à ce pourcentage. Il eût vraiment fallu que la Crise d'octobre, véritable crise de légitimité en soi, se prolongeât très longtemps pour provoquer une détérioration importante de la situation et un changement d'adhésion de la part d'un grand nombre de citoyens. Car la majorité approuvait alors le gouvernement. Comme le FLQ ne pouvait compter sur aucun appui militaire ou extérieur concret, la partie était jouée d'avance, sur le plan du succès révolutionnaire de ses manœuvres.

D'autres facteurs que la légitimité, en temps de crise politique, influent, bien sûr, sur la conjoncture. (Nous aurons plus loin l'occasion de parler du rôle de l'armée et du soutien venu de l'extérieur du pays ; on peut citer également les conditions économiques objectives, les différences ethniques ou sociales, les traditions morales et religieuses d'un pays, etc.). Mais il nous semble que la légitimité joue ici un rôle de premier plan, car elle est la justification même du gouvernement face à la population du territoire et face aux interventions de l'extérieur. Les gouvernements illégitimes ont, de ce fait, une existence précaire, car les fondements mêmes de leurs pouvoirs peuvent, à tout moment, être contestés.

Le professeur Gude[8] a soumis, pour le compte de la commission Eisenhower, un modèle extrêmement intéressant basé sur l'étude de deux cas contraires : la chute de Fulgencio Batista, face à la poussée révolutionnaire à Cuba, et le succès de Romulo Betancourt, au Venezuela, dans son approche de la violence de la gauche. Il étudie deux attitudes répressives possibles, l'une modérée, l'autre exagérée, et démontre assez clairement l'importance capitale de la question de la légitimité ainsi que que la prédominance de cette question sur toutes les autres ; de plus, il choisit comme variable importante le degré d'organisation du mouvement révolutionnaire. Il confronte enfin la notion de légitimité à une analyse historique de la répression, phénomène qui fait varier cette notion. Nous croyons, étant donné l'orientation et les bases de notre analyse du Québec (violence des minorités et violence du pouvoir), que ce modèle peut apporter des éclaircissements.

L'importance d'une stratégie efficace

Le niveau d'organisation et de savoir-faire d'un mouvement révolutionnaire est aussi un facteur important, que nous devons considérer à ce stade de notre analyse ; il nous aidera à déterminer si la défaite que les gouvernements provincial et fédéral ont infligée aux terroristes était le résultat de manœuvres habiles ou si elle relève simplement de la chance, ou encore de la conjoncture. Car il faut reconnaître que les révolutionnaires peuvent commettre des erreurs fatales— comme les gouvernements, d'ailleurs. Le tableau XI, à la page suivante, représente tous les facteurs qui déterminent la probabilité de réussir une révolution.

TABLEAU XI
Probabilités de réussite d'une révolution

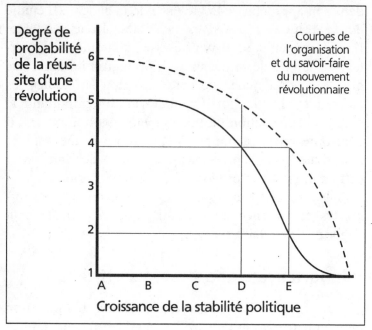

La réussite d'une révolution dépend directement de la position de la courbe (selon qu'elle est plus ou moins élevée), laquelle varie en fonction du savoir-faire et de l'organisation qu'a atteints un mouvement révolutionnaire. Prenons un niveau précis de stabilité politique, le point E ; la conjoncture favorable que représente ce point, sur le strict plan de la stabilité, déterminera des degrés plus ou moins élevés de probabilité de réussite d'une révolution (les points 2 et 4 par exemple), selon le niveau qu'aura atteint, au même moment, l'organisation et le savoir-faire d'un groupe révolutionnaire (c'est-à-dire selon l'endroit de la courbe que croisera la ligne verticale tracée depuis le point E). La courbe hypothétique, pointillée, indique ici un plus haut niveau de savoir-faire et d'organisation que le niveau habituel.

Si le gouvernement peut arriver à bien contrôler son niveau de stabilité politique (soit, par exemple, le point E sur la courbe), en s'efforçant de faire coïncider le plus possible la légitimité et la légalité de ses actes, il n'en va pas de même de la courbe de l'organisation et du savoir-faire des révolutionnaires, qui, elle, échappe beaucoup plus à son contrôle ; nous admettons que la tactique et des manœuvres policières efficaces peuvent affecter la stratégie des révolutionnaires, mais ce qu'il faut bien saisir ici, c'est qu'elles doivent absolument être exécutées de façon à garder le point E stable ou même à le diriger *encore plus loin vers la droite* du tableau. De même, les procédures judiciaires doivent se dérouler de façon à ne pas affecter le point E (pour ne pas troubler la perception de la légitimité). Le contrôle social (policier, militaire ou judiciaire) exercé par les gouvernements réduit très souvent l'efficacité des révolutionnaires, mais si ce contrôle est accompagné d'un brusque changement (qui amène la population à percevoir comme illégitime le contrôle gouvernemental) et, par conséquent, d'une régression du niveau de stabilité politique vers le point D, par exemple, la probabilité de réussite de la stratégie révolutionnaire se trouve à augmenter, au contraire.

Il nous faudra donc, en toute logique, examiner les actions répressives des gouvernements du Québec et du Canada face aux menaces de violence politique en tenant compte des effets immédiats de ces mesures sur la stabilité politique de l'un et de l'autre et sur l'organisation stratégique du mouvement révolutionnaire : cela nous permettra de voir plus clairement quelles étaient, au cours de la décennie 1962-1972, les probabilités de réussite réelles de la violence politique.

Le facteur déterminant, comme nous l'avons déjà dit, demeure, en tout temps, la perception de la *légitimité* des actes (gouvernementaux et révolutionnaires) par des secteurs importants de la population. Certains activistes prétendent que la Crise d'octobre aurait été déclenchée pour rallier le « secteur progressiste ». De fait, si on examine la question de près, un conflit politique violent comme celui-là n'impliquait directement que peu de combattants : quelque cent personnes seulement se trouvaient à prendre, à trois paliers différents (fédéral, pro-

● Cela correspond à l'évaluation de Gérard Pelletier, *La Crise d'octobre*, Montréal, Éditions du Jour, 1971, p. 55.

vincial, municipal), les décisions politiques ; de l'autre côté, on ne dénombrait qu'une dizaine de terroristes, tout au plus, et un appareil de soutien d'une centaine d'autres ●. Si l'on s'en tient au strict plan politique, en ne faisant pas intervenir encore les forces répressives, 100 représentants du gouvernement s'opposaient à 100 terroristes, dans une lutte idéologique et stratégique dont l'enjeu était la population. La majorité des citoyens n'était donc pas encore totalement mobilisée avant qu'éclate la violence.

Un déclin dans la stabilité politique, lequel peut se transformer peu à peu en crise de légitimité, peut incliner plusieurs secteurs de la population à adopter envers le régime une attitude plus hésitante et plus critique que celle qui serait la leur en temps normal ; souvent ils se réfugieront même dans le scepticisme politique, le *wait and see*, qui ne facilite pas la tâche des gouvernements. Un régime a besoin, à un pareil moment, d'un soutien positif et engagé s'il veut mobiliser la population en sa faveur et faire bouger les organes de répression (composés eux aussi de sujets politiques). Par ailleurs, les révolutionnaires désirent une chose avant tout : que la majorité retire son appui au gouvernement. Cette lutte, de nature purement politique, explique assez bien pourquoi les gouvernements, et les éditorialistes qui leur étaient acquis, ont, pendant la Crise d'octobre, utilisé une logique « militante » binaire, manichéenne, qui divisait systématiquement la société québécoise en citoyens respectueux des lois et en criminels terroristes. L'engagement de la population se trouvait ainsi directement sollicité, exigé même.

Si l'on se reporte à la stratégie révolutionnaire, elle n'avait pas besoin, au début, de bénéficier d'appuis importants. Comme nous l'avons signalé au chapitre sur l'idéologie terroriste, cette stratégie, bien que fondée sur un marxisme-léninisme orthodoxe, prenait forme, en pratique, dans des tactiques anarchistes. Les felquistes n'ont pas attendu de jouir du soutien populaire pour déclencher leur action. Ils ont cherché à démontrer, à travers la violence, que l'État ne pouvait pas assurer la sécurité publique et que certaines idées valaient qu'on les défende par des méthodes violentes ; c'est le système de propagande *par le fait*. Le meilleur résultat qu'on pouvait attendre de ces tactiques était de forcer le gouvernement à sur-réagir — à exercer une répression et un contrôle social excessifs — et à poser des gestes que les citoyens auraient jugés illégitimes (même si, techniquement, ils étaient légaux)▲. Pour cela, il était nécessaire de susciter la panique des gouvernements. C'est peut-être ce que Bachand et Villeneuve, les deux « durs » du réseau de 1963, voulaient signifier lorsqu'ils prétendaient que « peu de terrorisme nuit, [mais que] beaucoup aide[9] ». C'était là un piège dangereux tendu aux gouvernants, qui devaient alors faire preuve d'une subtilité et d'une force de caractère extrêmes.

Ils avançaient sur la corde raide car il leur fallait absolument contrôler le terrorisme. Mais, si une chasse militaire et policière pouvait réduire l'efficacité du mouvement révolutionnaire, cela ne devait pas s'effectuer de façon à accroître le mécontentement populaire (qui aurait alors perçu comme illégitimes les gestes du gouvernement). Il fallait éviter à tout prix une victoire à la Pyrrhus.

Historiquement, la stratégie anarchiste a connu la poussée la plus spectaculaire, les succès les plus foudroyants, là où le peuple était enchaîné et bâillonné par un État absolutiste (Russie, Espagne)[10]. Dans les démocraties bourgeoises, par contre, les tactiques anarchistes ont plus de difficulté à recevoir le soutien populaire. Quand le gouvernement n'est pas, de façon générale, perçu comme oppressif, la stimulation de la haine de l'État par les tactiques anarchistes revêt un caractère artificiel ; si la structure politique n'apparaît pas déjà tyrannique (c'est-à-dire illégitime et oppressive) ou même despotique (c'est-à dire légitime et oppressive), la provocation anarchiste risque d'être stratégiquement difficile. Là aussi les jeux sont faits d'avance.

Au Québec, la stratégie terroriste a évolué un peu avec les années. (Le tableau III est très révélateur, en ce

▲ « Notre tâche est de dévoiler par nos actions le caractère répressif de l'État bourgeois », rappelle Mario Bachand à l'automne 1969. (*Trois textes*, p. 43.) (Bachand fut assassiné en banlieue parisienne, dans des circonstances qui demeurent obscures.)

● Cela va dans le sens de l'importance accordée aux groupes de pression par Léon Dion, dans *Fondements de la société libérale*, Québec, Presses de l'Université Laval, 1971, p. 38.

sens.) En 1963, on visait avant tout à antagoniser les deux communautés culturelles, anglophone et francophone, et à « rendre à chacune la présence de l'autre insupportable[11] » ; en octobre 1970, on contestait directement la légitimité du gouvernement québécois, en tant que tel et aussi en tant que succursale du fédéral.

À l'intérieur du premier réseau, certains voulaient qu'on s'organise d'abord avant de passer à l'action ; d'autres, au contraire, étaient impatients d'agir. Comme ces derniers étaient majoritaires, ils eurent gain de cause[12]. Le second et le troisième réseaux, plus attentistes, souhaitaient plutôt la constitution d'un stock d'armes — visée très paradoxale, car la nécessité de voler des armes les situait déjà dans l'action, et les rendait susceptibles de répression. Seul le réseau attribué à Vallières-Gagnon tenta, d'abord au début de 1965, d'impliquer les masses dans la révolution, en militant dans les mouvements ouvriers et dans les grèves ; mais il a fini, lui aussi, par éprouver une certaine impatience et passa, dès la fin de la même année (1965), à l'action clandestine violente.

La stratégie, en elle-même, conserva donc un caractère surtout anarchiste, ce qui peut expliquer son échec, à court terme, dans un pays comme le nôtre, où le pouvoir politique n'est pas abhorré et où le système de démocratie libérale● offre aux citoyens des façons indirectes et pacifiques d'influer sur l'autorité politique. Les partis et les groupes de pression sont des voies de diversion non négligeables aux solutions violentes.

Évaluation comparative des facteurs stratégiques

Photo de la page suivante : Le 24 juin 1968, des milliers de téléspectateurs ont pu voir des manifestants se faire affreusement brutaliser. *Canapresse*.

Reportons-nous au modèle suggéré par Gude, tel qu'il l'applique à Cuba, où la révolution a réussi. En 1952, quand Fulgencio Batista, ancien président du pays — qui semblait s'ennuyer du pouvoir —, voulut assumer la direction du pays de façon légale, les bureaux de scrutin le classèrent troisième. Il décida donc de prendre le pouvoir par la force, grâce à l'appui de l'armée. Déjà

● Un fédéralisme issu de l'assimilation forcée d'un groupe à une entité politique (notamment à la suite d'une conquête par une puissance coloniale) constitue, selon les tableaux comparatifs des experts américains, un type de situation pouvant amener très probablement de la violence. T. R. Gurr, « A Causal Model of Civil Strife », dans Davies, *When Men Revolt and Why, op. cit.*, p. 299.

● La comparaison avec Cuba est intéressante à cause de certains points communs : populations quantitativement similaires, peuples latins, catholiques et soumis à l'emprise économique anglo-américaine ; admettons cependant des différences géographiques importantes.

son accession violente au pouvoir le privait de la légitimité, de l'appui consensuel qu'on attribue aux gouvernements qui respectent la Constitution. Maître d'un support populaire assez mince au départ, il ne réussit pas, malgré toutes les tactiques — élections « libres », amnistie générale et diverses mesures du genre — auxquelles il eut recours pour consolider le régime, à augmenter le nombre de ses appuis politiques. Tout cela ne put empêcher bon nombre de Cubains de se désengager, même avant le début de la révolution. Les événements significatifs de cette révolution devaient être, en fait, les étapes où ces récalcitrants basculeraient de plus en plus nombreux du côté des révolutionnaires.

Si l'on compare ce déroulement à la situation québécoise, notre gouvernement peut se dire légitime — en apparence, du moins. Si l'on n'a pas consulté la population du Québec pour imposer la confédération de 1867●, les gouvernements québécois qui se sont succédé ont tous reçu la caution morale d'une élection, ce qui, dans l'esprit de la majorité, suffit à consacrer leur légitimité. Il faudrait que les organisations légales fournissent un effort de politisation considérable, qui sensibiliseraient la population et susciteraient chez elle un engagement profond, pour arriver à détruire graduellement cette perception. Devant l'ampleur d'un tel travail, on sait que les felquistes ont exprimé une certaine impatience. La légitimité électorale du gouvernement québécois devait continuer de peser lourd.

Pour mieux comprendre la situation québécoise, une autre comparaison pourra s'avérer utile. La répression exercée par Batista fut extrêmement brutale●. À travers l'activité de sa police, il parvint à s'aliéner une grande partie de la classe moyenne, qui, autrement, n'aurait pas été totalement antipathique aux efforts de son gouvernement pour rétablir la loi et l'ordre. Quand les policiers concentrèrent leurs efforts sur les jeunes de la classe moyenne (car les étudiants appuyaient la révolution), ce support en puissance s'évanouit complètement. Les troupes de soldats se trouvaient de plus en plus concentrées dans les villes, car, s'étant montrées perdantes lors des escarmouches de guérilla rurale, elles devaient maintenant faire face à la montée d'agressions urbaines isolées (en 1957, les étudiants tentèrent même d'assassiner le dictateur). On estime que 20 000 civils furent torturés ou tués par le gouvernement, de 1956 à 1958. Même si ce chiffre a été gonflé par les castristes, pour fins de propagande, cela fait beaucoup de victimes dans un pays de six millions d'habitants. Plusieurs familles en furent profondément affectées. La question vitale cessa d'être celle de la légalité (il y avait bien peu de légalité où que ce soit, de toute manière...), pour devenir celle de la légitimité des actes de guérilla des rebelles et de celle de la contre-terreur du gouvernement. (On assista à un changement assez marqué de l'axe I-IV à l'axe II-III, pour reprendre la schématisation du tableau X, lequel affecta sérieusement la probabilité d'une réussite révolutionnaire.)

Au Québec, l'analyse de la répression, de 1963 à 1972, a montré combien elle avait été énergique, exceptionnelle et souvent illégale. Mais son caractère d'exception a été établi par rapport à la répression des crimes relatifs au droit commun : c'est là que se noue tout le problème. Comparée à la violence répressive dans d'autres pays, celle à laquelle on assista ici au cours de ces années ne ferait pas le poids. Ainsi, pendant la Crise d'octobre, sur six millions de Québécois, quatre cent cinquante furent arrêtés, dont plusieurs subirent de mauvais traitements ; les arrestations de la première vague, en 1963, même entourées de toute une série de gestes inadmissibles en droit et en justice, ne touchent qu'une trentaine de personnes ; les abus judiciaires contre Vallières, Gagnon et (Robert) Lévesque n'affectèrent directement que ces trois personnes. Seules les manifestations ont pu exacerber directement et personnellement le sentiment de révolte d'un plus grand nombre de personnes contre la répression. Celle-ci, toute odieuse qu'elle fût, présenta des caractères répugnants beaucoup plus à un niveau qualitatif que quantitatif. En ce sens, elle fut

▲ Un second procès avait modifié cette sentence de mort.

raisonnablement habile car elle ne prit pas un caractère directement mobilisateur : la révolte contre les « forces de l'ordre » de ceux qui n'étaient pas personnellement touchés par les événements se fit nécessairement plus tiède.

Il nous semble, en dernière analyse, que c'est la répression brutale des manifestations qui a touché le plus grand nombre de citoyens et qui a provoqué le plus la haine de l'autorité publique ; quand on s'est fait administrer sur le crâne plusieurs coups de matraque ou qu'un cheval vous a piétiné, on a en main des preuves bien concrètes d'une répression excessive. Il est significatif, à cet égard, que presque tous les felquistes se soient recrutés parmi les anciens manifestants. Quand on connaît la maladresse que certains policiers déployèrent en essayant de contrôler certaines foules (la journée du 24 juin 1968 valut au corps policier de Montréal un procès, et des milliers de téléspectateurs ont pu voir des manifestants se faire affreusement brutaliser), il n'est pas illogique de penser que l'écrasement des manifestations (de 1962 à 1972) ait provoqué, chez beaucoup de Québécois déjà engagés, une révolte vive contre le pouvoir établi et ses instruments de violence.

Cependant, non seulement la répression du terrorisme a-t-elle affecté un petit nombre seulement de Québécois, mais cette répression n'a pas dégénéré en brutalité extrême : aucun terroriste ne fut tué au cours d'une opération policière et aucun ne fut exécuté ; seuls Schirm et Guénette furent condamnés à mort, pour voir ensuite leur sentence changée en emprisonnement à vie▲.

Le FLQ, par contre, a fait des victimes ; les gouvernements ne devaient pas manquer de tabler là-dessus. La mort du gardien de nuit O'Neil, en 1963, fut suivie d'une orgie de lamentations et de propagande antiséparatiste dans les médias[13]. En octobre 1970, après la mort de Pierre Laporte, plusieurs chefs politiques vinrent devant les caméras de télévision exprimer leur indignation : Trudeau, Bourassa, Drapeau, Caouette, Bertrand, etc. La plupart y passèrent. Des milliers de spectateurs ont même pu, avec consternation, voir sangloter Jean-Noël Tremblay. Ce concert de regrets fut repris, dans les jours suivants, par une presse déchaînée.

Le fait d'avoir « permis » la mort du ministre Laporte constitue, pour le FLQ, une erreur stratégique grave. Le goût du changement qui montait dans l'esprit de larges secteurs de la population retomba à zéro, d'un coup sec. Les felquistes eurent tort de ne pas tirer les leçons de l'histoire antérieure de leur propre mouvement ; la mort des autres victimes du FLQ avait déjà soulevé, en effet, une assez vive répulsion dans le public. Inutile de dire qu'après celle du ministre l'axe de perception populaire de la légitimité s'établissait plus fermement que jamais en faveur des gouvernements. Si les felquistes n'avaient pas prévu ce phénomène, les gouvernements, pour leur part, l'ont rapidement exploité.

Deux sondages consécutifs (que nous présentons en appendice — voir Appendice III), publiés par le journal *La Presse*[14] le 15 novembre 1970 et le 27 novembre 1970, démontrent qu'en deux semaines 12 pour 100 des Québécois avaient changé d'opinion sur les mesures de guerre. Pourtant, Cross était toujours entre les mains des ravisseurs et les policiers n'avaient pas encore capturé non plus les présumés assassins de Laporte. Si le nombre d'individus favorables aux mesures de guerre était passé, en douze jours, de 84,8 à 72,8 pour 100, ce fait était attribuable à un retour normal de l'esprit critique, une fois (quelque peu) éloigné le danger de crise violente. On assistait donc, déjà en novembre 1970, à une baisse du nombre de personnes favorables à la répression et à la disparition graduelle de la crainte d'afficher ses opinions et ses options politiques. Il faut dire aussi que — le temps jouant — la mort de Pierre Laporte se désacralisait peu à peu.

En tant qu'organisation révolutionnaire, le FLQ affichait certaines faiblesses. Tout au long de son histoire, le mouvement a toujours souffert d'un certain manque de coordination ; déjà, en 1963, chaque cellule préparait sa propre opération et il arriva souvent qu'une

Déjà poseur de bombes, Pierre-Paul Geoffroy est arrêté puis relâché à l'occasion de la manifestation Seven-Up en 1968.

cellule effectuât des manœuvres sans que les autres fussent au courant, sans même que l'exécutif du mouvement fût consulté[15]. Cette tendance devait se maintenir tout au long de la décennie, ainsi qu'on peut le constater par les polémiques de *La Cognée* déjà mentionnées antérieurement. Les témoignages entendus lors des procès révélèrent même que c'est à l'insu de la cellule Libération que la cellule Chénier avait kidnappé Pierre Laporte. Les opérations du FLQ, pendant la Crise d'octobre, souffrirent aussi d'un manque de coordination évident : alors que la cellule Libération se montrait souple dans ses négociations, l'autre cellule s'avérait intransigeante. Ce manque d'unité ne pouvait que miner l'efficacité des pourparlers.

Par ailleurs, il faut reconnaître que les deux enlèvements furent menés de main de maître, avec toute la précision et l'adresse qu'ils exigeaient. La fuite de Paul et Jacques Rose, ainsi que de Francis Simard, du logis perquisitionné de la rue Queen Mary, après une habile dissimulation dans une garde-robe à double fond, démontre une ingéniosité et un sang-froid peu communs. La stratégie des communiqués envoyés à des postes de radio concurrents se révéla un habile moyen de créer une

Les deux chefs de gouvernement, Pierre Elliott Trudeau et Robert Bourassa, lors des funérailles officielles de Pierre Laporte. *Canapresse*.

ambiance fiévreuse, un mélange de terreur et de ferveur révolutionnaire.

À l'opposé, les services policiers furent bien lents à cerner les ravisseurs de Cross (cela prit deux mois) et à capturer les présumés assassins du ministre du Travail (il leur fallut deux mois et demi). Pourtant, presque tous les terroristes avaient été fichés au cours de leur arrestation lors de manifestations. Il demeure incompréhensible que trois services policiers n'aient pu les capturer avant. De plus, Jacques Lanctôt, soupçonné d'avoir comploté pour enlever le consul d'Israël, venait d'être arrêté au volant d'une camionnette, puis relâché sous un cautionnement auquel il avait forfait. Son frère, François Lanctôt, se trouvant déjà en prison en rapport avec le complot de kidnapping du consul américain, il semble que la conduite éventuelle de Jacques Lanctôt était, par conséquent, assez prévisible.

Quand on connaît les techniques d'espionnage électronique qu'employaient, à l'époque — sans contrôle légal — nos services policiers, quand on sait qu'il existait, alors, des procédés de surveillance et de filature, quand on a la preuve que ces mêmes services policiers étaient renseignés sur les tendances violentes et les idées politiques des individus qui composaient les deux cellules, il semble aberrant qu'ils n'aient pas pu prévenir les enlèvements ni capturer rapidement les ravisseurs. À cet égard, on pourrait dire que si les terroristes ont montré à la fois un manque d'organisation et un certain génie dans l'improvisation, les services policiers, eux, ont manifesté un grand sens de l'organisation (les trois services policiers se trouvaient « superbement » réunis sous une direction unique) mais un manque assez général de flair et d'imagination.

Les méthodes policières antérieures, de 1962 à 1969, n'avaient pas brillé non plus par leur ingéniosité. Il semble, selon plusieurs sources — dont les felquistes eux-mêmes —, que le premier réseau aurait été découvert grâce à un délateur, Jean-Jacques Lanciault. Plus tard, en 1964, Schirm et Guénette avaient été arrêtés, au cours d'un hold-up, par une patrouille qui passait par hasard, en répondant à une fausse alarme. Vallières et Gagnon s'affichaient tellement au cours de leurs activités dans divers mouvements légaux, par leurs écrits dans *Parti Pris* ou dans *Révolution québécoise* et, enfin, dans les manifestations et lors des grèves, qu'il aurait fallu être parfaitement imbécile pour ne pas les soupçonner d'appartenir à quelque réseau de gauche. Pierre-Paul Geoffroy, qui avait commencé en septembre 1968[16] à placer des bombes presque partout à Montréal, n'avait été arrêté qu'en mars 1969[17]. Pourtant, il possédait déjà un casier judiciaire (manifestation Seven-Up). Le complot pour enlever le consul américain avait été, quant à lui, éventé par un délateur (dont les communiqués d'octobre 1970 allaient d'ailleurs réclamer le nom). Bref, si les services policiers étaient plus structurés et organisés que le FLQ, ils nous semblent, par contre, lorsqu'est venu le temps d'intervenir en rapport avec des manifestations terroristes, avoir manqué d'inventivité. À moins que cette lacune ne s'explique autrement...

La répression, malgré ses maladresses nombreuses, n'a toujours été exercée qu'à l'endroit d'un nombre très restreint de citoyens. Ce simple fait démontre que la nature de la répression ici en cause ne pouvait pas faire basculer la légitimité du côté des révolutionnaires. Là aussi nous touchons un étrange paradoxe : de 1962 à 1972, la répression du terrorisme et des manifestations fut (qualitativement surtout) juste assez forte pour que certrains groupes puissent, à bon droit, s'en indigner, mais aussi juste assez modérée (quantitativement) pour que le gouvernement conservât les appuis populaires qui lui assuraient la légitimité. La venue de l'armée, comme manœuvre d'intimidation, nous paraît un cas limite ; on sait que ce déploiement de forces était exagéré, compte tenu du fait que le terrorisme était un phénomène surtout montréalais. Il était alors excessif de couvrir tout le territoire québécois et d'opposer à une dizaine de terroristes des milliers de soldats, ce qui ne pouvait manquer de coûter des sommes astronomiques aux contribuables canadiens et québécois. En un sens, le gouvernement fédéral a pu leurrer, dans l'immédiat, la majorité des citoyens avec son « insurrection appréhendée », mais, avant même la fin de la crise, bon nombre d'entre eux ont commencé à prendre une certaine distance par rapport aux événements.

Autres facteurs

Nous avons déjà évoqué, à l'occasion de notre analyse de l'idéologie révolutionnaire, les facteurs économiques, sociaux et culturels qui avaient une portée décisive sur le développement et l'issue d'un conflit violent ; nous avons vu aussi que la modernisation brusque de la société québécoise avait provoqué une montée en flèche des aspirations collectives, à la suite de quoi s'était profilé un grand écart entre ces aspirations et les capacités du système de les satisfaire. Ces facteurs déterminants de la violence devraient normalement, eux aussi — si ce n'était que nous risquerions de nous répéter —, entrer en ligne de compte dans l'analyse des éléments qui font varier le degré de probabilité de la réussite de l'action révolutionnaire. Nous verrions alors

En temps de crise politique profonde, la question du « law and order » occupe toute la place dans les esprits.

que, de même que l'organisation révolutionnaire et le savoir-faire des terroristes ne doivent pas être sous-estimés dans l'évaluation d'une situation répressive, le gouvernement ne doit pas non plus traiter avec légèreté les problèmes sociaux, économiques et culturels, sinon il risque d'exaspérer de vastes secteurs de la population, de modifier l'idée favorable qu'elle entretient sur la légitimité des actes du gouvernement, et ainsi, d'affecter la stabilité politique de ce dernier. Et, comme nous l'avons déjà vu, quand la stabilité politique est atteinte, la possibilité que survienne une révolution est à considérer sérieusement.

Nous avons tendance à croire qu'en temps de crise politique profonde (comme en octobre 1970) et — à un moindre degré — en période de terrorisme, le problème du contrôle social et de la répression (du *law and order*) occupe à peu près toute la place dans les esprits. En ce sens, le modèle de Gude s'applique bien au Québec.

Il ne faut, certes, pas négliger non plus l'importance des mesures sociales dans les efforts d'un gouvernement pour isoler des révolutionnaires. À cet égard, certains activistes, citant Perspectives Jeunesse et le Programme d'initiatives locales, nous ont déclaré être parfaitement conscients des pouvoirs de « récupération » des gouvernements. On pourrait aussi bien mentionner ici les réformes dans les affaires sociales, domaine où la légitimité constitue un enjeu certain, et où un gouvernement peut souvent recevoir l'appui inconditionnel d'un bon nombre de citoyens ; l'État pourrait tabler, par exemple, sur la reconnaissance des prestataires de régimes sociaux. Des gratifications, symboliques ou réelles, peuvent, par conséquent, priver d'appuis importants les éventuels révolutionnaires.

Enfin, deux autres facteurs pèsent sur l'issue d'une confrontation politique violente : le rôle de l'armée et celui de l'appui extérieur, dont nous avons très peu parlé encore.

L'encerclement de la maison de la rue des Récollets, où était détenu James Cross.

Le rôle de l'armée

Les politicologues américains C. Leiden et K. M. Schmitt[18] prétendent qu'on ne peut plus soutenir aujourd'hui l'opinion (exprimée, par exemple, par Gustave Le Bon[19] et Katherine C. Chorley[20]) voulant qu'aucune révolution ne puisse être complétée sans l'appui de l'armée. L'existence d'une armée puissante et loyale peut assurément avoir un effet dissuasif sur des terroristes ; elle aussi peut encourager l'intransigeance d'un régime et son insouciance à l'égard des problèmes sociaux de la population. L'histoire contemporaine (comme celle des siècles passés) regorge d'exemples de ces dictatures militaires qui se sont appuyées sur l'armée pour écraser ou menacer d'écraser une éventuelle rébellion : la persuasion politique se trouve alors remplacée par la répression immédiate et radicale. Ces situations, qui demeurent fréquentes, sont très périlleuses car un tel recours à l'armée, même s'il peut décourager ceux qui fomenteraient un coup d'État, peut cependant intensifier le mécontentement, le ressentiment et la frustration enracinés en profondeur dans la société, ce qui ne fera qu'alimenter la pression révolutionnaire. Il est toujours dangereux de remplacer totalement la légitimité par la force.

Il ne convient pas de s'attarder sur le cas, bien hypothétique, d'une armée appuyant un coup d'État ou une révolution au Québec. Nous savons toutefois qu'au Moyen-Orient, en Amérique Latine et dans certains nouveaux pays d'Afrique, les juntes militaires tentent régulièrement de conquérir ainsi le pouvoir. En Syrie, par exemple, cela survient à l'intérieur même de l'armée dont les factions se battent entre elles plutôt que de combattre le gouvernement. En Amérique latine, au contraire, les chefs militaires luttent contre les gouvernements et les régimes, puis entre eux, mais à un moindre degré[21] ; une fois au pouvoir, ils se trouvent souvent soumis à des pressions considérables qui visent à les convaincre de remettre entre les mains des civils l'exercice du pouvoir politique.

Dans les pays du tiers monde, en général, l'armée n'étant pas homogène, elle ne se trouve pas immunisée contre l'idéologie et les influences qui déclenchent les révolutions ; les soldats y sont liés à la population en général par toutes sortes de relations et de contacts. Là où l'armée n'est pas monolithique, où elle est, donc, en proie aux factions du fait qu'elle est morcelée en divers groupes dont la loyauté varie, les coups d'État militaires peuvent se produire fréquemment. Là, par contre, où elle présente une grande homogénéité, les tentatives de prise de pouvoir et les révolutions organisées par les militaires demeurent plus rares mais, lorsqu'elles sont mises à exécution, leur succès est presque assuré. Comme le dit Chalmers Johnson, « les révolutions militaires réussiront toujours si, de fait, les officiers commandent l'armée[22] ».

Supposons qu'ici, au Québec, un coup d'État ou même une révolution soit contrecarré(e) par l'armée canadienne : n'oublions pas que, dans ce cas bien particulier, l'armée viendrait de l'extérieur du Québec et que, par conséquent, elle serait commandée par le gouvernement d'Ottawa, bien que le Québec pût l'appeler à son secours. La loyauté de chacun de ses membres étant déjà acquise au gouvernement fédéral — on sait, en outre, que la tendance à l'anglicisation des Canadiens français qui y militent est très forte —, on peut considérer cette armée comme assez homogène.

En temps de crise, l'armée a joué (et peut jouer encore) un rôle d'intimidation important : en octobre 1970, elle a rendu impossible toute manifestation, toute réunion (même non violente) de dissidents, sa simple présence persuadant sur le champ les mécontents de se taire. Dans ce contexte, elle constitue donc un appui stratégique au pouvoir fédéral■ et même à un gouvernement provincial dont on contesterait la légitimité — un appui efficace, en plus, car, en cas de révolution, l'armée fédérale (qui représente théoriquement dix provinces) pourrait aisément forcer la population d'*une* d'entre elles à réprimer sa dissidence et à accepter le régime établi.

Une intervention militaire de l'Armée canadienne aurait-elle, dans ce cas, un effet décisif ? À première vue, en considérant les forces en présence, il nous semble que oui, mais il faut formuler une réserve importante. Les succès contemporains de la guérilla (notamment, en Yougoslavie, en Chine, au Viêt-nam, en Algérie et à Cuba) ont prouvé qu'une armée ne peut pas toujours maîtriser les forces insurrectionnelles sur son territoire. Par ailleurs, pour certains leaders communistes, comme Che Guevara[23], une poignée d'hommes peuvent suffire à déclencher une révolution, ce qui se confirme dans le cas de Cuba.

En 1956, Fidel Castro et 81 de ses compagnons débarquèrent de leur yacht (non étanche) dans la province d'Oriente, à l'est de Cuba ; dans le mois qui suivit, les effectifs révolutionnaires furent réduits à 12 membres, la plupart des autres ayant été tués ou capturés. C'est avec une équipe aussi réduite que Castro[24] amorça la révolution, en se livrant à des raids de guérilla. Au printemps de 1958, il réussit à augmenter ses effectifs à 180 hommes, ce qui restait bien mince à côté des 30 000

■ L'épisode des barricades dressées par les Amérindiens mohawks, à l'été 1990, démontre combien l'armée canadienne a raffiné ses techniques d'encerclement, de déstabilisation de l'adversaire et de maîtrise de la communication médiatique. Cette armée apparut aux antipodes de l'allure déphasée qu'avaient eue en octobre 1970 les militaires en tenue de camouflage forestier dans les rues de Montréal, sans que l'on connaisse la logique de leurs opérations.

soldats de Batista, entraînés à l'américaine. Vers la fin de 1958, la force de guérilla augmenta jusqu'à 1000 hommes, avec un appui d'environ 7000 autres, dans la clandestinité urbaine. Ce dernier groupe devint l'épine dorsale de la révolution. Celle-ci peut donc maintenant être interprétée[25] comme une insurrection de la classe moyenne dans les régions urbaine et rurale, ayant réussi, sans participation substantielle de la paysannerie ou de la classe ouvrière à précipiter la chute du régime.

Non seulement n'est-il pas absolument nécessaire d'être nombreux pour combattre une armée, si les révolutionnaires s'appuient sur des techniques de guérilla efficaces mais, à un stade plus avancé de la montée insurrectionnelle, les révolutionnaires peuvent infliger à l'armée des déroutes étonnantes. Ainsi, en 1958, Batista envoya 5000 soldats dans la Sierra Maestra pour encercler la région et éliminer les rebelles[26] ; mais la Sierra s'étendant sur 100 milles, de l'est à l'ouest, et comptant environ 15 à 25 milles de profondeur, un simple calcul mathématique suffit à montrer à quel point l'armée se trouvait devant une tâche impossible, le terrain étant extrêmement accidenté, montagneux et rempli de forêts épaisses ; même avec des troupes deux fois plus nombreuses, cela se serait avéré impossible. En dernière analyse, la victoire, sur le plan militaire, a été acquise par les rebelles, de plus en plus nombreux (entre 1000 et 1500 hommes équipés d'armes volées aux troupes de Batista), qui ont mené une guerre d'usure, « grignotant » de plus en plus de zones rurales (où les soldats n'osaient plus s'aventurer), étendant petit à petit les territoires libres et se construisant un arsenal avec les armes des troupes vaincues ; l'armée se trouvait retranchée dans ses casernes.

Un mouvement de guérilla québécoise (comme le FLQ, sur le plan urbain) doit compter avec la présence éventuelle de l'Armée canadienne. S'il avait voulu perpétrer un coup d'État, un tel mouvement aurait eu à raffiner ses méthodes et à adapter ses tactiques à la géographie propre du Québec, peut-être en exerçant une guérilla mi-urbaine, mi-rurale. Mais, avant tout, pour être viable, un tel mouvement doit opérer au moment précis où il note un vacillement, dans de vastes secteurs de la population, des convictions quant à la légitimité des actes du gouvernement — vacillement qui devrait être plus sérieux qu'en octobre 1970. Dans un tel contexte, le mouvement révolutionnaire (comme le démontre l'expérience cubaine) peut accroître ses effectifs et trouver, dans la population, au sens large, des gens prêts à l'aider de diverses façons occasionnellement. C'est sans doute en ce sens que Vallières affirmait, à l'automne 1971 : « On ne provoque pas au nom du peuple l'armée du pouvoir en place quand on ne possède pas soi-même une armée dans laquelle un peuple peut se reconnaître, s'intégrer consciemment[27]. »

Les appuis extérieurs

Les conflits intérieurs violents subissent indéniablement l'influence de la société internationale. D'abord, une révolution s'inspire souvent d'événements politiques d'autres pays ou de propagandes issues de l'étranger ; ensuite, pendant que la révolution se déroule, des pays étrangers peuvent apporter un appui, caché ou déclaré, moral ou matériel, au mouvement révolutionnaire, à cause d'affinités ethniques, doctrinaires ou sentimentales ; enfin, on peut accorder ou refuser d'accorder au nouveau gouvernement révolutionnaire une reconnaissance officielle ou diplomatique et un appui matériel.

Le monde contemporain est essentiellement caractérisé par la facilité des communications et des échanges de valeurs. Des groupes de plus en plus nombreux[28] sont amenés à préparer des révoltes par la simple comparaison des avantages que leur procure leur gouvernement avec ceux que d'autres peuples reçoivent du leur. Mais certains réseaux de propagande exaltent aussi les vertus du changement et les citoyens sont au courant de l'implication de certains gouvernements dans la fomentation

■ On pourrait ajouter à cette liste un putsch à Trinidad, en 1990.

de la révolution chez leurs voisins. Rappelons à ce sujet l'offensive de Castro, au début des années soixante, pour radicaliser l'Amérique latine.

Il est possible aussi que des chefs politiques étrangers collaborent activement à la préparation d'une révolution ou d'un coup d'État interne. Malgré que ce genre de procédé engendre une indignation considérable et de sévères dénonciations, il est probable que de telles interventions vont continuer longtemps encore de se perpétrer de par le monde[29]. Un exemple frappant demeure le cas de la Lybie, qu'on accusait, en 1972, d'avoir fomenté un coup d'État au Maroc et un autre en Jordanie[30]■. Il y a une foule d'autres variantes dont nous pourrions dresser la liste ici. Dans le cas de la révolution castriste, il faut savoir que l'ambassadeur américain signifia, en 1958, à Batista que les USA lui retiraient tout appui, Batista ne pouvant plus assurer l'ordre dans le pays ; le lendemain, le dictateur quittait Cuba[31].

L'intervention directe d'un autre pays ne fut pas tentée au Québec et on peut raisonnablement penser qu'elle ne le sera jamais. Celui qui s'y livrerait, comme le souligne assez justement Vallières[32], se mêlant d'un « conflit interne » au Canada, risquerait une déclaration de guerre de ce dernier et de ses alliés. Par conséquent, si, de nouveau, l'Armée canadienne est appelée à maîtriser une insurrection appréhendée au Québec, les Québécois peuvent s'attendre à être abandonnés à leur propre sort.

Certains écrits felquistes de *La Cognée*[33], qui datent de1964, faisaient preuve, à cet égard, d'une naïveté étonnante : « Heureusement pour nous, la géographie nous est favorable. Nous avons comme voisin un peuple qui comprendra notre combat pour l'avoir effectué lui-même, de 1775 à 1783. » Ou : « Nous sommes assurés que le Président Johnson sera sympathique [à notre révolution][34]. » Et enfin, voici l'image qu'on se faisait alors de la France : « La France redevenue grande, s'intéresse maintenant à nous. En octobre dernier, André Malraux est venu nous dire que nous ferions la prochaine civilisation ensemble[35]. »

Le jugement de Vallières, en 1971, sera plus réaliste. Le leader idéologique qualifiera l'appui de la France d'« important », mais surtout de « symbolique » « d'ordre moral et culturel[36] » précisera-t-il. Il ne croit pas, de plus, qu'il faille compter sur le prolétariat américain, car la classe ouvrière blanche des États-Unis demeure associée — elle en tire un profit relatif — à l'oppression que sa société exerce globalement sur d'autres sociétés (à l'intérieur comme à l'extérieur du territoire américain)[37], mais il suggère tout de même d'établir des ponts avec les minorités révolutionnaires des États-Unis▲. Car il ne faut pas sous-estimer, selon lui, l'influence que ne peut manquer d'avoir, à plus ou moins long terme, sur l'ensemble de la collectivité américaine, la contestation qui s'y développe tant dans les ghettos que dans les universités. Si les révolutionnaires ont intérêt à adopter l'attitude critique des contestataires américains, ils gagneront sûrement aussi à rejoindre le niveau de combativité des pays engagés dans la lutte pour leur indépendance politique et économique, en particulier ceux qui, en Amérique latine (sur le continent américain, donc, nous rappelle Valières), se trouvent à l'avant-garde de cette lutte. Il propose ensuite de lutter avec ces alliés pour bâtir un nouveau type de relations internationales, sur la base du développement social des peuples plutôt que sur celle de leur exploitation commune par l'impérialisme.

* * *

Il ressort de ces considérations qu'une révolution au Québec devrait se faire par les Québécois eux-mêmes. Nous inclinons à croire qu'elle devrait s'appuyer sur un très grand consensus, qui consacrerait la légitimité du nouveau gouvernement. Ce consensus ne pourrait être obtenu par la violence que dans des circonstances vraiment très particulières comme nous l'avons signalé. La voie électorale, dans la mesure où elle n'est pas bloquée, constituerait, face à la communauté internationale, une preuve plus tangible de la légitimité du nouveau gouvernement révolutionnaire.

▲ Dans le même sens, Bachand proposait d'établir des relations avec toutes les avant-gardes révolutionnaires du Canada et des États-Unis, pour susciter la révolution socialiste chez elles et ainsi empêcher une intervention militaire chez nous. Aussi, pour empêcher la bourgeoisie nationaliste de s'installer au pouvoir en faisant, sur le dos de la classe ouvrière, des concessions aux impérialistes.

Une fois en position d'autorité, un gouvernement révolutionnaire doit s'assurer la reconnaissance d'un vaste secteur de la communauté internationale, sans quoi il risque de ne pas pouvoir survivre. Non seulement s'agit-il là d'une exigence précise du droit international public[38] (qui spécifie que tout changement inhabituel de régime, que ce soit un coup d'État ou une révolution, doit être reconnu par les autres membres de la communauté internationale), mais il s'agit également d'une nécessité politique face à l'opinion mondiale et au commerce nécessaire avec les autres pays. Les politicologues américains ne manquent pas de rappeler[39] que le défaut d'obtenir la reconnaissance mondiale entraîna, en grande partie, la chute du Katanga indépendant de Tshombe, en 1963.

Les felquistes de 1964 possédaient déjà des opinions assez précises sur la question de la reconnaissance mondiale, comme en témoigne *La Cognée* :

> ... le parti formera, au nom de la population de notre pays, le Gouvernement provisoire de la République québécoise (GPRQ). À la fin des hostilités, celui-ci assumera tous les pouvoirs[40].

> La fin des hostilités pourrait être entraînée soit par une insurrection générale, comme aux États-Unis en 1776, soit par des négociations politiques appuyées par une action militaire, comme en Algérie ; soit (ce qui serait un précédent peu probable) par un référendum qui, sous la responsabilité des Nations-Unies, permettrait aux Québécois d'exprimer leur volonté[41].

Quoi qu'on puisse penser de ces modalités, un Québec indépendant et peut-être révolutionnaire devrait tenir compte de la stratégie internationale. Il lui faudrait des chefs prestigieux pour susciter l'enthousiasme à l'étranger et obtenir, au cours de cette période critique, plusieurs appuis ainsi qu'une reconnaissance officielle de son nouveau statut. Mais un Québec indépendant, dit

Vallières, aurait tout avantage à s'attirer l'appui d'une grande puissance, au moins, que la plupart des autres gouvernements craignent et respectent et, de préférence, très rapprochée géographiquement, socialement et culturellement de la société québécoise. Il est probable que les Québécois n'auraient pas le choix de déterminer l'origine de ce soutien ; ils devraient prendre garde alors de ne pas se faire dévorer par lui !

À cet égard, ainsi que l'affirme encore Vallières[42] — qui fait preuve ici de beaucoup de lucidité et de réalisme —, il serait plus avantageux et plus prudent de ne pas rechercher l'émancipation collective des Québécois sous le parapluie d'une seule grande puissance, qu'il s'agisse de la France, de l'URSS ou de n'importe quelle autre. Nous devons tirer des leçons de prudence et de fermeté de l'histoire des relations Cuba-URSS.

NOTES

1. Georges Sorel, *Réflexions sur la violence* (traduction anglaise de la 3ᵉ édition française, par T. E. Hulme et J. Roth), New York, Collier Books, 1970.

2. Frantz Fanon, *Les damnés de la terre*, Paris, Maspero, 1968.

3. Daniel Latouche, *Les études sur la violence : où en sommes-nous ?*, (inédit), *op. cit.*, p. 29.

4. Frantz Fanon, *op. cit.*, p. 70.

5. David V. J. Bell, *Resistance and Revolution, op. cit.*, p. 88.

6. Edward W. Gude, « Batista and Betancourt : Alternative Responses to Violence », dans le célèbre rapport de la commission Eisenhower, *op. cit.*, p. 731 à 748.

7. Rapport du général M. R. Dare, dans sa version expurgée soumise aux Communes, le 12 mars 1974.

8. Edward W. Gude, *op. cit.*, p. 736.

9. René Beaudin et Claude Marcil, « Il y a dix ans, le FLQ », article cité, p. 8.

10. René Beaudin, « Critique des fondements théoriques de la stratégie anarchiste », *Parti Pris*, vol. 3, nᵒ 6, janvier 1966, p. 11.

11. René Beaudin et Claude Marcil, *op. cit.*, p. 6.

12. *Ibid.*

13. *Ibid.*, p. 7.

14. *La Presse*, lundi 30 novembre 1970.

15. René Beaudin et Claude Marcil, *op. cit.*, p. 6.

16. Gustave Morf, *op. cit.*, p. 128.

17. *Ibid.*, p. 132.

18. Carl Leiden et Karl M. Schmitt, *The Politics of Violence, op. cit.*, p. 25.

19. Gustave Le Bon, *The Psychology of Revolution*, New York, G. P. Putnam's Sons, 1913, p. 29.

20. Katherine C. Chorley, *Armies and the Art of Revolution*, London, Faber and Faber Ltd., 1943.

21. Carl Leiden et Karl M. Schmitt, *op. cit.*, p. 28.

NOTES (SUITE)

22. Chalmers Johnson, *Revolution and the Social System*, *Hoover Institution Studies*, n° 3, 1964, p. 18.

23. Che Guevara, *On Guerilla Warfare*, *op. cit.*, p. 67-68.

24. Robert Taber, *The War of the Flea*, New York, Citadel Press Inc., 1970, p. 38.

25. Edward W. Gude, *op. cit.*, p. 741.

26. Robert Taber, *op. cit.*, p. 39.

27. Pierre Vallières, *L'urgence de choisir*, *op. cit.*, p. 111.

28. Carl Leiden et Karl M. Schmitt, *op. cit.*, p. 69.

29. *Ibid.*, p. 71.

30. Voir *Le Devoir*, 28 novembre 1972.

31. Raymond Cartier, *Histoire mondiale de l'après-guerre*, tome II, Paris, Les Presses de la Cité, p. 252.

32. Pierre Vallières, *L'urgence de choisir*, *op. cit.*, p. 147.

33. P. A. Gauthier, *La Cognée*, n° 5, 15 février, 1964, p. 4.

34. *La Cognée*, n° 23, 15 novembre 1964, p. 1.

35. P. A. Gauthier, *op. cit.*, p. 4.

36. Pierre Vallières, *L'urgence de choisir*, *op. cit.*, p. 146.

37. *Ibid.*, p. 78.

38. George Modelski, « International Settlement of Internal War », dans James N. Roseneau, *International Aspects of Civil Strife*, Princeton, Princeton University Press, 1964, p. 128.

39. Carl Leiden et Karl M. Schmitt, *op. cit.*, p. 72.

40. P. A. Gauthier, dans *La Cognée*, n° 10, 30 avril 1964, p. 6.

41. Paul Lemoyne, dans *La Cognée*, n° 28, 1er février 1965, p. 3.

42. Pierre Vallières, *L'urgence de choisir*, *op. cit.*, p. 147.

Conclusion

À la lumière de tous les éléments que nous venons d'analyser, que faut-il penser de la violence à mobile politique au Québec, de 1962 à 1972 ?

D'abord, peut-on conclure qu'elle fut efficace ? On a constaté qu'à court terme elle avait échoué. Si la violence politique cubaine ou russe a déjà réussi, dans des contextes tout à fait particuliers, à renverser le régime qui était en place dans ses pays respectifs, la violence québécoise n'a pu, elle, y parvenir ; le Québec des années soixante apparaît même assez loin de sa révolution socialiste et indépendantiste. Par ailleurs, le *backlash*, le ressac de la répression, s'est révélé, sur le coup, extrêmement dur : sentences exemplaires de prison pour les terroristes, traitements brutaux pour les manifestants, présence intimidante de l'armée avec menace latente de mise au silence de la population, arrestation et perquisition des individus réputés les plus politisés et, finalement, incarcération des trois chefs syndicaux. Sans compter les lois répressives● qui ont donné à la contestation de bien piètres perspectives d'avenir.

Doit-on en déduire, alors, que la violence ne paie pas, comme on dit communément ? On peut penser, comme certains chercheurs[1], que l'usage de la violence chez certains Québécois, comme chez certains Noirs

● Le projet de loi numéro 51 et le règlement Drapeau-Saulnier qui interdit les manifestations.

américains, a contribué, à moyen terme, à mettre en
lumière les maux socio-économiques et l'infériorité politique propres à leur groupe ethnique. Aux États-Unis[2],
on conteste cette théorie, car on croit que la violence
politique au Québec a pu créer un raidissement de la
droite, une radicalisation dans le conservatisme, qui
peuvent s'exprimer dans le désir de revenir à « la loi et
(à) l'ordre ». De cette attitude de repli les gouvernements de centre auraient tiré plus d'avantages que les
partis de droite.

À long terme, il reste possible que la violence constitue un moyen d'action privilégié au sein même de la
démocratie libérale. Après que le terrorisme a mis les
problèmes d'un groupe social ou ethnique à l'ordre du
jour, la crainte que les gouvernants peuvent éprouver, en
face de l'éventualité d'une nouvelle flambée de violence,
peut les entraîner à améliorer sensiblement la position
relative de ce groupe. Certains auteurs[3] ont réussi à démontrer qu'il y avait, par exemple, une relation «posi-
tive » (quoique limitée) entre le recours à la violence et
une amélioration des conditions de vie des Mexicains.

Si, comme on a l'habitude de le dire, la peur est le
commencement de la sagesse, on pourrait croire que les
gouvernements fédéral et provincial seront tentés, à long
terme, de régénérer le système pour éviter d'avoir à
maîtriser une crise violente. Certaines raisons nous permettent pourtant d'en douter. D'abord, le FLQ n'est pas
un groupe de pression comme les autres. Ensuite, certains
dirigeants politiques peuvent préférer renforcer l'appareil de répression, surtout ses effectifs policiers, son
équipement et ses méthodes scientifiques de contrôle,
calcul qui peut être avantageux pour des gouvernements
soucieux de maintenir le système établi ; si l'appareil de
répression grossit trop, cependant, il peut finir par coûter
aussi cher aux contribuables — y compris les minorités
possédantes —, que les mesures sociales et politiques
qui auraient permis d'éviter la violence.

Elle réapparaîtra sans doute si, par des fraudes, des
gestes qui terrorisent la population face à l'indépen-

dance et aux réformes sociales, ou encore par des manœuvres financières, les partis traditionnels faussent le processus électoral. On connaît la réaction de certains jeunes plus fortement politisés quand ils croient la voie électorale bloquée. En ce sens, il est vital de perfectionner encore davantage la démocratie.

● Nous pensons surtout ici à l'*establishment* politique et financier du Canada anglais, car certains Anglo-Canadiens montrent une grande largeur de vue face à l'évolution de la communauté québécoise.

Une autre possibilité demeure : celle de l'attitude négative du Canada anglais face à l'indépendance. Sur le plan des manœuvres, cela pourrait prendre la forme d'une invasion militaire *canadian* d'un Québec qui accéderait à sa souveraineté par le biais des élections. Face à l'opinion mondiale, cette façon de procéder risquerait de susciter une certaine réprobation. Le Canada anglais et le pouvoir central ont tout intérêt à trouver une occasion qui leur permettra d'intervenir contre les forces indépendantistes et « progressistes » du Québec avant que la souveraineté n'ait reçu l'appui officiel et légitime de la majorité des citoyens ou à prolonger le plus longtemps possible les négociations entourant les modalités de l'indépendance, à les paralyser même, au besoin, de façon à susciter au Québec un climat politique et social qui les justifierait d'appréhender une insurrection.

L'article premier de la Charte des Nations unies reconnaît le droit fondamental des peuples à disposer d'eux-mêmes. Le Québec devrait avoir le droit, à ce stade de son histoire, de choisir par lui-même l'option que la majorité de ses citoyens estimerait la meilleure pour eux dans les circonstances. Les Québécois forment un peuple, car ils constituent une collectivité assez homogène, assez cohérente, historiquement et sociologiquement, pour pouvoir décider eux-mêmes de leur destin par un consensus clair. Par ailleurs, autodétermination ne signifie pas automatiquement « indépendance » ; cela peut renvoyer aussi à un nouveau statut à l'intérieur de la confédération, à la souveraineté-association ou à toute autre forme d'association. Ces possibilités ne semblent pas vraiment prises au sérieux par le Canada anglais ●, au cours de la décennie que nous avons étudiée.

Nous pensons avoir dit assez clairement, dans cet

● On pense au conflit entre Israëliens et Palestiniens, entre Cypriotes turcs et Cypriotes grecs puis entre catholiques et protestants en Irlande du Nord.

essai, qu'on a peu de chance, par la violence, d'arracher l'indépendance et de réaliser la révolution sociale. Pour qu'elle récolte des appuis populaires, il faudrait que la répression militaire ou policière se révèle vraiment grossière, brutale et maladroite, ce qui ferait vaciller la légitimité du gouvernement québécois. En dehors de ces circonstances, la voie démocratique demeure la plus efficace, à condition, bien sûr, qu'elle ne soit pas habilement obstruée.

Dans le cas d'une répression indirecte comme dans celui d'une répression brutale, un écart entre les aspirations collectives et la possibilité pour le système de les satisfaire se creuserait, comme cela se produit dans toutes les situations semblables. À la frustration vécue viendrait s'ajouter alors la frustration anticipée face à un avenir de plus en plus désespérant. Lorsqu'un peuple, face à la montée de ses aspirations en rapport avec son projet d'indépendance se heurte à une impossibilité totale de combler ces aspirations — impossibilité qui, dans le cas du Québec, lui serait constamment rappelée ou alors directement signifiée par le Canada anglais —, la probabilité d'une nouvelle vague de violence politique paraît bien réelle.

Si le terrorisme devait entourer la réalisation d'un projet d'indépendance ce ne serait non plus une nation et son élite dirigeante (comme à Cuba) qui se trouveraient opposées, mais deux peuples. L'histoire du XXᵉ siècle ● montre à quel point les conflits raciaux à connotation sociale prennent une allure infernale. Deux nations exaspérées se lancent l'une contre l'autre de façon inextricable et interminable.

À la fin de la décennie 1962-1972, les Québécois de bonne volonté, notamment les jeunes les plus politisés, attendaient beaucoup des élections à venir. Pour prévenir une violence politique qui est rarement rentable à court terme, pour empêcher que le terrorisme ne provoque au Québec le dur contrecoup de la répression, il est, en effet, essentiel de sauvegarder l'honnêteté et la santé du processus démocratique, de le revivifier même, en continuant d'assainir les mœurs politiques. Les décisions prises de façon démocratique, en toute légitimité, sont les seules qui puissent peut-être ultimement commander quelque respect de la part des *Canadians*.

Les laveurs de cerveaux, les démagogues, les fraudeurs d'élection et ceux qui terrorisent la population face au projet d'indépendance, soit en niant le droit à l'autodétermination, soit en ayant recours aux manœuvres ou aux discours qui tentent de présenter aux Québécois qui sont en faveur de ce projet une vision misérabiliste de l'avenir — ils ont le droit en démocratie de combattre l'idée d'indépendance — devront eux-mêmes éviter toute forme de violence s'ils ne désirent pas que fasse irruption une plus grande violence encore. Espérons, à cet égard, que le processus électoral traduira dans l'avenir une plus grande maturité politique des Québécois ; seule cette maturité permettra d'éviter les irréparables malheurs qui peuvent arriver à une collectivité.

NOTES

1. Daniel Latouche, *La violence au Québec : l'entreprise de théorisation, op. cit.*, p. 10.

2. Henry Bienen, *Violence and Social Change*, Chicago, The University of Chicago Press, 1968, p. 66 à 91.

3. Michael D. Wallace et Gail Van Varseveld, *Violence as a Technique of Social Change : Toward an Empirical Assessment*, conférence présentée à la Réunion annuelle de l'Association canadienne de science politique, Université du Manitoba, 3 juin 1970.

CINQUIÈME PARTIE

Après coup

La Crise d'octobre 1970, vécue de l'intérieur, par la cellule Libération

Témoignages
de Jacques et de Louise Cossette-Trudel,
recueillis par l'auteur, en 1978.

Après huit ans de silence, deux des membres de la cellule Libération, auteurs de l'enlèvement de James Cross, en octobre 1970, décident de parler. Il semble donc que le temps des rumeurs, des interrogations, des légendes, soit sur le point de se terminer.

Jacques et Louise Cossette-Trudel vivent aujourd'hui à Paris. Ils ont le mal du pays et sont prêts à collaborer avec la justice québécoise. (« On ne transplante pas des épinettes dans les Antilles...») Mais surtout, ils estiment que si les quelque dix ravisseurs et vingt sympathisants qui ont aidé, dans la périphérie, lors des deux enlèvements d'octobre 1970, se sont astreints à la règle du silence, cela ne fait plus désormais que servir les politiciens et les corps policiers encore tentés de capitaliser sur cette tragédie.

Je les ai rencontrés à Paris à la fin de l'été. Notre rencontre a commencé autour d'une table, la leur, et d'un repas, au coucher du soleil, pour se poursuivre, passionnante, bouleversante, jusqu'aux premières lueurs de l'aube. Plus de dix heures de confidences, de révéla-

● Yves Langlois : alias Pierre Séguin. Petit jeune homme à lunettes. Passe inaperçu. Exilé lui aussi à Paris, demeure fidèle à ses idéaux. Pensée extrêmement articulée.

● Jacques Rose : bricoleur émérite. Il voulait enterrer une remorque de camion à la ferme pour faire une « prison du peuple » souterraine. Il a construit le placard à double fond qui lui permet de s'évanouir, avec son frère Paul et Francis Simard, sous le nez des policiers, ainsi que la cache sous la fournaise de la maison de Saint-Luc. Un regret : ne pas l'avoir munie d'une seconde issue.

tions, d'explications. J'ai recueilli le récit détaillé des péripéties de la Crise d'octobre telle que les ravisseurs eux-mêmes l'ont vécue. Ils recréaient spontanément le climat social et psychologique du temps.

De retour au Québec, j'ai procédé à une longue et rigoureuse vérification des faits, principalement auprès du procureur que le ministre de la Justice a chargé d'enquêter sur la Crise, Me Jean-François Duchaîne, qui a, pendant un an, mené une enquête itinérante, a interrogé, dans les pénitenciers ou en exil, la plupart des felquistes de la vague de 1970, et a recueilli les explications de divers corps policiers. Lié par le secret professionnel, quant à de nombreux détails précis, comme les noms des personnes impliquées, Me Jean-François Duchaîne pouvait néanmoins, sans compromettre son mandat, confirmer ou infirmer plusieurs impressions générales.

□ Au palmarès officiel des inculpés et des exilés de la Crise d'octobre, il manque un nom, une figure : monsieur X. Les ravisseurs de James Cross n'étaient pas cinq, comme on le croit encore, mais six. Aux noms de Louise et Jacques Cossette-Trudel, de Jacques Lanctôt, de Marc Carbonneau et d'Yves Langlois ●, il faut ajouter une sixième personne, un professeur, marié, père d'un enfant, socialiste convaincu. C'est lui qui a obtenu d'un médecin d'une clinique populaire le Serpasil, médicament d'ordonnance dont James Cross avait besoin pour contrôler son hypertension. Or, monsieur X était connu de la police, qui a montré aux Cossette-Trudel sa photo en compagnie d'un autre felquiste connu. Monsieur X, qui devait participer aux tentatives de réorganisation du FLQ en 1971, vit présentement au Québec et n'a jamais été inquiété. La police et le ministère de la Justice sont au courant.

□ La croyance populaire a divisé le FLQ de 1970 en deux cellules, Libération et Chénier (cette dernière comprenant Paul et Jacques Rose ●, Francis Simard, Bernard Lortie). À l'origine, et jusqu'à l'été 1970, il n'y avait qu'une seule cellule. Jacques Cossette-Trudel (Libération) agissait comme chauffeur de Paul Rose (Chénier) ; Yves Langlois (Libération) était un ami de Francis Simard (Chénier) avec qui il avait voyagé en Angleterre. Louise Cossette-Trudel (Libération) habitait, durant l'été de 1970, la maison de la rue Armstrong, louée par Paul Rose sous le nom de Paul Blais. En fait, la structure d'accueil est large : il n'y a ni initiation ni même de conditions strictes pour entrer au FLQ. C'est très informel, « décontracté», selon l'expression de Jacques Cossette-Trudel. Et pendant la crise elle-même, il y a des rencontres entre les deux cellules : le 13 octobre, quatre jours avant la mort de Laporte, Paul Rose et Jacques Cossette-Trudel discutent stratégie dans la planque de la rue Queen Mary.

□ Pierre Laporte est mort le samedi 17 octobre 1970, entre midi et trois heures, au moment où il tentait d'attirer l'attention par des cris. Il est décédé en moins d'une minute, par strangulation, de l'effet combiné d'un genou appuyé contre son dos et de la torsion d'une chaînette et d'un chandail qu'il avait autour du cou comme pansement, aux mains de membres de la cellule Chénier. Paul Rose et Bernard Lortie n'étaient pas là. Sa mort est donc survenue plus tôt et d'une manière différente que ne l'affirmait l'atroce communiqué selon lequel le « ministre du Chômage et de l'Assimilation » aurait été « exécuté » à 6 h 18.

□ La voiture de Paul Rose, transportant Pierre Laporte, fut la dernière à passer avant qu'on ne mette en place un barrage à Saint-Lambert. Les ravisseurs ont vu les voitures de police bloquer la route derrière eux. Ils l'ont confirmé au ministère de la Justice.

□ C'était la deuxième fois que le hasard jouait contre Laporte. Le ministre n'avait été que le quatrième choix de la cellule Chénier. On aurait préféré certains personnages de l'île des Sœurs, mais on craignait que les ponts ne soient rapidement bloqués. On prit Laporte, après une vérification sommaire (passage en voiture et coup de fil) parce que sa résidence était la plus rapprochée du repaire de la rue Armstrong.

□ La Chevrolet 68 de Paul Rose, qui avait roulé

● Paul Rose : chef de tout le groupe. Sa ferme devait être un camp d'entraînement à la guérilla, avec champ de tir souterrain. Il se préoccupe du financement : une compagnie de spectacles, les Productions 18-25, lui permet de jouer avec un *cash-flow* considérable.

20 000 milles bien qu'elle n'ait jamais été payée — choisie parce qu'elle ressemblait à une « auto de flic » —, était brûlée et apparaissait dans les dossiers de police. Enregistrée au nom de Paul Fournier, elle avait été impliquée dans un délit de fuite commis par un des membres du groupe, l'hiver précédent, et, en juin, elle avait été repérée lors d'une perquisition au « Petit Québec libre», à Sainte-Anne de la Rochelle.

□ Enfin, la maison de la rue Armstrong, lieu de ralliement après les hold-up et les fraudes destinés à financer le mouvement, était à ce point « brûlée » que, dès septembre, Paul Rose pensait l'incendier pour faire disparaître les multiples empreintes de tous les membres du groupe, ainsi que l'ouverture pratiquée dans le mur du garage. Quant à la ferme de Sainte-Anne, deux policiers de la Sûreté du Québec y avaient fait le guet tout l'été. Malgré tout, après le premier enlèvement, la police ne visitera pas la résidence, rue Armstrong.

□ Le cerveau du groupe, l'animateur, c'est Paul Rose ●. Jacques Lanctôt en est l'idéaliste irréductible, et ils vont s'opposer. Lanctôt est impatient de passer à l'action, Rose préfère attendre : pour financer le mouvement, il souhaiterait une série de vols et de fraudes anonymes. La divergence mène à une scission lors d'une réunion de tout le groupe, tenue rue Armstrong, au début de septembre. Quand James Cross est enlevé, les Rose sont aux États-Unis, à la recherche de nouvelles sources de financement.

□ Quant au manifeste lu à la télévision de Radio-Canada, c'est l'œuvre personnelle de Lanctôt. Une première version de ce texte était entre les mains de la police depuis un raid à Prévost, dans les Laurentides, le 22 juin. L'enlèvement de Cross, pour les policiers, était donc « signé ».

Le déroulement

Le véritable début de la Crise d'octobre se situe beaucoup plus loin qu'on l'imagine. C'est en décembre 1969 qu'on commence à parler, dans les milieux activistes, d'enlèvements et de guérilla urbaine. Dès février 1970, bien avant l'élection de Robert Bourassa et le coup de la Brink's, dont il sera question dans le manifeste du FLQ, Jacques Lanctôt ● tente de marquer la semaine Québec-Palestine d'un coup d'éclat : le rapt du consul d'Israël, M. Moïse Golem...

Mais sur le chemin de la résidence du consul, Lanctôt et son camarade Pierre Marcil, un autre felquiste, sont interceptés par les policiers municipaux qui effectuent une vérification « de routine». Les agents trouvent à l'arrière de la camionnette un énorme panier d'osier et un fusil « tchoppé», selon l'expression de Louise Cossette-Trudel. Mais surtout, on découvre dans les poches de Lanctôt un papier froissé terriblement compromettant : il s'agit d'une liste de journaux, de postes de radio et de reporters connus, et d'un boniment à réciter par téléphone de manière à revendiquer sans trop bredouiller la responsabilité de l'enlèvement.

Malgré cette avalanche accablante d'évidences, Jacques Lanctôt est libéré : on ne l'accusera que de possession illégale d'armes. Pris en main par Paul Rose, il se cache au « Petit Québec libre », la ferme de ce dernier à Sainte-Anne de la Rochelle.

En mars, Louise et Jacques Cossette-Trudel ● entrent dans le FLQ. Lui avait été un des leaders de la contestation étudiante au collège Maisonneuve et il est désormais professeur suppléant. Sa femme est bibliothécaire à l'Université du Québec. Tous deux sont scandalisés, « dégoûtés», disent-ils, par la dépolitisation et la démission des étudiants, dont beaucoup deviennent, selon leur expression « pédés ou drogués ».

Francis Simard, de la cellule Chénier est d'ailleurs mu par les mêmes sentiments : après la défaite du candidat péquiste qu'il avait soutenu sur la Rive-Sud en avril 1970, il dit, selon le docteur Jacques Ferron : « Je sais ce qu'il me reste à faire. » Mais il travaillait déjà au sein du FLQ à relever les allées et venues des diplomates.

Au cours de ce mois de mars, François Lanctôt demande aux Cossette-Trudel de transmettre de l'argent

● Jacques Lanctôt : héros romantique du FLQ. Il y entre en 1963 à dix-sept ans. Physique d'athlète. Théoricien du groupe, il est l'auteur du manifeste. Son père, Gérard, était le bras droit du célèbre activiste fasciste des années trente, Adrien Arcand. À Paris, Lanctôt est aide-comptable.

● Louise (Lanctôt) Cossette-Trudel : sœur de Jacques Lanctôt, surnommée Miou. A frayé dans les milieux ultra-nationalistes du RIN. Forte de caractère, un brin doctrinaire, directe, intelligente. « À notre arrivée à Cuba, raconte-t-elle, en rageant encore, on nous a traités de romantiques. » Qualifie son exil de « terrible coupure affective et culturelle ». L'impression, depuis huit ans, de « vivre sur un bateau ».

● Jacques Cossette-Trudel : rusé, sous des dehors débonnaires. Fils de haut fonctionnaire fédéral; a fréquenté les cercles anglophones de Ville Mont-Royal et la gauche « waffle » du NPD. « Le FLQ, dit-il, c'était une bande de ti-culs de quartier qui se sont fait manipuler. »

et des effets personnels à Jacques Lanctôt dans sa clandestinité. Louise a donné rendez-vous à un intermédiaire (Robert Dupuis) dans la station de métro Jarry. Mais elle doit fuir sans avoir pris contact : la place fourmille de policiers. De ce jour, elle soupçonne qu'un délateur les trahit.

Un premier différend divise le groupe. Certains estiment que Paul Rose tergiverse. Ainsi, un hold-up envisagé depuis quelque temps contre la Caisse populaire de l'Université de Montréal est constamment reporté. Ce vol doit servir uniquement à financer un enlèvement : on l'effectue (sans Paul Rose, contrairement aux conclusions du procès) le 28 mai 1970. L'opération rapporte 58 775 dollars. On a désormais les moyens de passer à l'action.

Le 18 juin, les policiers, qui ont infiltré les milieux activistes proches de l'université (le FLQ croit plutôt à un délateur), mettent sous écoute électronique un chalet à Prévost dans les Laurentides. Le 22, un raid spectaculaire leur permet d'arrêter François Lanctôt, André Roy, Claude Morency et quelques autres. On met la main sur la moitié du magot de l'université (28 260 dollars), sur les plans de l'enlèvement du consul américain, Harrington Burgess, et surtout sur un manifeste qui annonce, presque mot pour mot, celui d'octobre 1970. Pour la police, le manifeste d'octobre sera un aveu, pire, une signature.

Claude Morency portait aussi un petit papier contenant des instructions pour se rendre à la ferme de Paul Rose, qui fait immédiatement l'objet d'un raid. Les felquistes présents n'échappent à l'arrestation qu'en se cachant dans le grenier. Mais l'immatriculation de la voiture trouvée sur les lieux est relevée : c'est celle de Paul Rose.

Rose se trouve propriétaire d'un refuge « brûlé » et d'une organisation démantelée. Il rejoint les Cossette-Trudel et leur demande quelques petits services, entre autres pour les « tester », pensent ces derniers. C'est ainsi que Jacques Cossette-Trudel agira comme chauffeur de Rose, notamment à l'occasion des rencontres avec l'ex-policier Jean Prieur qui approvisionne Rose, m'assure-t-on, en pièces d'identité. Congédié parce qu'on le soupçonnait de manœuvres douteuses à l'égard de la caisse du syndicat, Jean Prieur restait-il tout à fait invulnérable aux pressions policières ?

Le FLQ se finançait, en effet, en « perdant » des chèques de voyage : on obtient des chèques sous un faux nom, on les déclare perdus en Ontario ou aux États-Unis où on obtient une série de remplacement, après quoi il ne reste plus qu'à encaisser rapidement les deux séries dans une troisième banque.

Les Cossette-Trudel arrondissent la caisse en s'endettant à la limite. À ce moment, ils habitent l'ancien appartement de Jacques Lanctôt, au 3955 Saint-André. Sentant, au début de l'automne, qu'ils seront bientôt « brûlés » si ce n'est déjà fait, ils décident de « passer à la clandestinité ». Le jour J, alors que le camion, rempli des « beaux meubles du terroir » que possède le couple, est presque prêt à partir vers l'appartement de Denise et Hélène Quesnel, rue Laurier est, le sergent David, de l'escouade antiterroriste de la police de Montréal, se présente, sort une photo de Jacques Lanctôt, et demande si on n'a pas vu l'ancien locataire ! Il ajoute, me dit-on, qu'il surveille le couple depuis mai. Les Cossette-Trudel s'en vont avec la curieuse impression, racontent-ils, que leur clandestinité est bien précaire...

La vie clandestine est exigeante et coûteuse. Car tous les felquistes consomment et ne gagnent pas de salaire. À la fin de l'été, les Cossette-Trudel ont mis en commun leurs économies personnelles. Les deux « complets de professeur » de Jacques sont partagés dans le groupe et portés par ceux qui sont las d'enfiler leurs vieilles nippes. L'argent des fraudes fond à vue d'œil. Même la vingtaine de milliers de dollars provenant du hold-up de l'Université de Montréal est flambée très rapidement. À l'automne, la cellule Libération entreprendra l'enlèvement de Cross avec 3 000 dollars en caisse. Dès la fin d'octobre, elle aura de sérieux problèmes d'argent.

● Marc Carbonneau :
l'aîné : trente-sept ans lors
de la crise. Militant du PC
et du Mouvement de
libération du taxi. La fiche
anthropométrique lui fait
un visage féroce; en fait,
c'est le trouillard. Quand
sa photo est publiée, il
craint, capturé seul, d'être
passé à tabac et se réfugie
rue des Récollets, où il
arrive déguisé en femme.
Le crépitement de la
machine à écrire de
Lanctôt, qui tape les
communiqués, le met hors
de lui. Il s'effondre en
apprenant l'enlèvement
de Laporte : il comptait
retourner à son travail à la
mi-octobre.

Au début de septembre, réunion générale des troupes felquistes, rue Armstrong. Un schisme se prépare. Jacques Lanctôt brûle de passer à l'action et demande qui veut le suivre. Sa sœur et lui ont un frère en prison, François, depuis le raid de Prévost, ce qui explique en partie leur hâte. Paul Rose résiste : il estime que son organisation a des lacunes, et que la police connaît tant le quartier général de la rue Armstrong que le camp de Sainte-Anne de la Rochelle. Selon les Cossette-Trudel, Rose a même envisagé de mettre le feu rue Armstrong.

Rose trouve de plus que Cross n'est pas un enjeu valable. À un symbole du colonialisme culturel, il préférerait un symbole de la soumission économique. « Vous enlèverez Cross si nous, on se fait prendre», dit-il. Il faut dire que le groupe possède déjà une liste de diplomates, dressée à partir de la lecture du *Who's Who* et de l'observation directe des diplomates, notamment à l'immeuble de l'Organisation de l'Aviation civile internationale. On avait relevé la présence d'une quarantaine de diplomates à la seule île des Sœurs : on avait songé à en enlever plusieurs à la fois, au golf, dans un camion de laitier, mais finalement le choix de la faction Lanctôt s'était arrêté à Redpath Crescent où se trouvaient Cross et un diplomate américain. La petite rue fut le théâtre de plusieurs répétitions dans les premières semaines de septembre. Louise Cossette-Trudel, coiffée d'une perruque, faisait le guet. Les autres pratiquaient l'opération en voiture et à pied. Le 2 octobre, on se présente chez l'Américain. Les ravisseurs, distraits par l'aspect ridicule de la perruque de Miou, se mettent à rigoler et ratent son signal. L'Américain leur file sous le nez.

De toute manière, la cellule Libération avait une préférence pour Cross, « qui avait des horaires plus réguliers ». Mais le dimanche soir, veille de l'enlèvement, l'on est un peu indécis et l'on choisit Cross « presque à pile ou face ».

Marc Carbonneau ●, tôt le lendemain, se rend à la compagnie de taxis où il a déjà travaillé. Il est vaguement connu et s'empare facilement avec désinvolture d'une clé, puis « emprunte un taxi », dont il remplacera la lanterne Diamond par une autre portant l'inscription LaSalle. Le plan consiste à conduire l'otage vers Côte-des-Neiges, où les taxis fourmillent, puis, dans un garage retiré, à le transférer dans une voiture ordinaire (louée par les Cossette-Trudel) qui l'amènera rue des Récollets. Pour qui connaît l'histoire du Mouvement de libération du taxi, un taxi fait tout de suite penser à Lanctôt et Carbonneau.

Ce lundi 5 octobre, à 8 h 20, les felquistes se présentent au domicile de Cross, munis d'un pistolet Luger, d'un fusil M-1 et d'une 22 Beretta. C'est beaucoup plus facile d'enlever un homme, dit Jacques Cossette-Trudel, que de dévaliser une banque, car on ne trouve généralement pas de système de protection dans une résidence. Les ravisseurs ont un colis pour leur hôte. Ils tombent bien, c'est un peu après l'anniversaire de James Cross. Pure coïncidence, car « nous n'en savions absolument rien », avouent les exilés. Le procureur Duchaîne, pour sa part, est sceptique. Cette information était trouvable dans le *Who's Who*.

On sait comment Paul Rose, en voyage aux États-Unis, et constatant que les menaces de la cellule Libération ne font pas bouger les gouvernements, revient précipitamment enlever Pierre Laporte. Au début, les membres de la cellule Libération exultent. Ce second rapt semble les sortir de l'impasse où les avait menés le premier.

Mais rapidement, Lanctôt aurait déchanté. Il devient même mécontent. Non seulement on s'étonne, rue des Récollets, de voir que le plus prudent et le plus attentiste des felquistes se lance dans l'improvisation, mais on a le sentiment d'être court-circuité et chapeauté par Paul Rose. L'impression de Lanctôt est juste : Paul Rose a décidé de reprendre les négociations en mains. L'aspect relâché des communiqués de la cellule Chénier, cependant, irrite les ravisseurs de Cross. Contrastant avec le beau papier sérigraphié et marqué de la silhouette du patriote, avec le style clair de la cellule Libération, voici que sortent des communiqués mal rédigés et griffonnés sur des bouts de papier.

Chez les ravisseurs de Cross, les relations deviennent de plus en plus tendues. Marc Carbonneau, en raison de son âge, est celui qui converse le plus aisément avec le prisonnier. Ils jouent aux dames et discutent notamment des voyages de Cross en Inde, etc. Les Cossette-Trudel se montrent plus distants, plus « techniques » avec leur otage. Ils le surveillent pour qu'il ne code pas de messages, observent ses moindres gestes, lui donnent le *Star* quand il réclame la *Gazette*.

L'animosité croît entre Louise Cossette-Trudel et Carbonneau. Ce dernier, un brin misogyne, se sent contesté comme révolutionnaire par cette femme décidée. Il fait grief aux Cossette-Trudel de ne pas se montrer assez prudents. Ceux-ci lui reprochent de ne pas respecter les horaires, de semer des indices partout et de ne pas avoir franchement opté pour la clandestinité. Au plus fort des querelles, Jacques Lanctôt s'interpose parfois comme arbitre.

D'un autre côté, James Cross a l'impression d'être harcelé par Louise Cossette-Trudel ; il n'apprécie guère sa « cuisine québécoise » et garde le souvenir d'un repas particulièrement abominable. Louise certifie aujourd'hui que Cross a mangé exactement comme les membres du groupe mais que, la journée en question, elle était arrivée tard, que son frère Jacques, furieux, n'avait pas voulu faire le souper, et que Carbonneau avait improvisé pour Cross une horrible combinaison de steak haché et de ketchup, qui eut de la difficulté à franchir son estomac délicat de diplomate.

Cross, au début, n'aimait pas du tout qu'une femme le surveille à la pointe du canon pendant qu'il prenait sa douche mais, selon Miou, Cross en est venu à utiliser diverses tactiques pour tenter de la provoquer ou de la troubler, en s'exhibant plus que nécessaire, en se rasant nu ou en « se dandinant » entouré d'une serviette.

Pour une bonne part, c'est à son tempérament flegmatique que M. Cross doit d'avoir conservé la vie ; il s'est adapté de façon très rationnelle à son sort et a même établi des rapports humains avec ses geôliers, rendant ainsi un meurtre beaucoup plus difficile et improbable. M. Laporte adoptait au contraire la plus dangereuse des attitudes.

Le 13 octobre, en visite chez M. et Mme Roger-Ferdinand Venne, à Longueuil, Paul Rose sent qu'il a été filé. Il fait confirmer ses impressions par leur jeune fils à bicyclette, puis décide de modifier considérablement son apparence. Il change, à grands coups de briques, la courbure de ses pommettes, en tentant de se fracturer le maxillaire supérieur, puis essaie de changer le contour de ses yeux en se tapant, toujours avec des briques, sur les arcades sourcilières. Le soir, Jacques Cossette-Trudel le trouvera « horriblement tuméfié, les cheveux teints en roux, le crâne tonsuré ». De plus, il se met un oreiller sur le ventre, sous ses vêtements, et adopte une position courbée. Sa silhouette est complètement transformée. Il part vers le pont Jacques-Cartier en voiture, à côté de son hôte, M. Venne. Les limiers de la Sûreté, qui le prennent en filature, le décrivent dans leur rapport comme « un homme non identifié », puis, « le tout étant négatif », retournent surveiller la maison !

Si cette filature n'avait pas été menée de manière aussi étourdie, la Crise d'octobre était résolue en vingt-quatre heures, avant la mort de Pierre Laporte. Mais au contraire, le lendemain, Rose diffusera un communiqué « conjoint » après avoir rencontré Jacques Cossette-Trudel à l'appartement de la rue Queen Mary.

Le vendredi 16 octobre, la tension est extrême. Encadré par Marc Lalonde, qui se tient à l'Assemblée nationale du Québec, et Pierre Elliott Trudeau, à qui il parle au téléphone de plus en plus fréquemment, le jeune premier ministre du Québec cède aux pressions. La Loi sur les mesures de guerre est proclamée juste avant l'aube. Au petit matin, on a arrêté des centaines de personnes.

Sur l'heure du midi, Jean Marchand affirme aux Communes que sans les mesures de guerre, la séparation du Québec serait consommée avant un an. Vers cinq heures, Robert Bourassa s'adresse aux ravisseurs.

Dans la maison de la rue Armstrong, Jacques Rose, Francis Simard et Bernard Lortie sont braqués devant la télévision. Le cabinet provincial ne cède en rien. Dans une pièce voisine, Pierre Laporte entend tout. Il est au désespoir.

Tout à coup, croyant avoir entendu une sirène, il se précipite dans la fenêtre pour appeler au secours. Ses ravisseurs se précipitent et le ramènent à l'intérieur dans un état pitoyable, coupé, surexcité et affaibli. On panse ses blessures de façon rudimentaire, en lui enroulant un chandail autour du cou.

C'est le lendemain midi qu'il meurt, aux mains de membres de la cellule — Paul Rose et Bernard Lortie sont absents — qui tentent encore une fois de le maîtriser et de l'empêcher d'appeler à l'aide. Qui tordait le chandail et la chaînette qui se trouvait dessous ? Les membres de la cellule Chénier ont conclu à ce sujet un pacte de silence.

L'encerclement du repaire des ravisseurs de Cross, au 10 945 des Récollets, le 3 décembre, survint à la suite d'une longue et patiente filature dirigée par Donald McCleery, de la Gendarmerie royale, l'homme même qui, deux ans plus tard, allait commander l'incendie de la ferme de Sainte-Anne de la Rochelle et un vol de dynamite destiné à compromettre un citoyen.

On avait trouvé abandonnée la Renault rouge de Jacques Cossette-Trudel, et on cherchait à en retrouver le propriétaire. Des policiers se rendirent au 3955 Saint-André, loué par Jacques Lanctôt, mais que les Cossette-Trudel avaient habité. Le propriétaire ne savait rien, sinon que le camion de déménagement portait l'inscription « rue Létourneux ». Ce fut un jeu d'enfants que de retrouver la petite entreprise, dont les registres montraient que les meubles avaient été livrés au 1485 Laurier est, qu'on mit sous écoute électronique.

Filées, les sœurs Quesnel conduisirent les policiers au restaurant La Douce Marie, où elles avaient rendez-vous avec les Cossette-Trudel. Par eux, on repéra la maison de la rue des Récollets, qui fut sous surveillance du 25 novembre au 3 décembre. L'appartement du dessus fut évacué et occupé par les agents de la Gendarmerie. Lanctôt, Carbonneau et les Cossette-Trudel durent répondre à tout un défilé de faux colporteurs, vendeurs d'assurances, gardiennes d'enfants, livreurs de pizzas, venus voir comment était aménagé le repaire des felquistes.

Telle est la version de la police. Une police qui se déclara également « surprise par la crise » ! Rien n'exclut que des informateurs aient permis de commencer l'observation à distance bien avant...

Après leur arrestation, les Cossette-Trudel sont conduits aux quartiers généraux de la Gendarmerie royale. Ils ne sont aucunement brutalisés, m'assurent-ils. Les policiers posent très peu de questions sur le fonctionnement du groupe ; les enquêteurs ont l'air d'être extrêmement bien renseignés à ce propos. Ils cherchent surtout à savoir s'il y a de la dynamite à l'intérieur de l'appartement (Jacques Cossette-Trudel leur répond qu'il y en a et que Lanctôt est dangereux) ou quels pourraient être les liens du groupe avec les Black Panthers. Pourquoi cet intérêt ?

Ce ne sont pas les seules questions qui restent posées, même après les nouvelles révélations de mes hôtes parisiens. Huit ans après cette tragédie, on se demande pourquoi les corps policiers, qui avaient arrêté deux tentatives d'enlèvement au moment où elles allaient se réaliser (chacune impliquant un membre différent de la famille Lanctôt), n'ont pas pu en prévoir, ni en circonscrire une troisième (perpétrée avec l'aide d'une autre personne de cette même famille).

Le groupe felquiste de la vague de 1970 ayant à son crédit, depuis le début de ses activités, une quinzaine de vols de banque, plusieurs fraudes, deux complots d'enlèvement, tout cela était bien suffisant pour attirer l'attention sur les personnes concernées, d'autant plus que celles-ci avaient toutes été « fichées » lors de manifesta-

tions et gravitaient même autour de deux familles connues des policiers. Pourquoi la maison « brûlée » de la
rue Armstrong n'a-t-elle pas été visitée une seule fois
par la police après l'enlèvement ?

On cherche la raison du contraste entre deux attitudes. Celle des corps policiers, alternant entre les bour-
des grossières et les raids bien synchronisés, attentistes,
laissant presque aller la crise, soucieux de ne pas exaspérer les felquistes et d'éviter que se commette l'irrépa-
rable. Et l'attitude du gouvernement Trudeau, agressif,
intimidant, affirmant bruyamment son autorité, mais
surtout risquant d'exacerber les activistes et de causer la
panique de leurs otages.

On se demande enfin, en apprenant que la cellule
Libération ne comptait pas cinq membres, mais bien six,
et que le sixième, connu depuis huit ans par la police, est
toujours en liberté, quel merveilleux destin lui a valu de
ne pas être inquiété. Peut-être met-on ici le doigt sur une
stratégie policière qui consiste à ne jamais démanteler
un réseau au complet mais plutôt à laisser certains membres s'en tirer pour qu'ils se « réactivent», qu'ils « es-
saiment » et permettent un autre coup de filet.

C'est à toutes ces questions qu'il faut, après huit
ans, apporter une réponse. Le ministère de la Justice du
Québec, qui a entamé une enquête, détient certains éléments de vérité. Pour la compléter, il s'est buté, du côté
d'Ottawa, à un mur de silence systématique.

C'est peut-être qu'en octobre 1970, le gouvernement Trudeau et les forces militaires ont fait bien davantage que de neutraliser 30 personnes et sauver un captif,
abandonnant l'autre à son sort. On a profité de cas limités de terrorisme pour intimider tous les Québécois nationalistes et la gauche progressiste. Pierre Trudeau ne
cherchait pas à attraper des poissons, il jouait à enlever
l'eau du bocal...

Extrait de la revue *L'Actualité*,*
novembre 1978, p. 38 à 45 et p. 92.

---

* Le titre original de l'article de Marc Laurendeau était :
« Les vrais événements d'octobre ». *(N. de l'É.)*

« On a mis notre liberté en jeu, mais...»

Entrevue avec Paul Rose en 1980*

* Cette entrevue, la toute première qu'accordait Paul Rose depuis son incarcération, à la suite de la Crise d'octobre, rompait dix ans de silence. C'est au pénitencier à sécurité moyenne de Cowansville que nous l'avons interrogé. Afin d'alléger le texte, on a retiré les répétitions qui, dans le vif d'une entrevue, ont leur importance, mais qui, retranscrites en langue écrite, privées de leur intonation propre, perdent tout sens et alourdissent le texte inutilement. La transcription est une gracieuseté du Comité d'information sur les prisonniers politiques mais le journaliste intervieweur en garantit l'authenticité. De larges extraits de l'entrevue ont été diffusés dans le cadre de l'émission d'information *Télémag*, à Radio-Canada, le 30 septembre 1980.

Marc Laurendeau. — Paul Rose... qu'est-ce que vous vouliez obtenir lorsque vous avez déclenché ces événements, il y a dix ans ?

Paul Rose. — *Bon... il faut dire qu'à l'époque les moyens démocratiques étaient bloqués... c'est-à-dire qu'il y avait un règlement antimanifestation de Drapeau ; il y avait aussi eu le coup de la Brink's qui avait entravé, si on veut, un processus électoral ; et puis il y avait régulièrement le saccage des... comités de citoyens... qui étaient le milieu de travail, si on veut, avec pignon sur rue, de politisation, de conscientisation.*

Or ces processus démocratiques-là étant bloqués, nous, un moment, on en est arrivés à la conclusion... qu'il fallait passer à autre chose.

Et puis, ça, pour répondre exactement à votre question... notre but n'était pas de prendre le pouvoir comme on voulait le laisser entendre...

M.L. — C'était quoi ? C'était pas de faire un coup d'État?

P.R. — *Non, un coup d'État, d'ailleurs, on était politiquement contre — on laisse ça aux militaires et puis à l'armée canadienne — mais, pour nous, c'était de simplement... sensibiliser l'opinion publique... à... à la question de la libération du Québec, qui était bloquée à ce moment-là, parce qu'on n'avait plus les possibilités de s'exprimer publiquement, par les moyens démocratiques qu'on avait, qui étaient la rue et... les centres d'organisation dans les comités de citoyens et les élections qui avaient été drôlement manipulées (pour prendre un mot qui semble être à la mode) par le coup de la Brink's.*

M.L. — Paul Rose, le Québec est quand même loin de son indépendance ou de sa révolution sociale ?

P.R. — *Bah ! pas si loin que ça...*

M.L. — Ben, c'est quand même pas fait, il y a eu référendum...

P.R. — Il y a quand même 40 pour 100 des gens qui se sont dits ouverts à la question de la libération du Québec, c'est quand même un méchant gros pas...

M.L. — Et, quant au socialisme, quant à une forme de révolution sociale, on n'en est quand même pas proche non plus ?

P.R. — Non, mais il faut quand même s'entendre sur les mots. Par socialisme, si on entend un régime comme l'URSS, je ne pense pas que c'étaient les motivations profondes qui pouvaient nous animer à ce moment-là. C'était plutôt une question d'émancipation sociale, faire en sorte que la classe ouvrière puisse avoir droit au chapitre en termes de pouvoir politique.

Ça, oui, on a cru à ça, et c'est dans ce sens-là aussi qu'on s'est battus durant les événements d'Octobre et avant les événements d'Octobre.

Tu sais, parce qu'il y a quand même tout l'aspect légal, du pignon sur rue, qui a fait qu'à un moment donné on n'est pas arrivés avec les événements d'Octobre comme un cheveu sur la soupe.

Il y a tout un tas d'événements qui ont amené les événements d'Octobre. Entre autres, le blocus, le blocage antidémocratique que j'ai mentionné tantôt.

M.L. — Oui, monsieur Rose, le blocage démocratique ; est-ce que vous estimez que le processus est encore « bloqué », face à la participation des ouvriers au pouvoir politique, face aussi à l'indépendance ? Aujourd'hui, en 1980 ?

P.R. — *Ben, non, pas en termes de libération nationale, certainement pas. Quand vous avez un parti qui prône l'idée de la libération du Québec, avec une association économique avec le reste du Canada, ce qui est quand même un grand pas, j'imagine, on ne peut pas dire qu'au plan national, quand ce parti-là est au pouvoir, quand il y a 40 pour 100 de la population qui est réveillée, sensibilisée à ça, qu'il y a un blocage des voies démocratiques. Il y a quand même des outils démocratiques qui sont là, actuellement.*

M.L. — Paul Rose, en 1970, est-ce que vous aviez prévu que Pierre Elliott Trudeau ne céderait pas à vos demandes ?

P.R. — *D'abord, en termes de prévisions, on n'avait pas prévu les mesures de guerre. Ça, c'est une chose...*

M.L. — Vous n'aviez pas prévu ça ?

P.R. — *Non, on ne connaissait pas l'existence de cette loi archaïque-là — qui date des années 1914, de la première guerre — on n'était pas au courant de ça. Ensuite de ça...*

M.L. — Mais vous le saviez assez déterminé, vous le saviez, à ce moment-là... Pensiez-vous qu'il était pour libérer les prisonniers politiques, accéder à vos demandes ?

P.R. — *Ça, à l'intérieur, on ne savait pas exactement. Nous autres, ce qui nous intéressait, c'est la libération des prisonniers politiques ; pour nous autres, c'était extrêmement important, c'était quand même une continuité de ce qui avait précédé, mais le point important, comme je l'ai dit tantôt, le point majeur, si on veut, c'était la sensibilisation de l'opinion publique ou de la population à l'idée de la libération du Québec.*

M.L. — En 1970, Paul Rose, vous avez été, avec Jacques Lanctôt, un des leaders, vraiment un des chefs du noyau felquiste qui se réunissait au 5630, rue Armstrong. On vous décrivait pourtant comme un attentiste. Pourquoi ça ?

P.R. — *D'abord, je vais répondre à la première partie de votre question. Les chefs, là, je pense que c'est un point sur lequel je ne suis pas d'accord, et que mes camarades ne le sont pas non plus.*

M.L. — Ils vous décrivent pourtant comme le chef d'une cellule alors que Lanctôt est...

P.R. — *Qui ?*

M.L. — Chef de l'autre...

P.R. — *Qui ?*

M.L. — Des membres du groupe...

P.R. — *Oui ? Écoutez bien. Ce qui arrive, c'est qu'il a pu y avoir un leadership : mais entre le terme de leadership et puis le chef, il y a quand même une diffé-rence. C'est-à-dire, chef, c'est un statut. J'étais contre ça ; puis c'était quand même une des raisons pour les-quelles on se battait, parce qu'on croyait quand même à la démocratie en termes de décision. Et puis, toutes nos décisions se sont prises de façon démocratique.*

M.L. — Ça, c'est intéressant !

P.R. — *D'ailleurs, je n'ai pas toujours gagné mes votes.*

M.L. — Et le vote a été serré à 5-4. C'est-à-dire qu'il y a eu une voix majoritaire pour faire des enlèvements à l'automne. Mais pourquoi vous étiez contre, vous ?

P.R. — *Bien, il n'y avait pas seulement moi qui étais contre, il y en a quand même 4, mais...*

M.L. — Pourquoi ?

P.R. — *Parce qu'on n'était vraiment pas prêts en termes d'organisation, pour assumer des événements comme ça, pour pouvoir les mener à terme. Tu sais, c'était quand même suicidaire d'arriver puis de faire des enlèvements, comme ça, et puis de ne pas être capables d'en faire d'autres. C'est qu'à ce moment-là, ça menait à des ultimatums qui pouvaient être dangereux pour les personnes qui étaient prises en otages.*

M.L. — Vous espériez peut-être que le mouvement ait un plus gros financement avant de procéder à ces opérations-là ?

P.R. — *Il y avait ça, le financement comme tel ; c'était une question aussi d'organisation. C'est-à-dire qu'il fallait avoir des locaux, avant que ces événements arrivent, il y avait eu la ferme de La Rochelle qui était une prison du peuple. Mais quand une cellule s'est fait démembrer au printemps...*

M.L. — En juin ? À Prévost, dans les Laurentides ?

P.R. — *C'est ça, il y avait un des membres de cette cellule-là qui avait sur lui un papier où était indiqué le chemin de cette maison-là. Donc, à ce moment-là, il a fallu abandonner la ferme de Ste-Anne de la Rochelle.*

M.L. — Vous étiez affaiblis, à ce moment-là ?

P.R. — *On était affaiblis... quand même, il y avait huit mois de travail dans cette ferme-là pour l'aménager et en faire un centre où on pourrait détenir les otages, plusieurs otages dans des conditions quand même respectables.*

M.L. — Si j'ai bien compris, il y avait une « vanne » de camion qui était dans le sol ?

P.R. — *Non, ça... c'était pas encore fait. C'était pour être fait dans les deux ou trois semaines qui venaient. Mais il y avait déjà d'aménagée une ancienne cabane à sucre qui était sur un flanc de montagne qui nous permettait de voir à environ trente milles — je ne sais pas si vous êtes allé dans ce coin-là, mais en tout cas, si vous avez une chance d'aller là, vous irez voir ça — et dans le puits de la cabane, dans l'espèce d'aération au plafond, dans la lucarne qui permet de sortir toute la fumée, quand on fait les sucres, on avait installé une espèce de mirador qui nous permettait de voir assez loin, environ une trentaine de milles aux alentours. Mais pour revenir au fond de l'affaire, pour revenir au fond de votre question, c'est qu'on n'était pas prêts, à ce moment-là, pour aller chercher des personnes politiques, des personnages politiques...*

M.L. — Vous faisiez des observations de diplomates, tout de même ?

P.R. — *Oui, oui, c'est ça, quand on parle de personnages politiques, ça rentre en ligne de compte...*

M.L. — Avec le *Who's Who*, en observant leur comportement ?

P.R. — *Oui.*

M.L. — Mais quand la décision est prise, début septembre, Paul Rose...

P.R. — *Oui...*

M.L. — On est rue Armstrong, il y a une partie du groupe qui veut procéder tout de suite. Est-ce que c'était parce que ces gens-là voulaient se financer par l'enlèvement, contrairement à vous ?

P.R. — *Non, c'était vraiment pas là le fond de la question, tu sais !*

M.L. — Paul Rose, vous avez dit quelque chose de frappant. Vous avez dit : il fallait être prêts pour les otages. Ça veut dire quoi ?

P.R. — *Bien, ça veut dire qu'il ne fallait pas se mettre dans une situation où on aurait été obligés d'en arriver à des solutions extrêmes...*

M.L. — Quoi ?

P.R. — *...des solutions extrêmes, dans le sens de la vie des otages. Dans le sens que si on n'avait pas de solution de rechange, à ce moment-là, étant enclenchés dans une espèce de processus, si vous voulez, une espèce d'engrenage, une escalade entre les attitudes gouvernementales et les demandes que nous faisions. À ce moment-là, il y avait quand même des possibilités d'inter-réaction...*

M.L. — Vous pensez à quoi ?

P.R. — *Il fallait à ce moment-là absolument, pour autant qu'on parlait de...*

M.L. — ...solution de rechange ... là, pourquoi ?

P.R. — *Solution de rechange, c'est-à-dire d'aller chercher d'autres personnages dans le milieu économique... Bon, ça commençait par le milieu diplomatique mais, après ça, il y avait le pouvoir politique, il y avait aussi le pouvoir économique. C'est quand même des secteurs de la population — je ne sais pas si on peut employer le terme de population dans ces cas-là — mais disons que c'était les secteurs de la société ou les milieux de l'exploitation que nous pouvions viser à ce moment-là. Mais le fait d'avoir simplement, par exemple, un local, une auto et puis quelques moyens comme ça, en ayant perdu la prison du peuple, on était vraiment pas prêts — c'était ma position personnelle à ce moment-là — en termes d'organisation, pour faire les événements qu'on a appelés les événements d'Octobre. Ça aurait peut-être pu être les événements de janvier !*

M.L. — Alors, vous roulez au Texas, je pense, pour faire du financement.

P.R. — *Oui.*

M.L. — Pour votre mouvement.

P.R. — *Oui, c'est ça. Il faut expliquer d'abord comment les cellules fonctionnaient. On parlait de cellules cloisonnées, de cellules qui avaient des contacts entre elles — puis ça, depuis 1970, ce que je vous dis, là — or nous, on fonctionnait, c'est qu'on avait l'analyse des FLQ précédents. On avait remarqué qu'il y avait quand même une situation d'anarchie entre les cellules, disons qu'il manquait une certaine base de coordination, c'est quand même des gestes bien valables, des motivations valables qui avaient amené ces gens-là — on commence où on peut — et puis... Mais, nous, on s'est dit qu'il fallait absolument que ces actions-là soient coordonnées puis qu'il y ait des décisions qui soient prises, des décisions démocratiques qui engageaient chacun des membres.*

M.L. — Quand on parle de cloisonnement, là...

P.R. — *Bon, j'y reviens...*

M.L. — Est-ce que c'est une cellule qui fait une opération... ne doit pas divulguer ses locaux, ses moyens ?

P.R. — *Oui, ça, c'est normal, c'est dans les normes de sécurité, mais, en gros, pour revenir à l'aspect démocratique des décisions qui ont été prises, on fonctionnait de cette façon-là : on se réunissait en groupes, on était tous ensemble, il n'y avait pas de cellules de formées. À partir de ces réunions-là, on déterminait des mandats. C'est-à-dire qu'on se disait : il y a telle chose à faire... telle ou telle opération. Alors, à ce moment-là, on déterminait un mandat et puis ceux qui étaient intéressés à faire telle ou telle chose ; on faisait des votes, et puis il y avait des gens qui étaient enlignés vers une opération en particulier et puis, à partir de ce moment-là, les ponts étaient complètement coupés jusqu'à ce que l'opération ait réussi.*

M.L. — La rue des Récollets, vous saviez où c'est, vous ? C'est-à-dire le repaire de Cross ?

P.R. — *Non, non, je ne savais pas.*

M.L. — Ça, c'est un exemple de cloisonnement.

P.R. — *Oui, ça c'est un exemple de cloisonnement. Du moment que la décision a été prise, entre autres, de l'enlèvement de Cross, là, — au début septembre, je ne m'en souviens plus — il y eut quatre, cinq personnes. C'est cinq, oui c'est ça...*

M.L. — On dit six...

P.R. — *Oui, mais les autres personnes, j'y reviendrai, mais... il y a eu cinq personnes — on parle des décisions, ça a été pris à neuf — qui sont allées dans l'opération Libération, et puis ces gens-là ont fait ce qu'ils avaient à faire, du moins ce qu'il avait été déterminé de faire. Mais...*

M.L. — Mais, monsieur Rose, justement; là, on parle de cloisonnement, de mandat ; vous-même, vous arrivez du Texas, de retour d'opération de financement, vous revenez un peu en disant : faut enlever quelqu'un. Et là, on pense peut-être à Jean-Pierre Goyer, un groupe de diplomates sur l'île des Sœurs...

P.R. — *On n'a pas pensé à Jean-Pierre Goyer...*

M.L. — C'est-à-dire Jean-Pierre Côté.

P.R. — *Jean-Pierre Côté, je sais qu'il y a eu des rumeurs à ce moment-là qui ont été divulguées, qui ont été échappées — je ne sais de quelle façon — mais en tout cas... comme Thérèse Casgrain, non plus...*

M.L. — Mais des diplomates sur l'île des Sœurs ?

P.R. — *Les diplomates sur l'île des Sœurs, oui. Mais je veux juste finir ce point-là, je pense que c'est un point quand même important pour comprendre un peu ce qui était le processus d'action du FLQ, en 1970. C'est qu'avec le mandat, les autres savaient exactement ce qu'ils avaient à faire. Si nous, par exemple, qu'on a appelés, par la suite, cellule de financement Chénier, on savait exactement qu'est-ce que « opération Libération » signifiait, ce qu'ils avaient à faire et avec les personnes qui seraient enlevées. Mais...*

M.L. — Vous ne connaissiez pas les lieux ?

P.R. — *On ne connaissait pas les lieux, on ne connaissait pas les autos, et puis ces gens-là marchaient de façon complètement autonome, après que le mandat a été confié.*

M.L. — Mais, Paul Rose, il y a là un paradoxe, une contradiction. Parce que vous-même, vous procédez à l'enlèvement de Pierre Laporte...

P.R. — *Oui...*

M.L. — ... et les gens de la rue des Récollets, c'est-à-dire la cellule Libération, connaît le repaire de la rue Armstrong ; elle y a passé l'été, d'ailleurs...

P.R. — *Oui.*

M.L. — ... connaît votre voiture...

P.R. — *...oui, c'est ça...*

M.L. — ... il y a là une violation du mandat...

P.R. — *... c'est comme je vous dis, quand on n'était pas prêts pour faire les événements d'Octobre, en termes d'organisation. Parce que là, à ce moment-là, on est pris avec une situation d'urgence. C'est que, d'après le communiqué numéro 1 qu'on a tous rédigé ensemble, d'ailleurs, qui est assez long, il est supposé d'avoir un diplomate américain et un diplomate britannique.*

M.L. — C'était ça, le plan ?

P.R. — *Oui. C'était ça, le plan. Tout le communiqué numéro 1 est fait en fonction de ça, l'exploitation économique, la domination économique du Québec, qui est représentée, dans notre type d'action, par le diplomate américain et puis il y a toute l'histoire coloniale du Québec, de l'oppression politique au Québec, qui est d'origine britannique. Alors, avec ces deux personnages-là, on couvrait l'ensemble de la réalité québécoise. Or ce qui est arrivé, c'est qu'il y eut seulement un Britannique d'enlevé. Ça pouvait laisser une interprétation assez facile d'amener à une question raciale ou quelque chose comme ça. Or il y avait toute la dimension sociale et économique qui est quand même drôlement importante dans le manifeste et dans le communiqué numéro 1...*

M.L. — ... au niveau des principes, Paul Rose...

P.R. — *... mais là, quand on est revenus, on est pris avec une situation d'urgence où il y a seulement que le diplomate britannique qui est enlevé... et où le gouvernement ne veut pas céder. Or, on revient dans cette situation-là. C'est à ce moment-là qu'on décide de procéder à l'enlèvement des diplomates sur l'île des Sœurs.*

M.L. — Mais est-ce que ça n'était pas...

P.R. — *... c'était un risque en termes de sécurité...*

M.L. — ... imprudent, déjà le cloisonnement...

P.R. — *... oui, au niveau interne. C'est-à-dire qu'au niveau de nos principes internes, il y avait quand même une règle et qu'on était obligés de passer là-dessus.*

M.L. — Mais c'est pas étonnant, vous, le plus prudent du groupe, de vous voir passer à l'action de la manière la plus improvisée ?

P.R. — *C'était pas tellement improvisé, dans le sens qu'on avait, depuis plusieurs mois, fait un travail d'éclairage ou d'éclaireur, on est allés surveiller les différents endroits. On connaissait assez bien les milieux diplomatiques et même politiques, entre autres, sur la Rive-Sud. Mais là où le problème s'est posé, c'est que ces événements-là étant enclenchés, il fallait absolument qu'on débouche sur des choses concrètes. Et puis, tout le processus étant lancé, avec seulement un diplomate britannique, c'est là qu'on a pris la décision... c'est ça que je vous dis... la question des décisions démocratiques, c'est que les décisions avaient été prises : il y avait deux diplomates qui étaient pour être enlevés.*

M.L. — Et c'est très intéressant...

P.R. — *... à ce moment-là, ça faussait tout, tout. Toute la dimension du manifeste, la double dimension historique et économique de l'exploitation du Québec qui était dénoncée dans le manifeste et dans le communiqué numéro 1...*

M.L. — Mais est-ce que le 5630, rue Armstrong...

P.R. — *... autrement dit, on a décidé, face aux normes sécuritaires et face à la possibilité de donner, au plan public, une information qui serait fausse, ou de faire une sensibilisation qui porterait à réduire le problème du Québec à une simple question raciale — en enlevant seulement qu'un Britannique —, qu'entre ces deux solutions-là — puis on n'avait pas le choix, si on ne faisait pas quelque chose, c'est ça qui passait —, si on faisait quelque chose, bien, il fallait le faire un peu à l'encontre de nos règles de sécurité interne, qui étaient quand même assez rigides.*

M.L. — Paul Rose, le 5630, rue Armstrong, est-ce que c'était « brûlé », connu de la police ?

P.R. — *Non. Ce n'était pas connu de la police, mais comme je vous ai dit tantôt, en termes de normes sécuritaires, vu que les gens de ce qu'on a appelé par la suite la cellule Libération avaient été là..., ce n'était pas un endroit propice pour faire un enlèvement ou détenir quelqu'un, parce qu'il y avait des gens d'une autre cellule qui le savaient. Et puis, sachant l'endroit où était détenu, entre autres, Pierre Laporte, s'ils se faisaient arrêter, il pouvait être possible de découvrir l'endroit. Par des interrogatoires serrés...*

M.L. — Il y avait aussi l'ouverture dans le garage !

P.R. — *Oui ! Il y avait ça, c'est parce que justement les réunions se faisaient là. Il ne fallait pas attirer l'attention*

*des gens aux alentours. Quand on avait nos réunions, on
n'arrivait pas là, tous à la vue de tout le monde. Moi,
j'étais là, comme résident de l'endroit, locataire, et puis
j'arrivais là avec les gens, j'allais les chercher un peu
partout, les autres, pour faire la réunion. Mais ils étaient
cachés dans l'auto, dans le fond de l'auto. Et on rentrait
dans le garage ; ceux qui étaient cachés dans l'auto
sortaient.*

M.L. — Pourquoi ?

P.R. — *Mais moi, ça pouvait me prendre une journée,
deux jours, pour aller chercher tout le monde, parce
qu'on pouvait pas amener six, sept personnes dans la
même auto sans que ça paraisse. Il y avait juste moi et
une autre personne, une fille... qui était locataire...*

M.L. — ... locataire...

P.R. — *...de la maison, tu sais, qui était résidente.*

M.L. — Pourquoi avez-vous choisi Pierre Laporte
comme otage ?

P.R. — *Premièrement, c'est que nous, on s'est arrêtés
sur... d'abord, il avait été prévu d'enlever les diplomates
qui étaient sur l'île des Sœurs. C'était notre position
parce qu'on savait déjà exactement... on avait filé les
allées et venues de ces gens-là et puis, en revenant du
Texas, quand il s'est avéré que le gouvernement ne
voulait pas céder au communiqué de l'opération Libération, on a voulu aller à l'île des Sœurs, mais on ne
s'est pas rendus parce que ça aurait été un risque
sécuritaire trop grand, parce que les ponts étaient sur-
veillés à la suite du premier enlèvement. C'est à ce
moment-là qu'il nous a fallu penser à une solution de
rechange. Et c'est là qu'il nous est apparu que Pierre
Laporte était peut-être l'élément le mieux placé...*

M.L. — ... ministre du...

P.R. — *... ministre du Travail et de l'Immigration, c'est une chose importante au Québec — en termes d'immigration, on sait les problèmes qu'on a, c'est un domaine où on n'a pas aucune autorité, sauf de regarder de haut —, et puis...*

M.L. — ... mais quelles étaient les...

P.R. — *... à ce moment-là, Pierre Laporte représentait tout ce qu'il y avait peut-être de plus de droite dans le parti libéral ou de réactionnaire... on pensait que l'aspect économique du communiqué numéro 1 et du manifeste pourrait être remis en valeur plus facilement avec lui que...*

M.L. — ... simplement avec le diplomate ?

P.R. — *... ou les* diplomates, *parce qu'il y en avait une couple. Il y avait entre autres James « Lecoup», qui est un diplomate américain, un consul qui était à l'île des Sœurs, et il y avait aussi une couple de diplomates de régimes de droite et de régimes militaires, dictatures militaires...*

M.L. — ... auxquels vous pensiez ?

P.R. — *... oui...*

M.L. — Paul Rose, mais quels étaient vos rapports avec votre otage ? Est-ce que c'était un peu amical, un peu conciliant ou si c'était carrément hostile ?

P.R. — *Non, il n'y avait pas d'hostilité avec les otages. On a quand même un respect pour une personne qui était placée dans une situation difficile. On n'a pas essayé, par exemple, de passer un interrogatoire, d'en arriver à des...*

M.L. — ... des confessions ?

P.R. — *Oui, des choses comme ça. Non, ça, c'est complètement faux.*

M.L. — Mais est-ce...

P.R. — *... tout ce que Pierre Laporte a écrit, il l'a fait
volontairement, et même sans être incité d'aucune façon.
Ça, je peux vous donner ma parole, là-dessus !*

M.L. — Est-ce que Pierre Laporte était un otage difficile ?

P.R. — *Non, non !*

M.L. — C'est pas vrai qu'il se débattait, qu'il cherchait
constamment à s'en sortir ?

P.R. — *Non, moi, je ne l'ai pas vu se débattre, en tout
cas. C'est sûr que, moralement, il n'était pas dans les
meilleures conditions. C'est lui qui avait dit : « Il ne
faut pas négocier », absolument la ligne dure. Puis quand
il a été dans la situation de Cross, c'est là qu'il a
dit : « Il faut négocier, après moi ça va être un autre... »,
et tout ça. Donc, moralement, il était assez défait. Mais
je ne pense pas, pour répondre exactement à votre
question, qu'il y ait eu de l'agressivité ou qu'il y ait eu
un interrogatoire de part et d'autre.*

M.L. — Mais, lors de la mort de Pierre Laporte, vous
n'étiez pas là, vous étiez dans la « planque » de la rue
Queen Mary ?

P.R. — *Mais, moi, ma position a été celle-ci : c'est que,
en ce qui concerne la mort de Pierre Laporte, c'est une
question de solidarité qui lie tous les membres de la
cellule Chénier, du FLQ, tu sais. Ça, c'est un point que*

j'ai dit à mon procès, que j'ai soulevé à mon procès. Et puis que je soutiens encore aujourd'hui, et que je soutiendrai dans dix ou vingt ans. Parce que, politiquement, personne d'entre nous en voulait plus qu'un autre à l'individu Pierre Laporte. C'était une décision collective, ...l'enlèvement de Pierre Laporte, et, du moment que l'enlèvement a été décidé, tout ce qui pouvait en suivre, c'était la responsabilité du FLQ.

M.L. — Il reste quand même que vous prenez ça sur votre dos, en dépit du fait que vous ne l'ayez pas fait...

P.R. — *... on le prend tous sur notre dos, ça fait quand même dix ans. Ce que les tribunaux...*

M.L. — ... vous le prenez plus que les autres.

P.R. — *Non, on le prend tous sur notre dos. Ce que les tribunaux ont décidé, c'est leur affaire, tu sais. Ce que la Cour du banc de la Reine a décidé, ça la regarde ! Tu sais ! Ce que nous autres, on n'appelle pas justice, entre autres. Nous, en termes de militants, on est là avec une certaine solidarité et c'est ce qui compte le plus pour nous. On n'a pas procédé à ces événements-là pour des motifs personnels. À ce moment-là, pourquoi il y en aurait parmi nous qui seraient plus coupables que d'autres, face à ce qu'on appelle la justice ou la Cour du banc de la Reine, puisqu'on parle en 1971.*

M.L. — Parce qu'ils ont posé le geste, c'est de leurs mains que Pierre Laporte est mort, et non pas des vôtres?

P.R. — *Écoutez. Ça, c'est ce que vous dites d'après le rapport Duchaîne. Moi, je maintiens et je dis que c'est une question de solidarité, et tout ce qui est arrivé en 1970, relativement à la mort de Pierre Laporte, c'est une question de... C'est le FLQ qui a tué Pierre Laporte. Mais, quant à savoir qui a fait quoi ? Dans le FLQ, en* rapport avec la mort de Pierre Laporte, ça, c'est une question de solidarité. Je ne veux pas embarquer dans le jeu d'Allô Police, et arriver dans des petites affaires sensationnelles. Ce qui est important de savoir, c'est que c'est le FLQ qui a tué Pierre Laporte, c'est le FLQ qui a été responsable de la mort de Pierre Laporte et quand je dis le FLQ, on parle de la cellule Chénier. C'est ça qui est important de savoir et puis, à partir de là, je sais qu'on peut inventer, comme Vallières le fait, différentes hypothèses de tout ça. Mais il demeure que c'est ça qui est la réalité. Tant qu'au reste, c'est de la « petite histoire», de l'Allô Police : ça peut intéresser peut-être une couple de personnes, mais, nous autres, ça ne nous intéresse pas.

M.L. — Paul Rose, après dix ans vécus en prison, vous revoyez tout ça, on a un certain recul. Avez-vous des regrets ?

P.R. — *Face aux événements comme tels, non. Je vais vous dire bien franchement, c'était des choses au niveau des motivations qui nous ont amenés... c'est sûr qu'on a mis bien gros là-dedans...*

M.L. — ... les meilleures années de votre vie, quand même !

P.R. — *... les meilleures années, mais écoutez, il faut pas charrier non plus, les dix années que je viens de faire, c'est quand même une expérience dans la vie d'un homme que de faire dix années de prison. Correct, c'est pas... d'être enfermé en cellule, par exemple, vingt-trois heures, vingt-quatre heures par jour pendant deux ans et plus ou d'être dans des conditions qui ne sont pas tellement stimulantes. Je suis d'accord que c'est pas tellement gai. Mais, ce qui en demeure, c'est que c'est quand même une expérience de vie, que je ne calcule pas comme être perdue ! Puis c'est vrai qu'on a tout investi* *là-dedans, on a tous investi au niveau de la liberté. On a mis notre liberté en jeu, mais...*

M.L. — ... mais ça ne donne pas lieu de regretter ? Parce que, quand même, la société a-t-elle tant évolué ...à cause des événements d'Octobre ?

P.R. — *Oui, mais quand on s'est battus, à ce moment-là, les moyens démocratiques étaient bloqués. Les voies démocratiques étaient bloquées.*

M.L. — Est-ce vous qui les avez débloquées ?

P.R. — *Non, mais on a quand même permis qu'il y ait... sensibilisation parce que... pourquoi ces voies démocratiques-là étaient bloquées, pourquoi ? Il y avait un paquet de gens qui faisaient un travail de sensibilisation au niveau des quartiers, par exemple, je vous parlais tantôt du saccage des comités de citoyens, des comités d'ouvriers. Ces comités-là, c'était des comités où des gens du quartier — il y avait dans ça des médecins populaires, il y avait des avocats populaires qui rendaient un paquet de services. Mais pourquoi s'acharnait-on sur les comités de citoyens ? Justement ces comités de citoyens, ces gens-là, faisaient un travail de sensibilisation qui était dangereux pour le pouvoir à l'époque. Or c'est ça qui est la réalité.*

M.L. — Merci infiniment, Paul Rose.

Vingt ans après

Le nouveau visage du Québec

Vingt ans après la Crise d'octobre et l'extinction, à toutes fins utiles, du Front de libération du Québec, comme le paysage politique a changé !

La théorie marxiste, dont s'inspiraient alors — à divers degrés — Georges Shoeters, Pierre Vallières, Charles Gagnon, Jacques Lanctôt et Paul Rose, pour réclamer la venue au pouvoir du prolétariat québécois, a quelque peu jauni depuis. L'effondrement des régimes communistes, plus particulièrement de l'héritage stalinien, en Europe de l'Est, a rendu moins attrayant le marxisme-léninisme.

Il faut dire que le portrait socio-économique du Québec s'est considérablement modifié depuis 1970. Les Québécois, dont les felquistes ont maintes fois dénoncé le statut de « colonisés», d'« opprimés», gèrent maintenant la majorité des institutions financières qui orientent la vie économique de leur territoire et une nouvelle « garde montante » canadienne-française administre leurs entreprises. Elle a même, récemment, réussi à rendre le projet d'indépendance plus crédible aux yeux de plusieurs leaders d'opinion américains.

En relisant leurs communiqués d'alors, on est frappé tout à coup par la filiation directe que l'on peut établir entre, d'une part, la dénonciation de la corruption du système électoral (le système est « bloqué», répètent-ils souvent) et des injustices sociales (celles, notamment que doivent subir les travailleurs) et, d'autre part, les lois qui ont été mises en vigueur depuis : la Loi sur le financement des partis politiques, la Charte de la langue française (« loi 101 »), de même que celles — beaucoup plus généreuses qu'auparavant — qui touchent les

Un groupe de prisonniers politiques photographiés à Sainte-Anne-des-Plaines en 1973. Ce sont, de gauche à droite: Paul Rose, Bernard Lortie, Edmond Guénette,

Daniel Lamoureux,
Francis Simard,
Pierre Demers,
Robert Hudon, Pierre
Boucher, Pierre-Paul
Geoffroy, Reynald
Lévesque et François
Schirm. *Normand
Pichette*.

ouvriers du secteur industriel (loi contre les briseurs de grève, santé et sécurité au travail), comme si les activistes du FLQ avaient finalement trouvé réponse à leurs aspirations et à leurs demandes. De ce point de vue, on peut croire qu'ils ont vraiment contribué à faire avancer certaines idées, à mettre en marche des projets, en faisant éclater au grand jour le sentiment d'urgence qui les habitait tous intérieurement.

Dans l'immédiat, peut-être les felquistes ont-ils nui au Parti québécois du début des années soixante-dix, en suscitant la méfiance de l'électorat. Mais, à moyen terme, en démontrant au Canada anglais que le mouvement indépendantiste devait être pris au sérieux, ils lui ont servi de fer de lance. L'alternative démocratique (c'est-à-dire un véritable parti de masse) est apparue graduellement plus rassurante.

Pour la tâche ingrate que les activistes du FLQ ont accomplie, donc — dans un excès d'impatience propre à la jeunesse —, personne n'osera les remercier. Il n'en reste pas moins qu'elle s'inscrit parmi les faits importants de notre histoire.

Bien sûr, le Québec reste encore loin de son indépendance et de sa révolution sociale, mais, en vingt ans, des pas énormes ont été franchis ; à tel point que si les communiqués et manifestes du FLQ, sous leur forme originale, devaient à nouveau être publiés aujourd'hui, à la faveur d'une crise quelconque, ils nous apparaîtraient à coup sûr complètement anachroniques.

Les voies multiples de la réintégration

Leurs blessures encore à vif, les felquistes ont dû progressivement se réintégrer à la société. Certains effectuèrent cette transition en œuvrant, pour un temps, du moins, dans des groupes populaires voués à la mobilisation des travailleurs, le mouvement « En lutte», par exemple ; on les retrouvera aussi dans des comités de travailleurs, dans des groupes d'intellectuels gravitant autour de l'Agence de presse libre du Québec (qui pu-

bliait le bimensuel *Bulletin populaire*) ou autres organismes progressistes ou de gauche.

En général, ceux qui avaient écopé d'une lourde
sentence de prison ont carrément tourné le dos à l'acti-
visme, pour se faire oublier sans doute. Ils ont, chacun
de leur côté, fondé une famille, sont devenus soit conseiller syndical (comme Paul Rose), soit agent de communication (Jacques Cossette-Trudel), journaliste (Denis
Lamoureux, Pierre Schneider), éditeur (Jacques Lanctôt),
scénariste (Francis Simard) ou encore conseiller municipal (Gérard Pelletier) — fonctions où, on l'aura remarqué, la communication joue un rôle très important.
D'autres, enfin, auront même réussi à mettre sur pied
leur propre entreprise.

Pierre Vallières, l'idéologue du groupe, qui avait
déjà été tenté par la vocation religieuse dans les années
cinquante — dans *Nègres blancs d'Amérique*, il devait
cependant affirmer que la croyance en un ordre divin ne
résout rien —, se convertit au christianisme à la fin des
années quatre-vingt et séjourna même brièvement dans
une communauté associée aux Franciscains. Jésus-Christ
et Boudha sont venus remplacer Che Guevara et Malcolm
X, affirmait-il le 10 juin 1988 à un journaliste du *Globe
and Mail* ; il crut utile de préciser en outre que l'idéologie, en soi, est dangereuse... La boucle se trouvait-elle
ainsi bouclée ? En réalité, Pierre Vallières demeure, sous
les apparentes transformations de sa personnalité, un
éternel rebelle, un perpétuel combattant pour la justice
sociale. Si les causes qu'il défend varient (écologie,
défense des Amérindiens), ses exigences profondes, sa
revendication sans compromis restent toujours les mêmes.

Plusieurs des felquistes que nous avons rencontrés
depuis une quinzaine d'années affichent, eux aussi, les
mêmes convictions qu'à l'époque de leur implication
dans l'action terroriste. Seul l'usage de la violence semble avoir été remis en question par la plupart d'entre eux.

Retour sur les événements

La manipulation policière

Une question demeure encore bien vive dans l'esprit de bien des analystes : les felquistes auraient-ils été manipulés de quelque façon ? Des faits précis le laissent croire.

Le complot de 1965, fomenté par le FLQ et des Noirs américains, pour dynamiter des monuments à Washington — l'affaire Duclos-Saulnier — aurait été mis au jour grâce à un agent secret, le sergent Raymond Wood ; on apprendra, presque dix ans plus tard, en 1973-1974, lors des audiences du comité sénatorial américain sur le terrorisme, que le complot a, en fait, été tramé à l'initiative même du FBI, pour le compte de qui travaillait Wood, à titre d'agent provocateur.

En janvier 1968, au terme d'une opération d'infiltration, l'agent secret Bernard Sicotte, travaillant « sous les ordres directs » — dira-t-il après — de l'inspecteur Donald Cobb, de la GRC, fournit de la dynamite au felquiste Jacques Désormeaux et lui demande de l'entreposer, en prévision d'un attentat à la bombe à une succursale de la Banque Royale ; au moment du procès, Désormeaux sera cependant acquitté, précisément en raison du rôle provocateur joué par l'inspecteur Sicotte.

Plus tard, lors de tentatives de réorganisation du FLQ, en 1971, Jacques Primeau dépose, à l'instigation de Carole Devault (informatrice contrôlée par le dirigeant policier Julien Giguère, de la CUM), quatre faux bâtons de dynamite. Le jeune travailleur, pour cet attentat qui, en réalité, avait été provoqué de toutes pièces par un agent manipulateur, écopera plus tard d'une peine de deux ans de prison.

Malgré ces cas précis, choisis parmi d'autres, de manipulation policière, lesquels suggèrent que les manœuvres des terroristes felquistes auraient été encouragées, sinon préparées, de l'extérieur, il reste difficile, à ce stade-ci, de prouver que l'ensemble du mouvement felquiste aurait été alimenté par des agents provocateurs détenant un mandat d'une autorité publique quelconque ou même que la crise d'octobre 1970 serait le point culminant d'une vaste manipulation. Sans donner une dimension mythique, presque héroïque, aux activistes du FLQ, on est forcé de constater, à l'examen du dossier, que ce sont eux qui, souvent, ont eu l'initiative des coups les plus retentissants.

Des projets « *made in USA* »

Bien sûr, nos voisins américains se sont intéressés au cas du Québec. Le contraire eût été surprenant, quand on sait le grand nombre de chercheurs en sciences sociales qui avaient été mandatés, dans ce pays, pour trouver des solutions à la violence politique interne. Ainsi, dès 1962, le Québec devait servir de toile de fond, d'exemple, pour le projet *Revolt* à l'Université de Washington. En 1964, les chercheurs de la même institution, en collaboration avec l'armée américaine, préparaient le projet *Camelot*, dont nous avons déjà parlé précédemment dans cet ouvrage ; rappelons qu'il regroupait 140 chercheurs de différents pays — plus particulièrement concernés par la violence politique —, qui devaient examiner divers scénarios de guerre interne et que le Canada figurait au nombre des cinq pays prioritaires dans l'analyse. Même s'il n'a pas été officiellement mené à terme, il démontre néanmoins la curiosité que suscitait aux USA le cas du Québec.

Quant à la théorie du docteur Jacques Ferron, dont nous avons déjà fait état aussi (la CIA aurait été mêlée à la Crise d'octobre, par le biais de la Hudson Engeneering, pour rappeler l'essentiel), les éléments sur lesquels elle se fonde n'ont jamais été confirmés par ailleurs.

Ce dont on peut maintenant être sûr, toutefois, c'est que, une fois déclenchée, cette crise a été amplement exploitée par le gouvernement fédéral ; le choc psycho-

Marc Lalonde faisait partie, avec quelques autres "hommes sûrs" de M. Trudeau, de l'ultra-secret Strategic Operation Center. *Archives nationales du Québec à Montréal, fonds Québec-presse.*

logique que reçurent alors les citoyens avait donc été soigneusement planifié.

L'« insurrection appréhendée » par Ottawa : une menace réelle ?

Le simple recul et l'enquête de Me Jean-François Duchaîne, enquêteur du gouvernement du Québec, ont fait ressortir que l'utilisation des pouvoirs exceptionnels d'arrestation et de perquisition, sous l'emprise de la Loi sur les mesures de guerre, n'étaient pas nécessaires pour coïncer 35 felquistes, dont la plupart étaient fichés, certains ayant déjà été dénoncés par un délateur. C'est d'ailleurs par la voie d'une simple enquête policière, bien menée, sans mesures d'exception, que le sergent Donald McCleery put repérer finalement les ravisseurs de James Richard Cross.

La menace fut amplifiée par ceux mêmes qui avaient intérêt à la rendre terrifiante. Par les felquistes, d'abord, qui cherchaient ainsi à transmettre l'image d'une super-organisation. (Ils publièrent, par exemple, le communiqué numéro 3 de la cellule Chénier, alors même qu'aucun autre communiqué n'avait été publié auparavant ! Ils lancèrent aussi de solennels ultimatums, de manière à laisser croire que ceux-ci provenaient d'un vaste réseau très fortement structuré, quand les felquistes étaient, en fait, en proie à une certaine panique, à la suite de leurs enlèvements.) Par le pouvoir fédéral aussi, qui avait intérêt à dramatiser la situation, à invoquer l'appréhension d'une insurrection, pour réduire au silence diverses couches de l'opinion publique qu'on croyait, à cette époque, peu favorables au régime. Ainsi, le groupe d'analyse sur la « sécurité nationale » appelé Polaris (il aurait été relié, croit-on, à l'Armée) conseilla par écrit au Strategic Operation Center (SOC) — groupe ultra-secret dont faisaient partie Marc Lalonde et d'autres « hommes sûrs » de M. Trudeau — le recours « au moins à la guerre psychologique » devant la situation de guérilla au Québec.

Frustrées de se trouver aussi impuissantes devant

Photo de James Richard Cross prise alors qu'il était captif des felquistes et envoyée aux médias. *Canapresse.*

Le lieutenant Julien Giguère jouait un rôle majeur dans la force anti-terroriste de la police de Montréal en 1970. *Canapresse.*

Don Jamieson, ministre terreneuvien dans le cabinet Trudeau, croyait que la réplique avait été orchestrée « pour affirmer de façon dramatique le pouvoir fédéral au Québec ». *Canapresse.*

des événements aussi graves, les autorités montréalaises exprimèrent le désir de disposer de nouveaux pouvoirs. (Il en fut question lors de discussions entre Me Michel Côté, chef du contentieux, et le lieutenant Julien Giguère.) Mais lorsque les policiers de la GRC intervinrent dans l'établissement des listes, ils se permirent d'ajouter de nouveaux critères (qui avaient d'ailleurs fort peu à voir avec l'appartenance au FLQ...), ce qui, par un bien étrange glissement, eut pour effet de gonfler la liste d'arrestations éventuelles de 150 à 450 !

En 1988, la publication, par le *Saturday Night* et le *Globe and Mail*, du journal personnel de Don Jamieson, ministre terreneuvien dans le cabinet Trudeau de 1970 (après la mort du ministre), jeta sur toute cette affaire un éclairage important : selon Jamieson, le cabinet fédéral ne possédait aucune preuve qui eût pu le justifier d'appréhender une insurrection. La GRC, quant à elle, n'en avait pas découvert davantage, ni avant ni après la promulgation des mesures de guerre. Le gouvernement Trudeau avait orchestré sa réplique pour « affirmer de façon dramatique (*sic*) le pouvoir fédéral au Québec», écrit-il. « En y repensant..., poursuit-il, je suis convaincu qu'à partir du moment où Cross fut enlevé, le premier ministre considérait cet incident comme un problème déterminant pour son avenir politique et qui pourrait servir de tremplin pour affirmer la position fédérale de façon spectaculaire.»

L'aspect explosif de la parution de ce journal venait de ce que Jamieson, à qui M. Trudeau s'était confié, au cours d'un repas, pendant la crise, et qui avait assisté à la longue présentation qu'en avait fait la GRC au cabinet, se trouvait à venir confirmer — de l'intérieur même du gouvernement fédéral, cette fois — les conclusions des enquêtes les plus crédibles et les plus fouillées qui aient eu lieu auparavant.

Sans véritable analyse, rappelle le rapport Duchaîne, les policiers du Service combiné antiterroriste, se sentant dépassés et constatant leur échec, avaient réclamé des mesures d'exception leur permettant d'« isoler les felquistes de leurs contacts extérieurs». Cette opération, aux visées limitées, s'était métamorphosée, aux mains du gouvernement Trudeau, en « traitement choc servi à l'opinion publique québécoise selon des tactiques de " guerre psychologique " ».

Dès l'arrestation du jeune felquiste Bernard Lortie, le 5 novembre 1970, et sa comparution presque immédiate, l'amateurisme et l'improvisation qui avaient entouré l'enlèvement de Pierre Laporte frappèrent les observateurs étrangers. Dans une note interne, datée du 12 novembre, le consul général des États-Unis, John Topping, écrit : « À moins que la cellule Libération (qui détient toujours Cross) et les autres cellules du FLQ ne s'avèrent plus expertes et mieux organisées que ne l'étaient Lortie et compagnie, les doutes sur la nécessité d'imposer la Loi des mesures de guerre vont s'accroître. »

Au moment de l'arrestation de Bernard Lortie, l'amateurisme et l'improvisation qui avaient entouré l'enlèvement de Pierre Laporte frappent les observateurs étrangers. *Canapresse.*

Sur quels éléments d'information policière le gouvernement Trudeau avait-il donc basé sa décision ? John Turner, alors ministre de la Justice, laissa entendre, comme certains de ses collègues du cabinet, qu'il en savait davantage que la population là-dessus et que celle-ci pourrait sans doute un jour, à sa plus grande satisfaction, connaître les justifications gouvernementales qui ont sous-tendu la décision du chef du gouvernement. Il reste qu'au moment des enquêtes Keable et McDonald, le gouvernement Trudeau barra l'accès aux documents décisionnels du cabinet.

Au moment où il invoqua l'« insurrection appréhendée », le gouvernement Trudeau ne connaissait-il pas le nombre de terroristes qui composaient le réseau felquiste ? Ne lui avait-on pas dit que les felquistes et leur appareil de support, presque tous fichés, ne représentaient, tout au plus, en 1970, qu'un effectif de 35 personnes ?

Les services policiers, pour leur part, semblent avoir obtenu des renseignements remarquablement tôt. Il faut dire qu'avant que n'éclate la Crise d'octobre ils pouvaient compter sur deux sources — au moins — à l'in-

Pour appuyer le recours aux mesures de guerre, Jean Marchand avait avancé des estimations fort exagérées de 3000 felquistes. *Archives nationales du Québec à Montréal, fonds Québec-Presse.*

térieur du FLQ. Un jeune étudiant, du nom de Jean-Marc Lafrenière (source 945-168, contrôlée par la police de Montréal) devait effectivement révéler, dès le lendemain de la disparition de Cross, les noms de cinq ravisseurs potentiels, dont Jacques Lanctôt et Nigel Hamer. (Il avait d'ailleurs signalé le nom de ce dernier peu avant le rapt, en rapport avec un vol de dynamite, mais la police n'avait pas cru bon arrêter Hamer.) Par ailleurs, un chauffeur de taxi, contrôlé celui-là par la GRC, aurait livré à celle-ci, avant même que le groupe ne passe à l'action, une liste plus complète encore, comprenant les noms de Lanctôt, Carbonneau, du couple Cossette-Trudel ainsi que de Paul et Jacques Rose, Francis Simard et Bernard Lortie. En procédant au recoupement de ces noms avec les plaques d'immatriculation et les empreintes digitales prélevées après les rapts, les services policiers étaient en mesure d'établir facilement l'identité des suspects. Au lendemain de la mort de Pierre Laporte, ils se décidèrent enfin à publier les photos ; avec le recul, on constate qu'ils visaient tout à fait le bon réseau.

De la désinformation à tous les niveaux

On est en droit de supposer que la fameuse allusion à une « insurrection appréhendée » fait partie de la vaste entreprise de désinformation qui a accompagné et suivi la Crise d'octobre. Le gouvernement d'Ottawa, le gouvernement du Québec et les felquistes eux-mêmes ont, à cette occasion, induit gravement le public en erreur.

Nous avons déjà parlé des estimations fort exagérées du nombre de felquistes (3000, avait-il dit !) que le ministre Jean Marchand avait présentées aux Communes le 16 octobre 1970, pour appuyer le recours aux mesures de guerre. Lorsqu'il avait invoqué, par contre, la quantité de dynamite qu'ils avaient à leur disposition (« 2 000 livres... ce qui est suffisant pour faire sauter le cœur de Montréal», avait-il ajouté), il ne se trompait pas car les récents vols de dynamite (y compris les stocks accumulés par Nigel Hamer) totalisaient bien ce nombre ; les services policiers — n'eût été l'enlèvement de Cross — s'apprêtaient d'ailleurs à effectuer un raid majeur surnommé « opération Richelieu ».

En 1988, le premier ministre Robert Bourassa, ripostant aux révélations du journal de M. Jamieson, déclarait : « Ce n'est pas le gouvernement fédéral mais bien celui du Québec qui a réclamé, en octobre 1970, l'intervention de l'armée et l'imposition de la Loi des mesures de guerre. » Malgré la lettre officielle de demande d'assistance que Marc Lalonde était allé, effectivement, faire signer par M. Bourassa à Québec, tout le dossier de la crise démontre que le gouvernement provincial tentait de négocier avec les ravisseurs (non sans une certaine ambiguïté, il faut dire), tandis qu'Ottawa avait opté assez rapidement pour la ligne dure. Selon Me Jean-François Duchaîne, le seul document un peu étoffé qui exprime les points de vue des policiers et du gouvernement du Québec sur les événements (une longue lettre préparée par le directeur de la police montréalaise, Marcel Saint-Aubin, et par le chef du contentieux de la ville, Me Michel Côté) n'était qu'un artifice pour accorder une légitimité formelle à des mesures d'exception déjà arrêtées, par ailleurs, lors d'échanges de plus haut niveau.

S'il est vrai que M. Bourassa amplifie aujourd'hui son rôle dans le déclenchement des mesures de guerre et que le gouvernement central a présenté du FLQ une image hypertrophiée, les ravisseurs de la cellule Chénier doivent assumer leur part de responsabilité dans cette entreprise générale de désinformation. Ils ont bien tardé, par exemple, à faire la lumière au sujet de la mort de Pierre Laporte.

Les procès expéditifs intentés en 1971 ont, il faut l'admettre, abouti à des conclusions apparemment absurdes : Jacques Rose, qui était présent lors de la mort du ministre, a été acquitté de l'accusation de meurtre mais trouvé coupable de complot ; inversement, Paul Rose, qui n'était pas sur place, a été accusé de meurtre. Longtemps, Paul Rose a refusé d'admettre publiquement qu'il n'était pas là quand le ministre a été étranglé ; il a fini par l'admettre, au bout de dix ans, tout en soutenant que l'exécution de Pierre Laporte était néanmoins « la responsabilité collective » du FLQ.

Pour Me Jean-François Duchaîne, le ministre Laporte, dans un état d'agitation extrême, serait mort aux mains de ses ravisseurs, qui auraient été de moins en moins capables de le maîtriser ; il aurait été étranglé au cours d'une crise d'agitation particulièrement violente. Me Duchaîne a rejeté la thèse du meurtre prémédité en se basant sur une conversation où Francis Simard lui avait dit littéralement : « Même si c'est un accident, c'était un accident des suites de son enlèvement [...] c'est à la suite d'un accident, un accident qui a été causé directement par le fait qu'il a été séquestré. » Le mot « accident » est cependant tabou dans ce dossier. En 1970, le ministre de la Justice Jérôme Choquette aurait d'ailleurs demandé au docteur Valcourt de le retirer de son rapport d'autopsie. En 1980, titulaire péquiste des mêmes responsabilités, Marc-André Bédard emploie, quant à lui, le mot « meurtre», en rapport avec cet événement, même si la description qu'il trouve dans le rapport Duchaîne indique qu'il s'agit d'un étranglement au cours d'une perte de contrôle.

En 1982, Francis Simard révise cette version dans le livre *Pour en finir avec octobre*. Avec l'approbation d'autres membres du groupe, il publie une description plus volontariste des faits, qui veut que deux des ravisseurs, Francis Simard et Jacques Rose, traversés par un très fort courant d'émotions, auraient étranglé Pierre Laporte au nom d'un intérêt supérieur.

Une autre version circule présentement. Jacques Rose et Francis Simard, furieux que Bernard Lortie eût libéré M. Laporte de certains de ses liens et qu'il eût ainsi facilité sa tentative d'évasion, lui auraient demandé de quitter les lieux et de se rendre chez Paul Rose (réfugié rue Saint-Denis, chez Louise Verreault), pour recueillir des instructions. Les deux ravisseurs, sentant que les rafles policières se multipliaient, auraient songé à libérer leur otage avant d'être pris. Paul Rose aurait

manifesté sa réprobation à Bernard Lortie pour la manière dont il avait exercé sa garde, puis, avouant avoir de
la difficulté à mettre ses idées en place, Paul Rose aurait
demandé à être seul pour passer un coup de téléphone
rue Armstrong (ce détail est confirmé dans le rapport
Duchaîne) ; il aurait alors dit à ses interlocuteurs que si
les autorités ne cédaient pas aux conditions du FLQ, il
était difficile de libérer le ministre et qu'il leur apparte-
nait alors d'agir en conséquence...

L'idée d'une exécution télécommandée, même à
mots couverts, ne nous paraît pas très compatible avec la
personnalité de Paul Rose. Chef d'une communauté fa-
miliale, il assume des responsabilités *collectives* ; il a
endossé la responsabilité d'un hold-up (à la Caisse populaire de l'Université de Montréal) qu'il n'avait pas
commis, de la même manière qu'il a pris sur lui bon
nombre de délits perpétrés, en fait, par ses collabora-
teurs. Est-il plausible qu'il ait pu laisser son jeune frère,
Jacques, aux prises avec une situation aussi angoissante
sans venir lui prêter assistance ? Francis Simard trace un
portrait plutôt flou des gestes individuels des deux ravisseurs au moment de l'exécution de Pierre Laporte. Peut-
on supposer, dans ce cas, que ce récit servirait plutôt de
couverture et qu'en réalité un seul des ravisseurs aurait
tué M. Laporte ?

Jusqu'à présent, les explications des membres de la
cellule Chénier n'ont guère permis à leurs concitoyens
de résoudre de façon satisfaisante la série de contradictions qui entoure cet événement tragique.

Il semble qu'il faille imputer aussi aux services
policiers une part de la désinformation qui entoura la
Crise. D'abord, on leur reproche d'avoir mal acheminé
certains renseignements. Ainsi, les autorités provincia-
les auraient déboursé une somme importante pour ache-
ter d'un informateur de la Rive-Sud un renseignement
que la GRC possédait déjà, en réalité (par écoute électronique), à savoir le lieu où se cachaient les frères Rose et
Francis Simard (une ferme de Saint-Luc). Bien plus, ce
retard à transmettre ce renseignement à la Sûreté du

Pierre-Louis Bourret,
soupçonné pour
l'enlèvement de
James Cross, est
mort à la suite d'un
hold-up à Mascouche
en 1971.

Québec aurait prolongé d'un mois l'application des mesures de guerre.

Malgré leur connaissance assez exacte du milieu felquiste, malgré l'aide de leurs informateurs, et en dépit de tous les dossiers qu'ils avaient constitués sur lui, et de la mise au jour de complots similaires, les services policiers ont aussi trop tardé à résoudre la Crise. Après, bien sûr, ils ont dû mettre les bouchées doubles !

À Ottawa, la difficulté qu'avaient les politiciens, depuis le début des années soixante, à distinguer les aspirations indépendantistes des attaques qui mettaient en péril la sécurité de l'État, avait amené la GRC, elle aussi, à confondre les mêmes éléments dans la formule « *separatist / terrorist* ». D'où une vague extension de leur mandat... Après la Crise d'octobre, les officiers de la GRC se lancèrent dans une série d'actes de harcèlement (faux communiqués violents, cambriolages, reproduction clandestine de listes des membres du PQ, vols de dynamite, intimidation d'individus dans le but d'en faire des informateurs, incendies criminels) qui visaient à déstabiliser les groupes terroristes mais aussi, très souvent, des dissidents tout à fait pacifiques, ce qui constituait une violation directe des droits les plus fondamentaux.

Du côté de la Section antiterroriste de la Police de Montréal, on adopta l'attitude inverse : on infiltra au maximum le milieu terroriste et on y intervint le moins possible. Parfois même, certaines de leurs sources, Carole Devault par exemple (contrôlée par le lieutenant Julien Giguère), frôlèrent la provocation au sein des cellules felquistes. Le FLQ se trouvait ainsi artificiellement amplifié, plusieurs sources bénéficiant de l'immunité.

À d'autres moments, l'attentisme des policiers entraîna les conséquences les plus néfastes. La police de la CUM, par exemple, avait accumulé, depuis septembre 1970, une quantité impressionnante de renseignements sur Pierre-Louis Bourret, un jeune felquiste qu'elle soupçonnait d'être impliqué dans l'enlèvement de James Cross ; elle savait donc que Bourret avait posé des superbombes dans le passé et que le terroriste était un individu « impulsif et dangereux », selon les termes d'une des sources de la police. Compte tenu du fait qu'elle était au courant de tout cela, comment expliquer qu'elle ait attendu de le trouver mort, en septembre 1971, à la suite d'un audacieux hold-up à Mascouche, pour intervenir ?...

Dans ces circonstances, où les droits individuels les plus fondamentaux se trouvaient bafoués, on se serait attendu à ce que Pierre Elliott Trudeau trace — avant 1973 — aux fins des services de sécurité de la GRC, la ligne de démarcation essentielle entre les activistes *violents* ou *subversifs* et ceux qui ne sont que des opposants *pacifiques* au régime ou au gouvernement fédéral. Comment se fait-il que ce défenseur des libertés fondamentales qui, en tant que juriste, s'était publiquement indigné en 1963 du traitement inacceptable que l'on réservait aux felquistes (ils étaient détenus *incommunicado* et privés de l'assistance de leurs avocats), ne soit pas intervenu, en 1970, dans le même sens ? Comment cet artisan de la Charte canadienne des droits — laquelle reconnaît la préséance des *droits individuels* sur les décisions des législateurs, lorsqu'une collectivité est en jeu —, charte dont il caressait d'ailleurs le projet depuis qu'il avait assumé la direction du Parti libéral et qui est maintenant devenue un document constitutionnel d'une valeur presque sacrée en ce pays, comment cet artisan de la Charte, disions-nous, a-t-il pu, en 1970, renier ainsi ses convictions les plus profondes ?

C'est que, lors de la Crise d'octobre, c'est le nationalisme québécois qui était en cause...

Le 6 juillet 1990

Liste des principaux actes de violence politique commis au Québec entre 1962 et 1972

1962

Octobre

Actes de vandalisme du Réseau de résistance (RR). (Peinture sur des édifices publics, surtout fédéraux, et des boîtes aux lettres.)

Novembre

Manifestation contre le président du Canadien National, Donald Gordon. (Une voiture du poste CKGM et des chevaux de la Police de Montréal foncent dans la foule, au risque de tuer des personnes.)

1963

Février

Bombe à la station CKGM (l'aile radicale du RR revendique l'attentat). (Désamorcée à temps)

Mars

[Fondation du FLQ et premier manifeste.]

Cocktails Molotov dans trois manèges militaires, à Montréal.

Actes de vandalisme sur les Plaines d'Abraham (monument Wolfe) à Québec.

Avril

Bombe sur la voie ferrée du CN, près de Lemieux (Québec) : elle explose quelques heures avant le passage du train transportant le premier ministre du Canada, John Diefenbaker. Explosion

Bombe dans un corridor de la gare Centrale, à Montréal. (Désamorcée à temps)

Bombe dans l'édifice du Revenu national, à Montréal. Explosion

Manifestation devant l'édifice de la Gendarmerie royale. Drapeau unifolié brûlé

Bombe derrière le quartier général de la Gendarmerie royale, à Westmount. Explosion

Bombe près de l'antenne de télévision du mont Royal. (Désamorcée à temps)

Bombe au Centre de recrutement de l'Armée, à Montréal.	Explosion — Mort de Wilfrid O'Neil, gardien de nuit

Mai

Bombe dans l'édifice de la Légion canadienne à Saint-Jean.	Explosion
Bombe dans l'édifice La Prévoyance, à Montréal.	(Désamorcée à temps)
Bombe au manège militaire du Black Watch.	Explosion
Bombe au Service technique de l'Aviation royale, à Montréal.	Explosion
Quinze bombes dans des boîtes aux lettres, à Montréal.	Cinq explosions — Une victime : Walter Leja, sergent-major de l'Armée canadienne, grièvement blessé
Bombe devant l'édifice RCEME, à Montréal.	Explosion

Juillet

Bombe sur le monument de la reine Victoria à Québec.	Explosion

Août

Bombe sous le pont Victoria.	Explosion

Septembre

Hold-up à la Banque Royale, à Montréal.	Butin : 6 929 $

Octobre

[Publication du premier numéro de *La Cognée*, journal clandestin du FLQ.]

Novembre

Vol avec effraction au poste de radio CHEF, à Granby.	Butin : émetteurs de radio et équipement radiophonique d'une valeur de 4 000 $

1964

Janvier

Hold-up dans un établissement militaire.

Butin : 1 640 $

Hold-up au manège militaire des Fusiliers Mont-Royal, à Montréal.

Butin : équipement militaire (armes, munitions, télescopes, etc.) d'une valeur de 20 000 $

Février

Vol au manège du 62ᵉ Régiment de l'Artillerie canadienne, à Shawinigan.

Butin : équipement militaire, fusils et munitions d'une valeur de 21000$

Mars

Hold-up à la Banque Provinciale de Rosemère.

Butin : 3 000 $

Avril

Hold-up à la Banque Canadienne Nationale de Mont-Rolland.

Butin : 5 000 $

Mai

Bombe sur le pont Victoria.

(Désamorcée à temps)

Juin

Vol dans un chantier de construction à Saint-Jacques-de-Windsor.

Butin : 700 bâtons de dynamite

Vol dans un chantier de construction à l'Estérel.

Butin : 150 bâtons de dynamite

Août

[Création de l'Armée républicaine du Québec ; camp de formation à Saint-Boniface (Shawinigan).]

Vol dans le port de Montréal*.

Butin : caisses d'armes

Hold-up à la International Firearms.

Deux morts — Leslie MacWilliams, gérant, et Alfres Pinish, employé

Octobre

Vol dans un camion d'Hydro-Québec, à Baie-Comeau*.

Butin : caisses de dynamite

---

* La responsabilité de ces actes criminels a été revendiquée par le FLQ, dans son organe, *La Cognée*.

1965

Janvier

Incendie criminel chez L. G. Power Sawmills Ltd., à Giffard (Québec)*.

Février

Complot des Montréalaises Michèle Duclos et Michèle Saulnier pour faire sauter (avec l'aide de trois Noirs) des monuments américains importants. (Elles seront ensuite arrêtées.)

Avril

Vol dans un chantier d'Expo 67, à Caughnawaga*.

Butin : caisses de dynamite et détonateurs

Mai

Vol dans un chantier de construction, à Alma.

Butin : 1000 bâtons de dynamite

Juin

Sabotage de deux trains du Canadien National et cocktail Molotov dans un troisième*.

Vol à Sainte-Anasthasie (comté de Lotbinière)*.

Butin : un lot d'armes et de munitions

Vol à Milan (comté de Frontenac)*.

Butin : caisses de dynamite

Juillet

Bombe à l'hôtel de ville de Westmount.

Août

Bombe sur une voie ferrée, près de Sainte-Madeleine.

(Désamorcée à temps)

Bombe sur un pont ferroviaire, près de Bordeaux.

(Sans détonateur)

Octobre

Vol avec effraction au Nouveau Parti démocratique, à Montréal.

Butin : machines à polycopier Gestetner et matériel de bureau

---

* La responsabilité de ces actes criminels a été revendiquée par le FLQ, dans son organe, *La Cognée*.

Novembre

Camp de terroristes à la Macaza.

Bref kidnapping de deux policiers provinciaux.

[1965-1966 : Publication régulière du journal clandestin *La Cognée* : renseignements sur les actes de violence et les vols de dynamite, instructions sur la fabrication des bombes, les vols de banque, les incendies, la manipulation des cocktails Molotov, etc.]

1966

Avril

Vol à South Stukely (Cantons de l'Est).   Butin : dynamite

Vol avec effraction au collège Mont-Saint-Louis.   Butin : fusils, munitions, télescopes et autres équipements militaires

Mai

Location d'un terrain à Saint-Alphonse, près de Joliette, pour servir de base à une nouvelle armée révolutionnaire ; entreposage de dynamite, de détonateurs et de fusils volés. (Le bail, suivant un expert en écritures, aurait été signé sous un faux nom par Pierre Vallières.)

Hold-up au cinéma Elysée, à Montréal.   Butin : 2 400 $

Bombe à la manufacture de souliers La Grenade. [Arrestation de Pierre Vallières et Charles Gagnon.]   Explosion — Un mort (Thérèse Morin, employée) et trois blessés

Bombe à Dominion Textile, à Drummondville.   Explosion

Juin

Bombe au centre Paul-Sauvé, à Montréal (Assemblée du Parti libéral-provincial).   Explosion

Vol à main armée à Outremont.   Butin : 500 $ et une bouteille d'alcool

Juillet

Bombe à la manufacture Dominion Textile, à Montréal.   Un mort — Jean Corbo, jeune étudiant, membre du FLQ, déchiqueté par l'explosion prématurée de l'engin qu'il transportait

Août

Hold-up au cinéma Jean-Talon, à Montréal.

Octobre et novembre

[Rédaction par Pierre Vallières de son livre *Nègres blancs d'Amérique*.]

Décembre

Vol de fusils et de munitions à Cap-de-la-Madeleine.   Butin : évalué à 9 000 $

1968

Juillet

La manifestation lors de la Saint-Jean-Baptiste tourne à l'émeute. (Pierre Elliott Trudeau assiste au défilé de la Saint-Jean.)

Septembre

Bombe derrière un magasin de la Régie des alcools du Québec, rue Saint-Denis, à Montréal.   Explosion

Bombe au quartier général du Black Watch, à Montréal.   (Désamorcée à temps)

Bombe devant un magasin de la Régie des alcools du Québec, rue Sherbrooke à Montréal.   Explosion

Octobre

Vol à la carrière Lagacé, à Chomedey.   Butin : 300 bâtons de dynamite, 50 bâtons de Pento-Mex, environ 100 détonateurs

Bombe dans un édifice du Ministère provincial du Travail, à Montréal.   (Désamorcée à temps)

Bombe au Club Renaissance, à Montréal.   (Désamorcée à temps)

Bombe au Club de Réforme, à Montréal.   Explosion

Novembre

Bombe devant les bureaux de la compagnie Domtar, à Montréal.   (Désamorcée à temps)

Bombe devant l'édifice Lord & Co., à Montréal.   (Désamorcée à temps)

Bombe devant le siège de la Standard Structural Steel, à Montréal.   Explosion

Bombe devant un magasin de la Régie des alcools du Québec, boul. Saint-Laurent, à Montréal.   Explosion

Deux bombes chez Eaton's à Montréal.   (Désamorcée à temps)

Décembre

Bombe devant la maison du président de la Murray Hill, à Westmount.   Explosion

Bombe près du garage de Chambly Transport, à Chambly.   (Désamorcée à temps)

Bombe près d'un garage de Chambly Transport, à Saint-Hubert.   (Désamorcée à temps)

Bombe à la résidence du directeur de Chambly Transport.   Explosion

Deux bombes près de l'hôtel de ville de Montréal.   (L'une explose et l'autre est désamorcée à temps)

Bombe devant l'édifice du Revenu national, à Montréal.   (Désamorcée à temps)

Bombe devant l'édifice du Secrétariat d'État, à Ottawa.   Explosion

1969

Janvier

Plusieurs bombes dans des boîtes aux lettres, à Ottawa.   (Désamorcées à temps)

Bombe à la Fédération canadienne des associations libres, à Montréal.   Explosion — Deux blessés et 100 000 $ de dégâts

Bombe devant l'édifice de la Banque de la Nouvelle-Écosse, à Montréal.   Explosion — 50 000 $ de dégâts

Février

Bombe devant l'Unité du Service technique de l'Armée canadienne, à Ville Mont-Royal.	Explosion — Un blessé
Bombe devant le ministère du Travail du Québec, succursale de Montréal.	Explosion
Bombe devant l'édifice du Régiment de Maisonneuve, à Montréal.	Explosion — Un blessé
Superbombe à la Bourse de Montréal.	Explosion — 27 blessés dont 3 grièvement
Bombe derrière le Club de Réforme, à Montréal.	Explosion — Quatre blessés dont un bébé
Bombe à la librairie de l'Imprimeur de la Reine, à Montréal.	Explosion

Mars

Superbombe (141 bâtons de dynamite) sous la voie surélevée du boulevard Métropolitain, à Montréal.	(Désamorcée à temps)

Mai

Deux bombes près du siège de l'Association des constructeurs, à Montréal.	Explosion
Bombe au bureau de la Société Saint-Jean-Baptiste, à Sherbrooke.	Explosion

Juin

Deux bombes devant l'hôtel Château Frontenac, à Québec.	Explosion
Bombe dans une boîte aux lettres, à Québec	Explosion
Bombe dans le parc de stationnement d'un motel de Sainte-Foy.	Explosion

Juillet

Bombe dans une voiture à Cap-Rouge (Québec).   Explosion

Bombe dans une résidence à Québec.   Explosion

Bombe dans un bureau de l'Industrial Acceptance Cor-   Explosion
poration, à Ville Mont-Royal.

Bombe dans les bureaux de la Confédération des syndi-   Explosion
cats nationaux, à Montréal.

Bombe devant l'édifice du Revenu national à Montréal.   Explosion

Bombe dans un bureau du ministère du Travail, à Québec. Explosion

Septembre

Bombe derrière la maison du maire Jean Drapeau, à   Explosion
Montréal.

Octobre

Vol avec effraction à International Firearms, à Montréal.   Butin : fusils et munitions

Novembre

Bombe devant la maison de M. Barone à Saint-Léonard.   Explosion

Bombe au collège Loyola, à Montréal.   Explosion

Décembre

Bombe sur le terrain de l'Université McGill, à Montréal. Explosion

Nouvelle bombe devant la maison de M. Barone, à Saint- Explosion
Léonard.

Bombe dans une fourgonnette postale, à Montréal.   Explosion

1970

Février

[Charles Gagnon, à sa sortie de prison, annonce qu'il va relancer le FLQ et en faire le mouvement le plus représentatif des forces révolutionnaires au Québec.]

[Pierre Vallières, à sa sortie de prison, annonce qu'il est toujours militant du FLQ et qu'il croit à la violence révolutionnaire intégrée dans une stratégie d'action précise.]

Projet d'enlèvement du consul d'Israël à Montréal.

(Saisie d'armes par la police)

[Arrestation de deux présumés membres du FLQ, dont Jacques Lanctôt.]

Mai

Vol à la Caisse populaire de l'Université de Montréal. (Paul Rose avouera sa culpabilité en rapport avec cet acte.)

Butin : 50 000 $

Juin

[Marc-André Gagné est condamné pour 17 vols à main armée, présumément perpétrés pour le compte du FLQ.]

Projet d'enlèvement du consul des États-Unis à Montréal. Arrestation de six présumés membres du FLQ à Prévost.

(Saisie d'armes et de dynamite)

Bombe au Quartier général du ministère de la Défense, à Ottawa.

Explosion — Un mort (Jeanne d'Arc Saint-Germain) et deux blessés

Août

Entraînement de terroristes québécois dans un camp de formation à la guérilla, en Jordanie, avec des commandos palestiniens. (Ces terroristes annoncent la reprise prochaine des activités du FLQ, notamment l'assassinat sélectif.)

Septembre

Voiture piégée derrière les bureaux du siège social de la Banque de Montréal, à Montréal (superbombe).

(Non-fonctionnement du détonnateur, de type nouveau)

Octobre

Enlèvement du diplomate britannique James Richard Cross.

Enlèvement et assassinat du ministre du Travail du Québec, Pierre Laporte.

1971

Septembre

Hold-up felquiste à Mascouche.

Mort de l'activiste Pierre-Louis Bourret

Octobre

[Grève de *La Presse.*]

[Manifestation.]

1972

Mai

[Grève illégale du Front commun syndical. Arrestation des trois leaders syndicaux.]

Liste des personnes reliées aux activités du Front de libération du Québec de 1963 à 1972

Période d'attaques contre les symboles anglo-saxons — 1963

1er réseau :	Georges Schoeters*	33 ans
	Raymond Villeneuve	20 ans
	Gabriel Hudon*[1]	21 ans
	Jacques Giroux	19 ans
	Yves Labonté	18 ans
	François Gagnon*	
	Denis Lamoureux	
	Gilles Pruneau	20 ans
	Pierre Schneider	
	Mario Bachand	20 ans
	Richard Bizier	18 ans
	Alain Brouillard	
	Alain Gabriel	
	Eugenio Pilote	
	Jeanne Schoeters*	
	François Giroux	
	Roger Tétrault	
	Jean Cloutier	
	André Garant	
	Guy DeGrasse	
	Richard Bros	
	Jacques Lanctôt*[1]	
	Raymond Sabourin	
	Jacques Poitras	

---

* Ces personnes ont un parent au premier degré ou un conjoint dans le mouvement.

[1] Ces noms réapparaissent dans d'autres réseaux.

N. B. L'âge n'apparaît pas lorsque nos documents ne le précisaient pas. L'âge indiqué ici est celui qu'avait la personne au moment où elle a commis son délit.

Période militaire — 1963-1965

2e réseau :	Robert Hudon*[1]	19 ans
1963-1964	Jean Gagnon*	22 ans
A.L.Q.	Jean Lasalle	21 ans
(Armée de	Pierre Nadon	18 ans
libération	Claude Perron	19 ans
du Québec)	André Wattier	23 ans
	Claude Soulières	
	Jules Duchâtel de Montrouge	
	Jean Castonguay	
	Omer Latour	
3e réseau :	François Schirm	32 ans
1964	Edmond Guénette	20 ans
A.R.Q. (Armée	Gilles Brunet	29 ans
républicaine	Cyriaque Delisle	19 ans
du Québec)	Marcel Tardif	27 ans
	Jean-Guy Lefebvre[1]	25 ans
	Bernard Mataigne	20 ans
	Marc-André Parizé	20 ans
	Yvon Hussereault	18 ans
	Claude Nadeau	21 ans
	Louis-Philippe Aubert	20 ans
	Jacques Desormeaux	27 ans

Interlude d'entraide (FLQ et activistes noirs) — Hiver 1965

4e réseau :	Michelle Duclos	28 ans
	Michèle Saulnier	
	Gilles Legault	31 ans

---

* Ces personnes ont un parent au premier degré ou un conjoint dans le mouvement.

[1] Ces noms réapparaissent dans d'autres réseaux.

N. B. L'âge n'apparaît pas lorsque nos documents ne le précisaient pas. L'âge indiqué ici est celui qu'avait la personne au moment où elle a commis son délit.

Interlude ferroviaire — été 1965

5e réseau:		
	Gaston Collin	30 ans
	Lionel Chenette	
	Normand A.	
	André Ouellette[1]	

Camp de la Macaza — novembre 1965

6e réseau :		
	André Lessard[1]	20 ans
	Réjean Tremblay[1]	19 ans
	Claude Nadeau[1]	
	Jean-Guy Lefebvre[1]	26 ans
	Serge Bourdeau	
	Bertrand Simard	
	Daniel Bélec	

Période de défense des travailleurs — 1965-1967

7e réseau :		
	Pierre Vallières	28 ans
	Charles Gagnon	27 ans
	André Lavoie	23 ans
	Richard Bouchoux	27 ans
	Serge Demers	22 ans
	Rhéal Mathieu	19 ans
	Gérard Laquerre	25 ans
	G. D.	
	Jean Corbo	16 ans
	Robert Lévesque	25 ans
	Marcel Faulkner	22 ans
	Claude Simard	20 ans
	Pierre Renaud	

---

[1] Ces noms réapparaissent dans d'autres réseaux.

N. B. L'âge n'apparaît pas lorsque nos documents ne le précisaient pas. L'âge indiqué ici est celui qu'avait la personne au moment où elle a commis son délit.

Période des attentats en série et des superbombes — 1968-1970

8ᵉ réseau :	Pierre-Paul Geoffroy	24 ans
	Jean-Claude Dubreuil	
	Pierre Charrette	26 ans
	Alain Allard	22 ans
	Normand Roy	
	Jean-Raymond Langlois	
	Jean-Marie Roy	
	Pierre Taddéo	
	Dominique Damand	
	Pierre-Léo Lacourse	

Période de guérilla urbaine et d'enlèvements — 1970

9ᵉ réseau : (Vols de financement)	Pierre Boucher[1]	25 ans
	André Ouellette[1]	31 ans
	Pierre Demers	21 ans
	Marc-André Gagné	25 ans
	Pierre Marcil	22 ans
	André Lessard[1]	25 ans
	Réjean Tremblay[1]	24 ans
	Gabriel Hudon*[1]	28 ans
	Robert Hudon*[1]	26 ans
10ᵉ réseau : (Complot d'enlève- ment)	Claude Morency	19 ans
	André Roy	23 ans
	François Lanctôt*	21 ans
	Pierre Carrier	

---

* Ces personnes ont un parent au premier degré ou un conjoint dans le mouvement.

[1] Ces noms réapparaissent dans d'autres réseaux.

N. B. L'âge n'apparaît pas lorsque nos documents ne le précisaient pas. L'âge indiqué ici est celui qu'avait la personne au moment où elle a commis son délit.

11ᵉ réseau :   **A) *Cellule Libération***

Jacques Lanctôt*[1]	24 ans
Louise (Lanctôt) Cossette-Trudel*	23 ans
Jacques Cossette-Trudel*	23 ans
Marc Carbonneau	37 ans
Yves Langlois (alias Séguin)	23 ans
Nigel Hamer	23 ans

B) *Cellule Chénier*

Paul Rose*	26 ans
Jacques Rose*	23 ans
Bernard Lortie	19 ans
Francis Simard	23 ans

C) *Coaccusés*

Michel Viger	30 ans
Colette Therrien	
Richard Therrien	
Francine Belisle	
François Belisle	
Denise Quesnel	
Hélène Quesnel	
Claude Larivière	
Daniel Lamoureux	
Yves Roy	
Lise Rose	
Louise Verreault	
Robert Dupuis	
Lise Balcer	
François Rioux	

* Ces personnes ont un parent au premier degré ou un conjoint dans le mouvement.

[1] Ces noms réapparaissent dans d'autres réseaux.

N. B. L'âge n'apparaît pas lorsque nos documents ne le précisaient pas. L'âge indiqué ici est celui qu'avait la personne au moment où elle a commis son délit.

Tentatives de réorganisation — 1971

Cellule Élie Lalumière

Michel Lafleur
Gérard Pelletier
Pierre Boucher
Pierre-Louis Bourret
Colette Rabi
Jean-Pierre Piquette
Jacques Primeau
Jogues Sauriol

Sursaut felquiste de 1972

Raynald Lévesque
Jacques Millette

APPENDICE III

Deux sondages de novembre 1970

Sondage Omnifacts
(15 novembre 1970)

A. « Lorsque la Loi sur les mesures de guerre a été imposée, croyiez-vous que le gouvernement fédéral était justifié d'adopter une telle attitude ? »

	(Québec)
Oui	**84,8 %**
Non	9,6 %
Ne sait pas	5,0 %

« Croyez-vous encore que le gouvernement fédéral était justifié d'imposer la Loi sur les mesures de guerre ? »

Oui	**84,1 %**
Non	9,5 %
Ne sait pas	6,4 %

B. « Depuis les récentes activités terroristes au Québec, approuvez-vous la conduite du premier ministre Trudeau ? »

	(Québec)
Approuve entièrement	**58,1 %**
Approuve partiellement	28,3 %
Désapprouve complètement	6,3 %
Ne sait pas	6,1 %

C. « Depuis les récentes activités terroristes au Québec, approuvez-vous la conduite du premier ministre Robert Bourassa ? »

	(Québec)
Approuve entièrement	**61,1 %**
Approuve partiellement	22,8 %
Désapprouve complètement	7,1 %
Ne sait pas	7,5 %

Sondage Crop
(27 novembre 1970)

A. « Comme vous le savez sans doute, le Canada et en particulier le Québec vivent actuellement sous la Loi sur les mesures de guerre. À votre avis, la décision d'Ottawa de décréter la Loi sur les mesures de guerre était-elle justifiée ? »

Oui	**72,8 %**
Non	15,6 %
Ne sait pas	11,6 %

B. « Diriez-vous que vous êtes plutôt satisfait ou plutôt insatisfait du gouvernement fédéral actuel ? »

Plutôt satisfait	**48,0 %**
Autant l'un que l'autre	17,4 %
Plutôt insatisfait	18,0 %
Ne sait pas	16,6 %

C. « Diriez-vous que vous êtes plutôt satisfait ou plutôt insatisfait du gouvernement provincial actuel ? »

Plutôt satisfait	**52,1 %**
Autant l'un que l'autre	17,6 %
Plutôt insatisfait	12,2 %
Ne sait pas	18,0 %

---

* Ces deux sondages ont été exécutés en utilisant « sensiblement la même procédure », rappelle le journal *La Presse* du Lundi 30 novembre 1970, p. 5.

Bibliographie

1. Amérique centrale, Europe et tiers monde

CENTRE D'ÉTUDES DE LA CIVILISATION CONTEMPORAINE. UNIVERSITÉ DE NICE, *La violence dans le monde actuel*, Paris, Desclée de Brouwer, 1968, 290 pages.

ENGELS, Friedrich, *Le rôle de la violence dans l'histoire*, Paris, Éditions sociales, 1971, 121 pages.

ENGELS, Friedrich, *Théorie de la violence*, Paris, Union générale d'Éditions, 1972, 434 pages.

ENZENSBERGER, Hans Magnus, *Politique et crime*, Paris, Gallimard, 1967.

FANON, Franz, *Les damnés de la terre*, Paris, Éditions François Maspero, 1968. Dans la traduction anglaise : *The Wretched of the Earth*, traduit par Constance Farrington, Grove Press Inc., New York, 1968, 316 pages.

FERRERO, Guglielmo, *Pouvoir*, New York, Brentano's, 1942, 345 pages.

GROSSER, Alfred, *Au nom de quoi*, Paris, Éditions du Seuil, 1969.

GUEVARA, Che, *On Guerrilla Warfare*, New York, Frederick A. Praeger Inc., 1961.

HACKER, Friedrich, *Agression, violence, dans le monde moderne*, traduit de l'allemand par Rémi Laureillard et Hélène Bellour, Paris, Calmann-Lévy, 1972, 352 pages.

LABORIT, Henri, *L'agressivité détournée*, Paris, Union générale d'éditions, coll. « 10/18 », 1970, 191 pages.

LÉNINE, *Œuvres complètes*, Paris, Éditions sociales, 1958 (40 tomes).

LOMBROSO, Cesare, *Le crime politique et les révolutions*, Paris, Alcan, 1892.

LORENZ, Konrad, *Essais sur le comportement animal et humain*, traduit de l'allemand par C. et P. Fredet, Paris, Éditions du Seuil, 1970, 483 pages.

MALAPARTE, Curzio, *Technique du coup d'État*, traduit de l'italien par Juliette Bertrand, Paris, Éditions Bernard Grasset, 1931, 294 pages.

MAO TSÊ TUNG, *Œuvres choisies*, Tome I, Pékin, Éditions en langues étrangères.

MAO TSÊ TUNG, *Intervention à la conférence nationale du Parti communiste chinois sur le travail de propagande*, Pékin, Éditions en langues étrangères, 1967.

MARX, Karl et ENGELS, Friedrich, *Wage Labour and Capital* (Selected works in two volumes), Moscow, Foreign Languages Publishing House, 1955.

SOREL, Georges, *Reflections on Violence*, traduction anglaise de *Réflexions sur la violence* (1908) par T. E. Hulme et J. Roth, Toronto, Collier Books, First Collier Edition, Fourth Printing, 1970, 286 pages.

WALTER, Eugene Victor, *Terror and Resistance*, London, Oxford University Press, 1969, 385 pages.

WIEVORKA, Michel et WOLTON, Dominique, *Terrorisme à la une,* Paris, Éditions Gallimard, 1987, 259 pages.

WOLFGANG, M. E. et FERRACUTI, F., *The Subculture of Violence*, London, Tavistock, Social Science Paperbacks, 1967, 387 pages.

2. États-Unis

Rapports d'enquête

EISENHOWER COMMISSION, *National Commission on the Causes and Prevention of Violence*, U.S. Government Printing Office, Washington, D.C., 1969 (14 volumes). Le premier porte sur l'histoire de la violence aux États-Unis; il a été publié dans un format de poche (*The History of Violence in America*, New York, Bantam Books, 1970, 858 pages). Ce fut, de loin, celui que nous avons utilisé le plus pour notre étude. Le troisième volume, aussi publié en format de poche, est d'un grand intérêt aussi (préparé par Jérôme Skolnik, *The Politics of Protest : Violent Aspects of Protest and Confrontation*, New York, Ballantine Books, 1969, 420 pages.) Le septième porte sur l'assassinat politique.

KERNER COMMISSION, *National Advisory Commission on Civil Disorders*, U.S. Government Printing Office, Washington, D.C., 1968 (2 volumes). Ce rapport a été publié en format de poche (New York, Bantam Books, 1968, 654 pages.)

SCRANTON COMMISSION, *President's Commission on Student Unrest*, U. S. Government Printing Office, Washington, D. C., 1970 (1 volume).

Ouvrages

ARENDT, Hannah, *On violence*, Harvest Books, 1970, 106 pages.

- - - -, *On Revolution*, New York, Viking Press, 1963.

BELL, David V. J., *Resistance and Revolution*, Boston, Houghton Miffin Company, 1973, 164 pages.

BIENEN, Henry, *Violence and Social Change*, Chicago, University of Chicago Press, 1968. Seconde impression : 1970, 119 pages.

BLUMENTHAL, Monica D., KAHN, Robert L., ANDREWS, Frank M., et HEAD, Kendra B., *Justifying Violence : Attitudes of American Men*, Ann Arbor, Michigan, Institute for Social Research, The University of Michigan, 1972, 367 pages.

BRINTON, Crane, *The Anatomy of Revolution*, New York, Vintage Books (édition révisée et augmentée), 1965, 310 pages.

BROWN, Richard Maxwell (ed.), *American Violence*, Englewood Cliffs, New Jersey, Prentice-Hall Inc., Spectrum Books, 176 pages.

CONNERY, Robert H. (ed.), *Urban Riots : Violence and Social Change*, New York, Vintage Books, 1969, 197 pages (1re édition). Articles présentés lors d'une conférence, sous les auspices de l'Académie de science politique en collaboration avec le Centre des études sur les minorités urbaines, à l'Université de Columbia.

CROTTY, William J., (ed.), *Assassinations and the Political Order* (ouvrage collectif), New York, Harper and Row Publishers, 1971, 562 pages.

DALY, Charles U. (ed.), *Urban Violence*, Chicago, Center for Policy Study, University of Chicago, 1969, 81 pages.

DAVIES, James Chowning (ed.), *When Men Revolt and Why* (ouvrage collectif), New York, The Free Press, 1971, 357 pages.

DEMARIS, Ovid, *America the Violent*, Baltimore, Maryland, Penguin Books (1re édition), 1971, 400 pages.

EDWARDS, Lyford P., *The Natural History of Revolution*, Chicago, University of Chicago Press (1re édition), 1927 ; réédité en 1970, 229 pages.

FEIERABEND, Ivo K., FEIERABEND, Rosalind et GURR, ted Robert (ed.), *Anger, Violence and Politics, Theories and Research* (ouvrage collectif), Englewood Cliffs, New Jersey, Prentice-Hall Inc., 1972, 423 pages.

FRIEDRICH, Carl J., (ed.), *Revolution*, New York, Atherton Press, Second printing, 1967, 246 pages.

GRAHAM, Hugh Davis, (ed.), *Violence : the Crisis of American Confidence* (ouvrage collectif), Baltimore, Johns Hopkins Press, 1971, 180 pages.

HARTOGS, Dr. Renatus et ARTZT, Eric, (ed.), *Violence : Causes and Solutions* (ouvrage collectif), New York, Dell Publishing Co., Inc., 1970, 424 pages.

HAVENS, Murray Clark, LEIDEN, Carl et SCHMITT, Karl M., *The Politics of Assassination*, Englewood Cliffs, New Jersey, Prentice-Hall Inc., 1970, 174 pages.

HOFSTADER, Richard et WALLACE, Michael (ed.), *American Violence : A Documentary History*, New York, Vintage books (1re édition), 1971, 478 pages.

HUNTINGTON, Samuel, *Political Order in Changing Societies*, New Haven, Yale University Press, 1968, 488 pages.

JANOWITZ, Morris, *Social Control of Escalated Riots*, Chicago, Center for Policy Study, University of Chicago, 1968, 44 pages.

JOHNSON, Chalmers A., *Revolutionary Change*, Boston, Little, Brown and Co., 1966, 191 pages.

LEIDEN, Carl et SCHMITT, Karl, *The Politics of Violence : Revolution in the Modern World*, Englewood Cliffs, New Jersey, Prentice-Hall, Inc., 1968, 244 pages.

LEITES, Nathan et WOLF, Charles Jr, *Rebellion and Authority*, Chicago, Markham Publishing Company, 174 pages.

MASSOTTI, Louis H. et BOWEN, Don R. (ed.), *Riots and Rebellion : Civil Violence in the Urban Community* (ouvrage collectif), Beverley Hills, Sage Publications, Inc., 1968, 459 pages.

MEGARGEE, Edward I. et HOKANSON, Jack E. (ed.), *The Dynamics of Aggression* (ouvrage collectif), New York, Harper and Row, Publishers, 1970, 271 pages.

NIEBURG, H. L., *Political Violence : the Behaviorial Process*, New York, St. Martin's Press, 1969, 184 pages.

PINKNEY, Alphonso, *The American Way of Violence*, New York, Vintage Books, 1972, 235 pages.

POMEROY, William J. (ed.), *Guerrilla Warfare and Marxism* (ouvrage anthologique), New York, International Publisher Co., Inc., 1968, 336 pages.

ROSE, Thomas (ed.), *Violence in America*, New York, Vintage Books (1re édition), 1970, 380 pages.

SCHLESINGER, Arthur Jr, *Violence : America in the Sixties*, New York, Signet Books, 1968, 96 pages.

SHORT, James F. Jr et WOLFGANG, Marvin E. (ed.), *Collective Violence* (ouvrage en collaboration), Chicago, Aldin Atherton, Inc., 1972, 387 pages.

TABER, Robert, *The War of the Flea*, New York, The Citadel Press, 1970, 160 pages.

TOCH, Hans H., *Violent Men. An Inquiry Into the Psychology of Violence*, Chicago, Aldine Publishing Company, 1969, 268 pages.

Article

DEUTSCH, Karl W., « Social Mobilisation and Political Development », *The American Political Science Review*, 1961, vol. 55, p. 498.

3. Québec et Canada anglais

Rapports d'enquête

DUCHAÎNE, Me Jean-François, *Rapport sur les événements d'octobre 1970*, Gouvernement du Québec, ministère de la Justice, Québec, 1981, 255 pages.

KEABLE, Jean *et al.*, *Rapport de la Commission d'enquête sur des opérations policières en territoire québécois*, Gouvernement du Québec, ministère de la Justice, Québec, 1981.

MCDONALD, Donald C. *et al*, *Rapport de la Commission d'enquête sur certaines activités de la Gendarmerie royale du Canada*, Ottawa, 1981.

Ouvrages

BAUDOUIN, Jean-Louis, FORTIN, Jacques et SZABO, Denis, *Terrorisme et justice*, Montréal, Éditions du Jour, 1970, 175 pages.

BACHAND, François Mario, *Trois textes*, 191 pages (sans lieu d'édition, ni date). Préface datée de décembre 1971 et signée : « Nous vaincrons ».

CARBONNEAU, Huguette, *Ma vie avec Marc Carbonneau*, Montréal, Éditions du Jour, 1972, 172 pages.

F.L.Q. (The), Seven Years of Terrorism, Montréal, Montreal Star, Simond and Schuster, 1970, 84 pages.

FOURNIER, Louis, *Le F.L.Q., histoire d'un mouvement clandestin*, Montréal, Éditions Québec-Amérique, 1982, 509 pages.

GAGNON, Charles, *Pour le parti prolétarien*, Montréal, l'Équipe du Journal, 1972, 44 pages.

HAGGART, Ron et GOLDEN, Aubrey E., *Octobre, un an après*, adaptation française, par Jean-V. Dufresne, Jean-Pierre Fournier, Jean Paré et Armande Saint-Jean, de *Rumours of War*, Montréal, Éditions Hurtubise HMH, 1971, 287 pages.

HUDON, Gabriel, *Ce n'était qu'un début*, Montréal, Éditions Parti Pris, 1977, 173 pages.

LACOURSIERE, Jacques, *Alarme Citoyens !*, Montréal, Les Éditions de la Presse, 1972, 438 pages.

LANCTÔT, Louise, *Une sorcière comme les autres*, Montréal, Éditions Québec-Amérique, 1981, 182 pages.

LETELLIER, Marie, *On n'est pas des trous-de-cul*, Montréal, Parti Pris, 1971, 221 pages.

MOORE, Brian, *The Revolution Script*, Toronto, McLelland and Stewart Ltd., 1971, 261 pages.

MORF, Dr Gustave, *Le terrorisme québécois*, Montréal, Les Éditions de l'Homme, 1970, 219 pages.

PELLETIER, Gérard, *La crise d'octobre*, Montréal, Les Éditions du Jour, 1971, 265 pages.

Procès (Le) des 5, Montréal, Les Éditions Libération, 1971, 140 pages.

Québec occupé (recueil de textes analytiques sur la Crise d'octobre), Montréal, Éditions Parti Pris, 1971, 249 pages.

Québec (Le) qui se fait (ouvrage rédigé par un groupe de spécialistes sous la direction de Claude Ryan), Montréal, Éditions Hurtubise HMH, 1971, 311 pages.

RAPOPORT, David C., *Assassination and Terrorism*, Toronto, CBC Learning Systems, T. H. Best Printing Company Limited, 1971, 84 pages.

ROTHSTEIN, Abraham (ed.), *Power Corrupted* (ouvrage collectif sur la Crise d'octobre et la répression), Toronto, New Press, 1971, 127 pages.

RYAN, Claude, *Le Devoir et la crise d'octobre 70*, Montréal, Leméac, « Collection de la cité de l'homme », 1971, 285 pages.

SAVOIE, Claude, *La véritable histoire du F.L.Q.*, Montréal, les Éditions du Jour, 1963, 120 pages.

SAYWELL, John, *Quebec 70*, Toronto, University of Toronto Press, 1971, 152 pages.

SIMARD, Francis, *Pour en finir avec octobre*, Montréal, Stanké, 1982.

SMITH, Bernard, *Les résistants du F.L.Q.*, Montréal, Éditions Actualité, 1963, 62 pages.

TRAIT, Jean-Claude, *FLQ 70 : Offensive d'automne*, Montréal, Les Éditions de l'Homme, 1970, 230 pages.

TRUDEAU, Pierre Elliott, *Les cheminements de la politique*, Montréal, Éditions du Jour, coll. « Les idées du jour », 1970 (écrit en 1958).

VALLIÈRES, Pierre, *Nègres blancs d'Amérique*, Montréal, Éditions Parti Pris, édition revue et corrigée, 402 pages (livre écrit entre octobre 1966 et février 1967).

VALLIÈRES, Pierre, *L'urgence de choisir*, Montréal, Éditions Parti Pris, coll. « Aspects », n° 13, 1971, 159 pages.

Travaux académiques

CRELISTEN, Ronald D., « La couverture de presse et ses fonctions légitimenté ». *Criminologie,* 1987, vol. 20, n° 1, pp. 35-37.

- - - -, « Technical Dynamics of the FLQ during the October Crisis of 1970 ». *The Journal of Strategic Studies,* vol. 10, n° 4, décembre 1987, pp. 59-89.

- - - -, « Power as a Struggle for Access to Communication Structure ». *Contemporary Research on Terrorism,* sous la direction de Paul Wilkinson, Aberdeen, University of Aberdeen Press, 1990.

LATOUCHE, Daniel, *La violence au Québec : l'entreprise de théorisation,* communication présentée à la réunion annuelle de la Canadian Peace Research and Education Association, St-John's, Terre-Neuve, juin 1971, 29 pages.

- - - -, *Les études sur la violence : où en sommes-nous ?* (relevé des principales théories américaines sur la violence), travail académique inédit, septembre 1972.

- - - -, *Violence in Quebec : Some Preliminary Morphological Findings,* communication présentée à la Peace Research Society (International) Western Region Meeting, University of British Columbia, Vancouver, Canada, 15 février 1972, 36 pages.

MEYNAUD, Jean, *Analyse des relations entre justice et politique,* manuscrit d'une conférence prononcée le 15 février 1971 à l'Université de Montréal, 27 pages.

MOKOLO, Gaspard, *La criminalité par idéologie politique au Québec,* thèse de M.A., département de Criminologie, Université de Montréal, 1968, 100 pages.

NORMANDEAU, A., ROBERT, P., et SAUVY, A., « Protestation en groupe, violence et système de justice criminelle », *Troisième symposium de criminologie comparée,* du 28 avril au 1er mai 1971, Versailles, France. Publication subventionnée par le Solliciteur général du Canada, p. 37 à 78.

WALLACE, M. P. et G. VAN VARSEVELD, *Violence as a Technique of Social Change : Toward an Empirical Assessment,* communication présentée à la session conjointe de l'Association canadienne de Science politique et de l'Association de recherche pour la paix et l'éducation, Université du Manitoba, 3 juin 1970.

Périodiques*

A. Ont été explorés à fond :

La Cognée, nᵒˢ 1 à 64 (interrompu de 1963 à 1967)
La Presse
La Revue Socialiste, nᵒˢ 1 à 5
Le Devoir
Le Journal de Montréal
Le Soleil
Montréal-Matin
Parti Pris, tomes I à V
Point de Mire
The Gazette
The Montreal Star

B. Numéros spéciaux consacrés au terrorisme :

Magazine Actualité, novembre 1970 : « Le terrorisme au Québec ».

Point de Mire, novembre 1970 : « Québec, octobre 1970 » ; novembre 1971 : « Le Tribunal populaire : le peuple prend la relève » ; février 1971 : « La guérilla judiciaire : première victoire ».

Quartier latin, du 7 au 20 novembre 1970 : « Le silence éclate » ; du 24 octobre au 6 novembre 1970 : « Les shows, c'est fini. »

C. Articles :

AQUIN, Hubert, « Calcul différentiel de la contre-révolution », *Liberté*, vol. 7, mai-juin 1965, p. 272 à 275.

BEAUDIN, René et MARCIL, Claude, « Il y a 10 ans le F.L.Q. », *La Presse, Perspectives,* 16 juin 1973.

BEAUDIN, René, « Critique des fondements théoriques de la stratégie anarchiste », *Parti Pris*, vol. 3, nᵒ 6, janvier 1966, p. 1 à 23.

BENJAMIN, Jacques, BOUTHILLIER, Guy et TORELLI, Maurice, « Terrorisme au Québec », *Magazine Actualité*, novembre 1970, p. 37 à 42.

BENOIST, Andrée, « Le dossier Schirm-Guénette », *Parti Pris*, vol. 3, nᵒˢ 3-4, novembre 1965, p. 36.

BERGERON, Gérard, « Des souris, des éléphants et des hommes », *Magazine MacLean*, vol. 11, nᵒ 1, janvier 1971, p. 16-17.

BOURGAULT, Pierre, « FLQ, l'escalade vers l'arme absolue », *Point de Mire*, vol. 2, nᵒ 1, novembre 1970, p. 38 à 45.

BOURQUE, Gilles et LAURIN-FRENETTE, Nicole, « Classes sociales et idéologiques nationalistes au Québec » (1760-1970), *Socialisme québécois*, nᵒ 20, avril-mai-juin 1970, p. 13 à 55.

BRETON, Raymond, « The Socio-Political Dynamics of the October Events », *The Canadian Review of Sociology and Anthropology*, vol. 9, février 1972, p. 33 à 56.

BRODEUR, E., et ROLAND, M., « L'enjeu de la Crise d'octobre : la population québécoise », *Le Devoir*, 5 janvier 1971.

CHAMBERLAND, Paul, « Légitimité, violence et révolution », *Le Devoir*, 29 janvier 1971.

DANIEL, Jean, « Le prix des otages », *Le Nouvel Observateur*, du 26 octobre au 1ᵉʳ novembre 1970, p. 20 à 23.

DESBIENS, Jean-Paul, « Appel aux Québécois », *La Presse*, 19 octobre 1970.

FERRON, Dr Jacques, « Historiette », *Le Canada français,* articles hebdomadaires, du 19 septembre 1972 au 31 janvier 1973.

GAGNON, Charles, « Je venais de loin quand j'arrivai à Montréal en septembre 1960 », *Magazine MacLean*, juillet 1970, p. 31 à 36.

GAGNON, Me Claude, « Les tribunaux politiques à la lumière du droit et de l'histoire récente », *Le Devoir*, 31 décembre 1969.

LUST, Peter, « A Nazi-Like Attack », *Canada Month*, vol. 10, n° 8, novembre 1970, p. 6 et « FLQ : the New Nazis of Today's Canada », *Canada Month*, vol. 10, n° 8, novembre 1970, p. 6.

MARTIN, Louis, « Les terroristes, 20 ans de prison, mais pourquoi, pourquoi ? », *Magazine MacLean*, 7 avril 1967, p. 16, 17, 72, 74, 76.

MARIGHELLA, Carlos, « Petit manuel du guerillero urbain », *Tricontinental*, Édition française, I-,1970, p. 21 à 46.

MORF, Gustave, « Why in My Dreams Am I Always the Victim », *Weekend Magazine*, 23 janvier 1971, p. 7.

NORMANDEAU, André, « Une théorie économique de la révolution au Québec », *Cité Libre*, avril 1964, p. 9 à 14.

OUELLETTE, F., « Violence, révolution et terrorisme », *Liberté*, vol. 5, mai-juin 1963, p. 222 à 234.

PELLERIN, Jean, « Ottawa a fait ce qu'il fallait », *La Presse*, 19 octobre 1970.

PIOTTE, Jean-Marc, « La pensée politique du FLQ-ALQ », *Parti Pris*, vol. 3, n°s 1-2, septembre 1965, p. 64 à 84.

RIEL, Louise, « Le terrorisme au Québec », *Socialisme 69*, n° 19, octobre-novembre-décembre 1969, p. 76 à 92.

ROY, Raoul, « Le Québec, une sous-colonie », *La Revue Socialiste*, n° 3, hiver 1959-60, p. 17 à 61.

- - - -, (et son équipe), « L'aliénation anticléricale de Cité Libre », *La Revue Socialiste*, n° 5, printemps 1961, p. 1 à 18.

- - - -, « Efficacité de la violence », *La Revue Socialiste*, nº 6, automne 1962, p. 23-25.

Sept Jours, « Le terrorisme : du début à aujourd'hui », vol. 3, nº 24, 1ᵉʳ mars 1969, p. 10 à 12.

Sept Jours, « La compagne de vie de Pierre-Paul Geoffroy se raconte », vol. 3, nº 26, 15 mars 1969, p. 10 et 11.

SOUTHWOOD, Ken, « Riot and Revolt : Sociological Theories of Political Violence », *Peace Research Review*, vol. 1, nº 3, 87 pages.

TREMBLAY, Gaétan, « Le FLQ et nous », *Parti Pris*, vol. 4, nº 3, novembre-décembre 1966, p. 2 à 7.

VILLENEUVE, Raymond, « Lettre du FLQ à toutes les nations libres », *Parti Pris*, vol. 2, nº 1, septembre 1964, p. 57.

* Outils bibliographiques

Pour repérer plus rapidement les articles de périodiques et de journaux directement liés à l'histoire et l'idéologie de la violence politique au Québec :

OFFICE D'INFORMATION ET DE PUBLICITÉ, GOUVERNEMENT DU QUÉBEC, MINISTÈRE DES COMMUNICATIONS, Nouvelles et commentaires de la presse québécoise, du 6 octobre au 3 novembre 1970, recueil documentaire photostaté, en 6 cahiers, intitulé *L'affaire Cross-Laporte*, 678 pages.

PARÉ, Gilles, *Le terrorisme au Québec : 1962-1971*, faculté des Lettres, École de Bibliothéconomie, Université de Montréal. Relevé bibliographique exécuté comme travail académique, présenté le 13 avril 1971, 31 pages.

Liste des tableaux

Table des matières

DEUXIÈME PARTIE
L'idéologie de la violence au Québec

TROISIÈME PARTIE
Analyse des données empiriques
sur la violence au Québec de 1962 à 1972

QUATRIÈME PARTIE
Vers une théorie de la violence politique au Québec
(Application de théories scientifiques aux données recueillies)